ÉTICA
PARA
TEMPOS
SOMBRIOS

Dados Internacionais de Catalogação na Publicação (CIP)
(Câmara Brasileira do Livro, SP, Brasil)

Gabriel, Markus
  Ética para tempos sombrios : valores universais para o século XXI / Markus Gabriel ; tradução Lucas Machado. – Petrópolis, RJ : Vozes, 2022.

  Título original: Moralischer Fortschritt in dunklen Zeiten
  ISBN 978-65-5713-569-3

  1. Ética 2. Filosofia 3. Valores I. Título.

22-103350   CDD-170

Índices para catálogo sistemático:
1. Valores : Ética : Filosofia   170

Aline Graziele Benitez – Bibliotecária – CRB-1/3129

MARKUS GABRIEL

ÉTICA PARA TEMPOS SOMBRIOS

VALORES UNIVERSAIS PARA O SÉCULO XXI

Tradução de Lucas Machado

EDITORA VOZES

Petrópolis

© by Ullstein Buchverlage GmbH, Berlin. Publicado em 2020 por Ullstein Verlag

Tradução realizada a partir do original em alemão intitulado *Moralischer Fortschritt in dunklen Zeiten – Universale Werte für das 21. Jahrhundert*

Direitos de publicação em língua portuguesa – Brasil:
2022, Editora Vozes Ltda.
Rua Frei Luís, 100
25689-900 Petrópolis, RJ
www.vozes.com.br
Brasil

Todos os direitos reservados. Nenhuma parte desta obra poderá ser reproduzida ou transmitida por qualquer forma e/ou quaisquer meios (eletrônico ou mecânico, incluindo fotocópia e gravação) ou arquivada em qualquer sistema ou banco de dados sem permissão escrita da editora.

CONSELHO EDITORIAL

Diretor
Gilberto Gonçalves Garcia

Editores
Aline dos Santos Carneiro
Edrian Josué Pasini
Marilac Loraine Oleniki
Welder Lancieri Marchini

Conselheiros
Francisco Morás
Ludovico Garmus
Teobaldo Heidemann
Volney J. Berkenbrock

Secretário executivo
Leonardo A.R.T. dos Santos

Editoração: Maria da Conceição B. de Sousa
Diagramação: Sheilandre Desenv. Gráfico
Revisão gráfica: Nilton Braz da Rocha / Fernando Sergio Olivetti da Rocha
Capa: Renan Rivero

ISBN 978-65-5713-569-3 (Brasil)
ISBN 978-3-550-08194-1 (Alemanha)

Este livro foi composto e impresso pela Editora Vozes Ltda.

O mal no mundo surge quase sempre da ignorância, e a boa vontade pode causar tantos danos quanto a maldade, se essa boa vontade não for esclarecida. Os seres humanos são antes bons do que maus, mas, em verdade, não é isso, de modo algum, o que está em questão.

Albert Camus. *A peste.*

Índice

Introdução, 11

1 O que são valores e por que eles são universais, 37
    1.1 The Good, the Bad and the Neutral – Regras morais fundamentais, 45
    1.2 Fatos morais, 51
    1.3 Limites da liberdade de opinião – O quão tolerante é a democracia?, 54
    1.4 A moral vem antes da maioria, 59
    1.5 Relativismo cultural – O direito do mais forte, 62
    1.6 Boghossian e o Talibã, 69
    1.7 Não há valores judaico-cristãos – E por que o Islã faz evidentemente parte da Alemanha, 73
    1.8 Coreia do Norte e a máquina nazista, 81
    1.9 Pluralismo de valores e niilismo de valores, 86
    1.10 O(s) engano(s) atroz(es) de Nietzsche, 95

2 Por que há fatos morais, mas não dilemas éticos, 103
    2.1 Universalismo não é eurocentrismo, 110
    2.2 Discriminação etária contra crianças e outros déficits morais do dia a dia, 116
    2.3 Tensão moral, 121
    2.4 Falibilidade, um messias fictício e o absurdo da arbitrariedade pós-moderna, 125
    2.5 Sentimentos morais, 140
    2.6 Médicos, pacientes, policiais indianos, 147

2.7 O imperativo categórico como cola social, 155
2.8 "A?" Não se contradiga!, 159
2.9 Obviedades morais e o problema de descrição da ética, 165
2.10 Por que a ex-chanceler não é o Führer, 174
2.11 O juízo final, ou como podemos conhecer fatos morais, 177
2.12 Com e sem Deus no reino dos fins, 182
2.13 Bater em crianças nunca foi bom, também não em 1880, 194

3 Identidade social – Por que racismo, xenofobia e misoginia são maus, 199
   3.1 *Habitus* e estereótipo – Todos os recursos são escassos, 200
   3.2 Removendo o véu da desumanização – Da identidade para a política da diferença, 212
   3.3 Coronavírus – A realidade contra-ataca, 223
   3.4 Turíngia de um jeito diferente – O racismo é refutado em Jena, 229
   3.5 O valor da verdade, sem casa de espelhos, 238
   3.6 Estereótipos, o Brexit e o nacionalismo alemão, 247
   3.7 A efetividade de comunidades acreditadas, 251
   3.8 A sociedade do populismo, 256
   3.9 As contradições da política identitária de esquerda, 263
   3.10 Todos são o outro – Da política da identidade para a política da diferença e além dela, 268
   3.11 Política da indiferença – A caminho da cegueira a cores, 279

4 Progresso moral no século XXI, 285
   4.1 Escravidão e Sarrazin, 292
   4.2 Retratos dos seres humanos supostamente diferentes não justificam nada, e de modo algum a escravidão, 296
   4.3 Progresso e retrocesso moral em tempos da Covid-19, 302
   4.4 Limites do economismo, 316
   4.5 O universalismo biológico e a pandemia viral, 331

4.6 Por uma pandemia metafísica, 334
4.7 Moral # altruísmo, 337
4.8 O ser humano – Quem somos e quem queremos ser, 347
4.9 Ética para todos, 356

Epílogo, 371

Glossário, 373

Índice onomástico, 377

Introdução

Impera uma grande agitação. Os valores, tomados por autoevidentes pelo menos desde a queda do muro em 1989, de liberdade, igualdade e solidariedade, e a sua concretização na economia social de mercado, parecem ter saído incontrolavelmente dos trilhos. Esse processo, que se pode considerar como a *ressurreição da história*, é acompanhado por uma confusão acerca dos conceitos morais fundamentais[1]. Parecemos estar metidos em uma crise de valores que infectou a nossa democracia.

Países como os Estados Unidos, Polônia, Hungria e Turquia se afastam cada vez mais de compreender o Estado de direito como um sistema de valores moralmente embasado. Donald Trump se envolveu com Kim Jong-un, Orbán fez um pacto com soberanos autocráticos anti-Esclarecimento, o governo polonês atacou a divisão de poder e enfraqueceu a independência do judiciário. Na Alemanha aumentou o terrorismo de extrema-direita – a nossa sociedade parece, de modo comparável aos Estados Unidos, se cindir em forças progressivas liberais e em grupelhos nacional-fundamentalistas às vezes abertamente racistas, às vezes, ao menos, hostis a estrangeiros.

Essa crise de valores foi acentuada pela da Covid-19, pela qual nossos corpos e também nossa sociedade estão infectados. A princí-

---

1 Cf. a famosa e falseada tese do fim da história: FUKUYAMA, F. *Das Ende der Geschichte – Wo stehen wir?* [O fim da história – Onde estamos?]. Munique, 1992. Cf., em contrapartida, mais recentemente, KRASTEV, I.; HOLMES, S. *Das Licht, das erloscht – Eine Abrechnung* [A luz que se extingue – Um acerto de contas]. Berlim, 2019.

pio, ela produz, certamente, efeitos positivos. Desde março de 2020 é perceptível uma nova solidariedade, disparada pelo fato de que a política tomou uma decisão até então sem precedentes: para salvar vidas humanas, preservar o sistema de saúde e interromper a cadeia de infecções da pandemia, tirou-se do poder a suposição neoliberal de que a lógica do mercado seria o mandamento social supremo. Enquanto muitas crises climáticas mais fatais ainda não nos levaram a admitir profundos prejuízos econômicos a fim de fazer o moralmente certo, o Novo Coronavírus lançou, sem cerimônia, areia na engrenagem da cadeia global de produção.

Já é claro agora, então, por razões econômicas, que não poderemos mais continuar a agir, depois da crise, como agimos agora. Mas, para isso, precisamos de um novo modelo de sociedade, que tem de estar sobre um fundamento mais estável do que o projeto de uma globalização puramente econômica. Isso porque essa globalização, em vista do Coronavírus, desmoronou como um baralho de cartas, e teve, se se considera a crise financeira de 2008 e as consequências que podem ser previstas da crise da Covid-19 de 2020, talvez até mais custos do que ganhos, desde 1990, em comparação com uma forma mais sustentável de economia[2]. Aqui, não se trata apenas das somas gigantescas que o Estado alemão teve de empregar, por exemplo, para salvar bancos e outras empresas, mas também dos danos colaterais de uma lógica de mercado desenfreada, dos quais não fazem menos parte os efeitos negativos das mídias sociais nas representações de valores da democracia liberal. A digitalização, em particular a rápida disseminação da internet e a infiltração dos smartphones em nosso dia a dia, desencadeou uma circulação global de dados, escutas, manipulações intencionadas por monopó-

---

2 Cf. GÖPEL, M. *Unsere Welt neu denken – Eine Einladung* [Pensar nosso mundo de um modo novo – Um convite]. 4. ed. Berlim, 2020, p. 50, que, naturalmente, não pôde incluir a crise da Covid-19.

lios tecnológicos e ataques cibernéticos da Rússia, Coreia do Norte e China, com o objetivo de desestabilização dos ideais liberais.

Toda crise traz, além dos riscos, também a chance de um aprimoramento das relações sociais. A crise da Covid-19 nos coloca diante de um espelho: ela nos mostra quem somos, como conduzimos a economia, como pensamos e sentimos, e abre, assim, um espaço de jogo para uma transformação humana positiva. Essa transformação se orienta, idealmente, pela intelecção moral (*moralische Einsicht*). Só podemos melhorar as relações sociais se atentarmos, mais do que antes, ao que devemos fazer e deixar de fazer por razões morais.

Identificar modelos de pensamento insustentáveis e formular propostas para sua superação é uma das tarefas da filosofia. Mas a filosofia não pode assumir isso sozinha. Ela depende da cooperação com as ciências da natureza, as ciências técnicas, as ciências biológicas e as ciências humanas. Trata-se aqui não apenas de uma questão puramente acadêmica, mas, em geral, sobre quem somos como seres humanos e quem queremos ser no futuro. Para trabalhar nessa forma de autoconhecimento e na elaboração de uma "visão do bem" sustentável, como o filósofo estadunidense Brian Leiter chamou a isso, é indispensável construir uma cooperação profunda entre ciência, política, economia e sociedade civil, cooperação que seja marcada pela confiança recíproca.

Isso pressupõe que nos afastemos do pensamento profundamente assentado em nós de que uma sociedade seria fundamentalmente conduzida pela competição e por batalhas de distribuição que só se pode manter sob controle por meio do controle e da vigilância estatais. O objetivo de uma sociedade esclarecida é, antes, a *autonomia* – a autocondução de seus membros por meio da intelecção moral. Em vista das condições da divisão de trabalho moderna e da incomensurabilidade das complexas cadeias globais de produção, precisamos de um "espírito de confiança" igualmente global, ou seja, de mais daquilo que caracterizamos correntemente como "solidariedade"[3].

Um amontoado de crises (a crise das democracias liberais, a vulnerabilidade do sistema de saúde, o sistema de competição global, a digitalização que sai dos trilhos) revelou, no início do ano de 2020, algumas das fraquezas sistemáticas de uma ordem mundial que foi organizada quase exclusivamente segundo os princípios de uma globalização econômica. Mas, em tempos de crise, mostra-se que a solidariedade e a cooperação não funcionam se apenas os mercados têm voz, já que eles se baseiam na competição, na cobiça por lucro e, cada vez mais, no nacionalismo. Isso pode ser visto claramente tanto no capitalismo de Estado chinês como na política *America First* (América primeiro) de Donald Trump, e, infelizmente, isso também vale para a competição intraeuropeia por bens medicinais, que iniciou imediatamente depois da proclamação da pandemia e das cenas catastróficas no norte da Itália.

Em todo o caso, na última década, no curso da crescente disseminação das mídias sociais (sobretudo por meio do smartphone), tornou-se cada vez mais visível que a história não conduz automaticamente para um avanço moral-jurídico. Quanto mais podemos nos informar em questão de minutos sobre acontecimentos globais, tão mais eles parecem se movimentar no sentido de estados imprevistos e angustiantes: do fim da democracia, novas pandemias e uma crise climática imparável até uma inteligência artificial que ameaça nossos empregos e talvez até – como em *Exterminador do Futuro* – a humanidade como um todo com a extinção (autocausa-

---

[3] O filósofo estadunidense Robert B. Brandom expôs mais recentemente, tomando como ponto de partida uma nova interpretação da filosofia de Georg Wilhelm Friedrich Hegel, uma filosofia aprimorada da confiança, cuja estrutura sócio-ontológica profunda poderia se tornar parte de um modelo de uma socialização global futura bem-sucedida. Cf. BRANDOM, R.B. *A Spirit of Trust – A Reading of Hegel's Phenomenology* [Um espírito de confiança – Uma leitura da Fenomenologia de Hegel]. Cambridge, 2019.

da). Em vista dessa pilha gigantesca de problemas, coloca-se, hoje, a pergunta urgente, que diz respeito a todos os âmbitos da sociedade: *Que devemos, afinal, fazer?*

Mas, antes de decidirmos se essa impressão é apropriada ou não, deveríamos, primeiramente, realizar um esclarecimento de conceitos. Isso porque como devemos falar sobre uma coisa, se não tivermos esclarecido o que entendemos por essa coisa?

Algo que nós devemos, como seres humanos, fazer ou deixar de fazer, é designado por mim, a seguir, como *fato moral* (*moralische Tatsache*). Fatos morais anunciam reivindicações universais, que dizem respeito a todos os seres humanos, e definem critérios por meio dos quais se deve avaliar o nosso comportamento. Eles nos mostram o que devemos a nós mesmos como seres humanos, a outros seres vivos e ao ambiente compartilhado por todos os seres vivos (como enuncia uma famosa formulação do filósofo moral estadunidense Thomas M. Scanlon)[4]. Fatos morais dividem nosso agir intencional e racionalmente controlável em ações boas e más, entre as quais se encontra a esfera do moralmente neutro, ou seja, a esfera daquilo que é permitido.

Essas três esferas – o bem, o neutro e o mal – são os valores *éticos*, cuja validade é universal, ou seja, que se estende por toda cultura e todos os tempos. Valores não são apenas positivos. Eles não designam apenas o que devemos fazer, mas também o que devemos deixar de fazer. Além disso, a reflexão moral deixa, naturalmente, espaço para ações que não são nem boas nem más. Muito daquilo que fazemos e realizamos todo dia não está submetido a nenhuma

---

4 Cf. o livro desbravador de Thomas M. Scanlon: *What We Owe to Each Other* [O que devemos uns aos outros]. Cambridge, 1998. Para a defesa de um realismo moral semelhante à posição que defendo neste livro, cf. SCANLON, T.M. *Being Realistic About Reasons* [Sendo realista sobre razões]. Oxford, 2013. Em seu livro mais recente, Scanlon mostra por que, sob perspectiva ética, a desigualdade socioeconômica leva a distorções morais. Cf. SCANLON, T.M. *Why Does Inequality Matter?* [Por que a desigualdade importa?]. Oxford, 2018.

avaliação moral, e é uma tarefa importante da filosofia ética mostrar a diferença entre um agir moralmente carregado e um agir neutro. Apenas assim reconhecemos onde há espaços de ação que não são regrados moralmente de modo unívoco.

Nem tudo que fazemos cai nas categorias do bem e do mal. Muitas ações cotidianas são moralmente neutras, o que a humanidade teve de aprender no passado, por exemplo, em relação à sexualidade humana. Muito daquilo que valia antes como imoral (como, p. ex., sexo entre pessoas do mesmo gênero) já foi compreendido há muito tempo por nós como moralmente neutro – o que leva ao progresso moral.

Fatos morais são articulados como exigências (*Aufforderungen*), recomendações (*Empfehlungen*) e proibições (*Verbote*). Disso se pode distinguir os *fatos não morais*, que são descobertos pelas ciências naturais e técnicas, assim como também pelas ciências humanas. Os fatos não morais não colocam reivindicações diretas para nós. Sabemos, por exemplo, que o consumo de álcool é prejudicial para o nosso organismo, mas, daí, não resulta nenhuma resposta para a pergunta sobre se deveríamos beber álcool, e o quanto. Também sabemos que, por meio das descobertas da física moderna e de sua aplicação técnica, podemos contribuir para a extinção ou a preservação da humanidade. Mas não se segue, da estrutura fisicamente investigável do universo, que deve haver de algum modo seres humanos, e como devemos tratá-los.

Como devemos tratar seres humanos que, por exemplo, sofrem de uma doença neurodegenerativa (como Alzheimer) depende de como a doença se desenvolve e como ela marca a personalidade do afligido e dos parentes. Mas não se segue, apenas da pesquisa sobre a doença, como devemos lidar, de maneira eticamente defensável, com aqueles afetados por ela. O progresso moral só é possível quando reconhecemos que aquilo que devemos a nós mesmos, a outros seres humanos, a outros seres vivos e ao ambiente, depende, efetivamente, de fatos não morais, mas não é imediatamente dedutível deles.

Sabemos há muito tempo, na ética, que questões morais não estão limitadas apenas ao âmbito próximo espacial e temporalmente. O que fazemos ou deixamos de fazer diz respeito, na Modernidade, direta ou indiretamente, a todos os seres humanos do presente ou do futuro; ou seja, a gerações futuras, ainda não existentes. Além disso, nossos deveres vão além do âmbito dos seres humanos e dizem respeito a outros seres vivos e ao ambiente (no sentido da natureza não animal)[5]. A ética trata de valores universais e ultrapassa o horizonte das pequenas comunidades nas quais nos movimentamos diariamente como membros.

Nas reclamações cada vez maiores de que os fundamentos dos valores do Esclarecimento e a liberdade democrática estariam estremecidos, e de que a história estaria retrocedendo, se esquece, frequentemente, de indicar o que são, afinal, *valores*, e o que se quer dizer exatamente quando se atesta uma *crise*. Esses esclarecimentos conceituais são realizados há milênios pela filosofia, e justamente eles levaram sempre a impulsos de esclarecimento.

No presente livro, trata-se de valores *morais*, que são particularmente distintos de valores *econômicos* (cf. p. 316ss.). Diferentemente do que se lê frequentemente, valores morais não são subjetivos no sentido de que sua existência é expressão de valorações que seres

---

5 Isso é acompanhado de uma profunda revolução na ética, que foi elaborada claramente pela primeira vez pelo grande filósofo Hans Jonas. Ela implica que precisamos de uma nova bioética e de uma nova ética tecnológica, que vá muito além daquilo que a Antiguidade e a Modernidade puderam pensar, tempos nos quais ações humanas tinham efeitos, na maior parte das vezes, apenas sobre pequenos grupos. A alta tecnologia moderna, em contrapartida, estende seus efeitos a todos os seres humanos, de modo que hoje é mais urgente do que nunca elaborar valores universais para o século XXI. Recomendo de coração a todas as leitoras e todos os leitores a principal obra de Jonas: *Das Prinzip Verantwortung – Versuch einer Ethik für die technologische Zivilisation* [O princípio responsabilidade – Ensaio de uma ética para a civilização tecnológica]. 7. ed. Berlim, 2019.

humanos (seja individualmente ou em grupo) realizaram. Antes, valores são o critério por meio do qual julgamos *representações de valores* (*Wertvorstellungen*). Representações de valores podem definir indivíduos ou grupos e determinar o modo com que se conduz a vida e o seu pertencimento a grupos. Representações de valores podem ser classificadas de acordo com se elas são corretas ou não ao se julgá-las de acordo com fatos morais.

O bem e o mal designam os polos extremos de nossa reflexão moral, eles são conhecidos por nós especialmente na forma consideravelmente unívoca de exemplos. Assim, há milênios, santos, promotores da religião e heróis produzidos pela humanidade representam o fato de que há um compasso moral. Inversamente, conhecemos, pelo menos desde as atrocidades das ditaduras totalitárias do século XX, exemplos do mal radical, que se manifestou no uso de armas de destruição em massa, guerras totais e campos de extermínio. A cultura de memória da Alemanha, que nos apresenta o holocausto como caso extremo incomparável do mal, preenche a função importante de nos indicar que há realmente o mal. O mal não desapareceu com o fim da Segunda Guerra Mundial, mas aparece, hoje, na forma de figuras como Assad e muitos outros criminosos de guerra e massacres.

O bem e o mal são valores universais: o bem é universal e moralmente ordenado – independentemente do pertencimento a grupos, momento histórico, cultura, sabor, gênero, classe e raça –, enquanto o mal é universal e moralmente proibido. Em cada um de nós há o bem e o mal, eles se mostram em nosso pensar e agir cotidianos. Esses valores universais, e a sua aplicação a situações de ação concretas e imensuráveis em que nos encontramos diariamente, são o tema deste livro.

Não haveria, de modo algum, nenhuma democracia, nenhum Estado democrático de direito, nenhuma divisão dos poderes e nenhuma ética, se a humanidade não tivesse se colocado repetidamente a pergunta sobre como podemos conjuntamente, cada um de nós em cada momento de nossas vidas, contribuir para nos aprimorarmos moralmente como indivíduos e juridicamente como comunidades políticas. Não seria hora, em face à atual situação acentuada de crise, de um *novo Esclarecimento*? Não se deve tratar de nada menos do que disso a seguir.

Argumentarei que há cercas (*Leitplanke*) morais do comportamento humano. Essas cercas abrangem todas as culturas, valem universalmente e são a fonte de valores universais para o século XXI. A sua validade não depende de que a maior parte dos seres humanos as reconheçam; elas são, portanto, nesse sentido, objetivas. Em questões éticas, há exatamente tanta verdade e fatos quanto em outras esferas da reflexão e pesquisa humanos – também na ética, fatos são mais importantes do que opiniões que preferem "x". Trata-se de buscarmos conjuntamente por fatos morais que ainda não apreendemos até agora. Pois toda época oferece novos desafios éticos, e as complexas crises do ainda jovem século XXI só se deixam dominar por meio de ferramentas de pensamento inovadoras.

Este livro representa uma tentativa engajada de trazer ordem ao caos de fato existente e realmente perigoso de nosso tempo. Por isso, gostaria de *desenvolver uma caixa de ferramentas filosófica para a resolução de problemas morais*. O meu objetivo é dar novo impulso à ideia de que a tarefa da humanidade em nosso planeta consiste em possibilitar o progresso moral por meio da *cooperação*. Se não conseguirmos alcançar o progresso moral sob a inclusão de valores universais para o século XXI – e, assim, para todos os seres humanos –, cairemos em um abismo de dimensões inimagináveis. A desigualdade social em nosso planeta, que cresce por meio da crise da Covid-19, porque, possivelmente, muitos milhões de pessoas retornaram à pobreza, não é sustentável a longo prazo. Por isso, não podemos, por exemplo, usar as fronteiras nacional-estatais para manter longe seres humanos que, por causa das consequências de nosso próprio agir, experimentam um sofrimento inimaginável para nós. Tal estratégia de isolamento é moralmente abjeta, assim como condenada ao fracasso econômica e geopoliticamente. Querendo ou não, todos os seres humanos estão no mesmo barco, ou seja, no mesmo planeta, que é envolto por uma fina e frágil atmosfera que destruímos por meio de cadeias de produção não sustentáveis e do agir irresponsável. A pandemia de Covid-19 é um chamado para o despertar, ela parece como se o nosso planeta tivesse ativado o sistema imunológico para frear a alta velocidade de nossa autoextinção e se proteger, ao menos temporariamente, de outras violações.

É, lamentavelmente, completamente correto que caímos em uma profunda crise de valores pelo menos desde a crise financeira de 2008. No curso de um retrocesso visível da democracia liberal, vivenciamos nos últimos anos uma rápida disseminação de modelos de condução autoritária do Estado, representados por Donald Trump, Xi Jinping, Jair Messias [sic] Bolsonaro, Recep Tayyip Erdoğan, Viktor Mihály Orbán, Jaroslaw Kaczyński e muitos outros chefes de Estado. A isso se acresce o Brexit, novas formas do radicalismo de direita na Alemanha (que se formaram no braço direito da AfD[6]) e a desconfiança geral de algumas partes da sociedade em relação a especialistas científicos em vista da mudança climática em parte causada pelo ser humano. Além disso, surge uma real ameaça do mundo de trabalho por meio de avanços nos âmbitos da inteligência artificial, do aprendizado de máquina e da robótica, de modo que alguns, por exemplo o lendário empresário e bilionário Elon Musk, ou o físico recentemente falecido Stephen Hawking, até mesmo supõem que nós, seres humanos, vamos ser sobrepujados, subjugados ou eliminados, no futuro próximo,

---

6 *Alternativ für Deutschland* [Alternativa para a Alemanha]. Partido alemão de extrema-direita [N.T.].

por uma superinteligência, que, dessa maneira, assumirá o controle sobre a evolução na Terra[7].

Mas não apenas a mudança climática possibilitada pelo progresso científico-tecnológico representa um assim chamado *risco existencial*, ou seja, uma ameaça à existência de nossa espécie por meio da autoextinção, mas, além disso, ambas as guerras mundiais do século XX tiveram como consequência um rápido incremento no âmbito da tecnologia da informação, da codificação e decodificação de mensagens, o que, desde a Segunda Guerra Mundial, levou a uma computadorização de nosso mundo de vida. A etapa mais recente da computadorização, a assim chamada *digitalização*, consiste no fato de que smartphones, mídias sociais, ferramentas de busca e sistemas de condução de nossa mobilidade (no caminhão, avião, tráfego ferroviário etc.) registram nossas movimentações e nossos modelos de pensamento.

Esse é um processo que, de fato, ameaça a nossa existência, pois toda a arquitetura de condução emprega processos da *inteligência artificial*. Eles estão, aí, em condição de penetrar em nossos processos de pensamento para, lá, nos superarem da mesma maneira que os atuais programas de xadrez ou de Go, contra os quais mesmo os melhores jogadores humanos já não têm chance há muito tempo. Assim, há alguns anos, a empresa DeepMind conseguiu desenvolver uma inteligência artificial de nome Alpha Go que venceu o melhor jogador do jogo de tabuleiro chinês antigo, Go, por mais que ele seja ainda mais complexo do que o xadrez.

---

7 Cf. o panorama em parte visivelmente irracional e consideravelmente infundamentado sobre cenários de horror fictícios de uma superinteligência em BOSTROM, N. *Superintelligenz – Szenarien einer kommenden Revolution* [Superinteligência – Cenários de uma revolução por vir]. Berlim, 2014. Cf., em contrapartida, GABRIEL, M. *Der Sinn des Denkens* [O sentido do pensar]. 3. ed. Berlim, 2019. Para uma introdução ao novo complexo de temas da ética da inteligência artificial, cf. COECKELBERGH, M. *AI Ethics* [Ética de IA]. Cambridge, 2020.

Quem, hoje, navega pelas redes sociais, é mantido diante da tela por *newsfeeds*, mensagens curtas, imagens e vídeos que são escolhidos por inteligências artificiais. Assim, jogamos, por assim dizer, uma espécie de xadrez social contra um adversário superior, que quer roubar de nós cada vez mais tempo e atenção. Somos bombardeados com notícias, séries e *fake news*, até que, possivelmente, teremos perdido a capacidade de pensar por conta própria.

O retrocesso da democracia liberal e do ser humano analógico, que, atualmente, ainda resiste à condução por meio de softwares e interesses de empresas – interesses que se escondem por trás da inteligência artificial – ameaça o ideal da Modernidade, quando afirma que o progresso científico-tecnológico só é bem-sucedido se o progresso moral mantiver o mesmo passo que ele. Caso contrário, a infraestrutura para a condução ativa de nosso comportamento (de que faz parte o Estado de bem-estar moderno) se transforma em um cenário distópico de horror, como é esboçado em clássicos como o *Admirável mundo novo*, de Aldous Huxley, e *1984*, de George Orwell, ou – mais próximos de nosso tempo – séries de ficção científica à la *Black Mirror, Eletric Dreams* e *Years and Years*.

Os *tempos obscuros* em que, a que tudo indica, nós todos vivemos e dos quais se tratará a seguir, são caracterizados pelo fato de que a luz do conhecimento moral é coberta, e em parte sistematicamente, por exemplo por meio da disseminação de *fake news*, manipulação política, propaganda, ideologias e outras visões de mundo.

Contra tempos obscuros, o Esclarecimento ajuda. Ele pressupõe a luz da razão e, assim, a intelecção moral. Uma base importante do Esclarecimento é o pensamento de que sabemos, na realidade, na maior parte das vezes, o que uma situação demanda de nós moralmente. Casos difíceis como dilemas éticos são raros. Um *dilema* ético consiste no fato de que há várias opções de ação à disposição, que, todavia, levam a que não possamos realizar o moralmente exigido. Se fazemos, em um dilema, algo bom, deixamos de fazer, em um tal caso, automaticamente alguma outra coisa boa, e fazemos, assim, algo moralmente errado.

Onde tais casos aparecem, precisamos de intelecções morais claras de outras situações, a fim de não perder, nos grandes desafios de nossa vida, a nossa orientação moral. Se o nosso acesso às nossas próprias intelecções morais é, então, desalinhado, tudo se torna sombrio para nós.

Que vivamos em tempos obscuros percebem, sobretudo, os mais pobres deste mundo, pois frequentemente falta-lhes mesmo o mais necessário. Enquanto, entre nós, emprega-se virólogos para, juntos com políticos e especialistas da saúde, deter a disseminação do Novo Coronavírus, os mais pobres – que vivem não apenas longe, mas também, por exemplo, amontoados em nossos campos de refugiados – estão expostos à Covid-19 e a muitas outras doenças. Nós, que prosperamos, temos uma responsabilidade partilhada por isso, que reprimimos no dia a dia, pois nossos negócios e hábitos de consumo nos distraem do fato de que estamos no mesmo barco, no mesmo planeta.

O obscurecimento do horizonte moral diz respeito, porém, não apenas aos desenvolvimentos histórico-mundiais e econômico-mundiais das últimas décadas que vitimaram países pobres, mas também já se iniciou há muito tempo entre nós, que crescemos com o cânone de valores do Estado democrático de direito, que nunca haveria existido sem a primeira grande onda do Esclarecimento no século XVIII. A pandemia da Covid-19 revelou fraquezas sistemáticas profundas em nossos sistemas de saúde e revelou, além disso, condições deploráveis no modo com que refletimos uns sobre os outros. Políticos nacionalistas como Orbán, Xi Jinping, Putin e Trump usaram o momento oportuno para impor, sob o manto da pandemia, objetivos políticos que seriam, antes, impensáveis (do que também faz parte o fechamento das fronteiras dos Estados Unidos para viajantes europeus, ao qual a União Europeia, por sua vez, reagiu com o fechamento de suas fronteiras). O estado de emergência e de exceção políticos, fundamentados pelo *imperativo virológico* de que temos de interromper cadeias de infecção e ter sob controle as curvas estatísticas, é empregado em todos os países, de uma ou outra maneira, para o perfilamento de políticos individuais ou de partidos, mas também de estados nacionais inteiros. A Alemanha, por exemplo, coloca à vista para todo o mundo a estrutura e organização superior do seu próprio sistema de saúde – e faz isso também como parte de uma corrida armamentista sobretudo contra a China, que se apresenta como perfeita administradora de crises para, desse modo, disseminar o seu modelo de uma ditadura capitalista que se adorna com floreios comunistas.

É inquietante que, também entre nós, as medidas da China sejam admiradas e que o "capitalismo de vigilância" digital seja agora testado por meio do fato de que todos nós, em nossa isolação espacial de um *social distancing*, produzimos dados como nunca antes e, assim, entregamos aos poucos a nossa esfera privada[8]. Isso porque sentamos quase o dia inteiro diante da tela. Local de trabalho e local privado de recolhimento se fundem na nova forma do *home office*, e é de se esperar que muitas empresas explorem o momento oportuno e se infiltrem, também depois da crise da Covid-19, nos domicílios, para economizar com custos de espaço. Esses são processos questionáveis que impulsionam uma nova "mudança estrutural da esfera pública", ao ligarem o último lugar de privacidade – o lar, a moradia própria – inteiramente à rede pública de produção de dados e de mercadorias[9].

---

8 Cf. o livro extremamente atual da cientista econômica que leciona em Harvard, Shoshana Zuboff: *Das Zeitalter des Überwachungkapitalismus* [A era do capitalismo de vigilância]. Frankfurt a. M./Nova York, 2018.

9 Cf. sobre a "mudança estrutural [digital] da esfera pública", em confronto com o famoso livro de mesmo nome do filósofo social Jürgen Habermas: GABRIEL, M.

Tais medidas extremas fortalecem a crise de valores da democracia liberal, que não foi superada por meio do sentimento de solidariedade do início do ano de 2020, mas apenas adiada. As forças regressivas do populismo de direita já esperam por nós na outra ponta do túnel do Coronavírus, e tudo depende de que nos vacinemos *agora* contra esse perigo, ao desenvolvermos formas de pensamento apropriadas, que nos possibilitem melhores intelecções sobre aquilo que devemos fazer ou deixar de fazer por razões morais.

A Modernidade, que começou com o rufar dos tambores da Revolução Francesa, se baseia na utopia do Esclarecimento, que consiste, essencialmente, na ideia de que nossas instituições – e, desse modo, em primeiro lugar, o Estado – se tornam instrumentos do progresso moral, o que só é possível se ciência, economia e política, assim como cada cidadã e cada cidadão[10] em seu comportamento cotidiano, contribuam para que tentemos, individualmente e coletivamente, com o melhor conhecimento e consciência moral, fazer o moralmente certo. A utopia do Esclarecimento parecia estar quase ao alcance por meio da Revolução Francesa; escapou, porém, por meio de uma intensa contrarreação, na maior parte das vezes de interesses nacionalistas – começando com ondas de terrorismo das diversas facções revolucionárias francesas e com o domínio violento napoleônico que se seguiu a elas.

Fiktionen [Ficções]. Berlim, 2020, § 16s., assim como NASSEHI, A. *Muster – Theorie der digitalen Gesellschaft* [Modelos – Teoria da sociedade digital]. Munique, 2019.

10 Exclusivamente por causa da simplicidade topográfica, utilizo a partir daqui a maior parte das vezes o masculino gramatical, se tenho em mente todos os seres humanos, independente de se classificarem como femininos, diversos, masculinos ou de algum outro modo. Para atuar contra um mundo de exemplos monótono e que soa masculino, desvio às vezes disso em meus exemplos, para atuar contra a atualização de estereótipos, que, p. ex., veem médicos como masculinos e seus assistentes como enfermeiras. Isso não é uma bajulação do politicamente correto, mas corresponde ao estado do progresso moral que contribuiu de maneira decisiva para que compreendamos estereótipos como modelos de interpretação enganosos da realidade social e, assim, possamos superá-los. Cf. cap. 3.

Todavia, estamos, em muitos aspectos, mais adiante do que o fim do século XVIII ou o século XIX, para o bem ou para o mal. Vimos a que abismos somos levados quando se impulsiona progressos científico-tecnológicos, sem se avançar moralmente no mesmo ritmo, pois, devido a esses progressos, desenvolveu-se, por exemplo, armas de destruição em massa, que, no século XX, já foram usadas pontualmente uma vez contra a humanidade. E sem o progresso econômico desenfreado que acompanha a técnica moderna, não estaríamos diante de uma catástrofe climática.

> *Só podemos enfrentar os perigos de novas guerras em função do fortalecimento do nacionalismo, assim como a crise ecológica que ameaça centenas de milhões de pessoas, por meio do progresso moral. É o mandamento do momento que o ser humano reflita sobre suas capacidades morais e comece a reconhecer que apenas uma cooperação global além do egoísmo nacional-estatal leva a deter o movimento em constante aceleração na direção de um abismo histórico mundial.*

O progresso moral consiste no fato de que conhecemos melhor o que devemos fazer ou deixar de fazer. Ele pressupõe o conhecimento e consiste, em geral, no fato de que descobrimos fatos morais que estavam em parte ocultados. Aquilo que devemos fazer ou deixar de fazer está ligado a como a realidade, ou seja, os fatos estão constituídos. Quais medidas de redução de emissões prejudiciais ao meio ambiente devemos adotar, como se diagnostica e cura doenças, como se distribui justamente recursos, que formas de manifestações devem ser classificadas como violência psíquica, como se supera o assédio sexual e outras formas de discriminação de gênero marcadas pelo poder e pela violência, como devemos regulamentar a eutanásia – tudo isso são questões morais-jurídicas que só se pode responder quando nos colocamos diante da realidade.

Como os fatos não morais são constituídos é algo que podemos determinar, idealmente, por meio da pesquisa cooperativa das ciências técnicas, naturais e humanas, ou seja, ao encarregarmos universidades e outras instituições de pesquisa de investigarem a realidade tendo em vista as questões morais urgentes de nosso tempo. A filosofia também depende da ciência natural e da tecnologia; ela, naturalmente, não pode ignorar o que conhecemos sobre seres humanos, sobre outros animais e sobre o meio ambiente, mas deve integrar esse conhecimento em um retrato filosoficamente informado do ser humano. Inversamente, é igualmente importante que cientistas naturais e tecnológicos, mas também cientistas econômicos, que cada vez mais se manifestam sobre temas filosóficos, tomem conhecimento do estado de arte da pesquisa em filosofia. Sem essa cooperação entre disciplinas, em que todos os interlocutores levam a sério os conhecimentos do outro e os traduzem em sua própria língua, o ideal do Esclarecimento está condenado ao fracasso.

Se queremos descobrir o que devemos fazer ou evitar em vista de uma situação de perigo conspícua e que, possivelmente, afeta a todos nós, temos de considerar toda forma de especialidade que nos ajude a levar em conta, da forma mais exata possível, os fatos não morais. Temos hoje, por exemplo, de conhecer urgentemente quais riscos ambientais massivos estão ligados ao nosso comportamento de consumo e às nossas cadeias de produção global, a fim de podermos tomar medidas morais, políticas e socioeconômicas correspondentes. Se precisamos de mais ou de menos energia eólica para alcançar o mais rápido possível os nossos objetivos climáticos desempenha um papel decisivo em relação à questão sobre quantos motores eólicos temos de erigir e onde. Ao mesmo tempo, temos de considerar outros parâmetros não morais que dizem respeito ao meio ambiente (p. ex., que tempestades surgem em que lugar? Quantas florestas podemos derrubar para instalar motores eólicos, sem atacar, assim, o pulmão verde de uma região?), a fim de podermos, por meio de uma cooperação sensata entre ciência, economia política e população civil, preparar um futuro o melhor possível para nossos filhos já vivos, assim como para os seres humanos ainda não nascidos.

Essa exigência foi abalada por meio da infiltração de arbitrariedades pós-modernas, que ainda querem nos convencer de que, em última instância, não haveria nenhuma verdade objetiva, nenhum fato que se poderia trazer à luz por meio de métodos de pesquisa apropriados, mas sempre apenas opiniões motivadas politicamente. Muitos pensam até mesmo que a ciência nunca poderia se libertar de formadores de opinião em última instância sem embasamento e politicamente motivados, de modo que, nesse meio-tempo, especialmente em universidades de ponta estadunidenses e britânicas, se dissemina a ideia de que as universidades seriam um lugar de disputa de conflitos identitário-políticos.

Nesse sentido, o sociólogo do conhecimento pós-moderno, Bruno Latour, afirma já há décadas que não haveria fatos (*matters of fact*), mas apenas diferentes casos para preocupação (*matters of concern*), que podem ser investigados ou produzidos em laboratório. Concretamente, ele pensa que Ramsés II não poderia, como resultou de investigações de sua múmia, ter morrido de tuberculose, já que o patógeno da tuberculose só teria sido conhecido no século XIX[11]. Latour pensa que não devemos proteger o meio ambiente

---

11 Cf. LATOUR, B. On the Partial Existence of Existing and Non-existing Objects [Sobre a existência parcial de objetos existentes e não existentes]. In: DASTON, L. (ed.). *Biographies of Scientific Objects* [Biografias de objetos científicos]. Chicago, 2000, p. 247-269. O filósofo estadunidense Paul Boghossian se esforçou para desarmar as falácias, contradições e falsas suposições de Latour, detalhadamente. Cf. BOGHOSSIAN, P.A. *Angst vor der Wahrheit – Ein Plädoyer gegen Relativismus und*

porque, caso contrário, ameaçamos a nós mesmos e a outros seres vivos (como reconhecemos científico-naturalmente), mas porque haveria um "parlamento das coisas", um tipo de parlamento ecológico, no qual florestas tropicais, insetos e a camada de ozônio têm direito a voto[12]. Latour convida, como muitos outros teóricos pós-modernos proeminentes desde a década de 1980, a deixar de dar atenção aos fatos e, em vez disso, se empenhar socialmente pelos oprimidos, entre os quais está incluído, segundo ele, também, justamente, o meio ambiente.

Mas essa forma de política identitária é demonstravelmente absurda, já que ela se baseia em uma contestação de fatos. Se Latour tivesse razão com a sua teoria científica, poderíamos simplesmente eliminar o vírus ao parar de pesquisá-lo em laboratórios, já que ele só teria efetividade, sim, só existiria de algum modo, se fosse descoberto (ou, melhor dizendo, então: inventado). Esse é um absurdo pós-moderno.

Não é possível, sem uma tomada de conhecimento da realidade, dar uma resposta sensata a questões morais urgentes. Isso nós sabemos de nossa própria experiência de vida. Quem ignora fatos por muito tempo e foge da realidade se emaranha sempre mais profundamente em crises de vida. Em algum momento é preciso se pôr diante dos fatos e se perguntar *quem se é e quem se quer ser*. Aqui, a recusa pós-moderna da realidade, dos fatos, do conhecimento e da verdade de nada serve, como se vê em quase cada discurso do atual presidente da América, que, certamente, está de inteiro acordo com a opinião pós-moderna de que não haveria verdade e realidade, mas sempre apenas uma expressão do pertencimento a um grupo.

Konstruktivismus [Medo da verdade – Uma defesa contra o relativismo e o construtivismo]. Posfácio de Markus Gabriel. Berlim, 2013.
12 LATOUR, B. *Das Parlament der Dinge – Für eine politische Ökologie* [O parlamento das coisas – Por uma ecologia política]. Berlim, 2010.

A política identitária pós-moderna é vista tão destrutiva quanto uma digitalização que se tornou selvagem, e que flerta com a perspectiva de substituir o Estado de bem-estar, sim, a própria democracia, por uma forma de governo chinesa e impulsionar a prosperidade econômica por meio da computadorização e automatização sem misericórdia de processos industriais.

A Modernidade, como ideal do Esclarecimento que levou ao Estado democrático de direito, está sob ataque por todos os lados, e nós estamos como um todo profundamente irritados, de maneiras diferentes, com esse abalo. Contra essa lenta erosão do firme fundamento do Estado democrático de direito – que está em estreita ligação com as arbitrariedades pós-modernas – desenvolvo, neste livro, os traços fundamentais de um *novo Esclarecimento*, que gostaria de chamar de *novo realismo moral*[13].

Vivenciamos no momento, como dito, um obscurecimento do horizonte histórico. A humanidade globalmente conectada trabalha, no momento, em sua própria extinção, para o que contribuem as cadeias globais de produção de bens de consumo em parte desprovidos de sentido, que são produzidos apenas por cobiça de lucro à custa da humanidade. Ninguém precisa tão frequentemente de um carro novo como aqueles que a cada dois anos podem e querem comprar um, porque se maravilham com o novo equipamento interno e a nova tecnologia. O mesmo vale para smartphones, tablets, peças de roupa e para muitos bens de luxo que compramos para nós mesmos e para nossas crianças, sem perceber que, assim, prejudicamos o seu futuro. Reclamamos

---

13 Apresentei o novo realismo de maneira (espero) universalmente compreensível em minha trilogia, publicada desde 2013: *Warum es die Welt nicht gibt* [Por que o mundo não existe], *Ich ist nicht Gehirn* [Eu não sou meu cérebro] e *Der Sinn des Denkens* [O sentido do pensar]. Para uma visão geral, cf. tb. GABRIEL, M. (ed.). *Der Neue Realismus* [O novo realismo]. 3. ed. Berlim, 2016, assim como GABRIEL, M.; ECKOLDT, M. *Die ewige Wahrheit und der Neue Realismus – Gespräche über (fast) alles, was der Fall ist* [A verdade eterna e o novo realismo – Conversas sobre (quase) tudo que é o caso]. Heidelberg, 2019.

sobre plástico e vemos que, assim, destruímos nossos mares, nos quais gostaríamos de nadar e pescar, e, ao mesmo tempo, compramos brinquedos de plástico que reproduzem cenas marítimas.

Nosso comportamento de consumo é inteiramente contraditório. Assim, nos colocamos a favor da digitalização para, por exemplo, reduzir o volume de viagens no mundo econômico; ignoramos, porém, com facilidade, que a digitalização também contribui para a crise ecológica. Em um congresso para o qual fui convidado e que foi organizado por um ministério do Estado da República Federal da Alemanha para considerar os perigos das mídias sociais para o Estado democrático de direito estava-se orgulhoso de que o congresso foi transmitido ao vivo no YouTube. Considerar as mídias sociais como o problema e, ao mesmo tempo, empregá-las para resistir a elas é uma contradição consideravelmente evidente.

Essas muitas contradições com que nos ocupamos diariamente não são, de modo algum, inofensivas. A pergunta sobre se alcançamos o progresso moral que é necessário para colocar no caminho certo os progressos científico-natural-tecnológicos, também potencialmente perigosos, começa em nosso dia a dia. Física e química produziram as infraestruturas modernas e o tratamento de água potável, mas também a bomba atômica e armas químicas. Apenas o progresso científico-natural não garante, tampouco quanto o bem-estar econômico, que os seres humanos façam o moralmente certo e o implementem institucionalmente.

Cada um de nós é convocado a cada instante de sua vida a fazer o bem para reduzir a extensão do mal e de devastação. O agir responsável não ocorre apenas em algum lugar "lá fora" ou "lá em cima", entre pessoas influentes na política, na mídia e na economia, mas em cada um de nós.

Como exemplo, podemos introduzir uma pessoa fictícia, que chamo de "Antje Kleinhaus" (na esperança de que ninguém realmente se chame assim). Antje mora em Prenzlauer Berg, e tem uma afilhada africana, doa pão para o mundo e tem, em geral, compaixão com filhos de imigrantes que, como ela vê de noite na televisão, são atormentados, em Lesbos, por parte da população civil e pela polícia de fronteira europeia. Ela se horroriza todo dia com os atuais tempos obscuros e tenta desencorajar os seus conhecidos de votarem na AfD, já que ela é a favor da tolerância e da abertura ao mundo. Um belo dia, a sua pequena filha, Luna, quer convidar a sua nova amiga do jardim de infância, Aise, para o aniversário de criança na casa dos Kleinhaus. Todavia, Antje descobre que a Aise, de alguma maneira, não se encaixa, e que ela tem, afinal, uma cultura inteiramente diferente, já que ambos seus pais vieram da Turquia para a Alemanha e a Aise fala um alemão quebrado. Além disso, há pizza de salame, e Antje não gostaria de confrontar a Aise com carne de porco. Para respeitar a cultura de Aise, ela, por fim, não é convidada, pois, aos olhos de Antje, é melhor para Aise que ela cresça feliz em seu meio social, exatamente como a sua doação para sua afilhada africana serve para que ela possa crescer na África, em sua terra natal, e não tenha que tomar o duro caminho para a Alemanha.

Essa forma de hipocrisia mostra que todos nós, mesmo os que são, aparentemente, inteiramente inocentes, e até mesmo a um pouco progressiva Antje, temos, em algum ponto, um preconceito potencialmente perigoso. Quem se encolhe no metrô quando entra alguém no vagão que parece "com um terrorista islâmico" expressa, assim, um preconceito potencialmente racista e, no mínimo, xenofóbico. Coloque-se, por favor, a pergunta sobre qual é a aparência de um típico alemão! Se você acredita ter uma resposta para isso, você acaba de conhecer um preconceito racista seu – já que não há nem um típico alemão, nem a aparência de um alemão típico.

Todos nós somos poluidores do meio ambiente, sobretudo os alemães, a cuja história pertence a invenção de um automóvel movido por motor de combustão por Gottlieb Daimler e Carl Friedrich Benz. O belo Baden-Württemberg tem de registrar, em sua história, não apenas a fundação do partido *Die Grünen* (Os verdes), mas também, justamente, a invenção daquela forma de mobilidade que leva a que precisemos, de algum modo, de uma política ecológica.

Para dissolver todas essas contradições, precisamos não apenas de grandes soluções globais e políticas, mas, ao mesmo tempo, começar com nossos próprios preconceitos e com nossas próprias ações. O progresso moral só é possível se reconhecemos que o mal não está apenas "lá fora" – por exemplo, entre os americanos, os millenials, os sauditas, os chineses, os *hackers* russos –, ou seja a quem se quiser jogar a culpa pelos tempos obscuros.

Junto à crise política há uma situação de perigo em nosso país, no momento, por causa do extremismo político e do terrorismo que o acompanha, que, nos últimos anos, levou a assassinatos políticos (o assassinato de Walter Lübcke[14]) e ataques terroristas como mais recentemente em Hanau. Isso é, entre outras coisas, resultado de um problema fundamental, do qual também se tratará neste livro: o *sentimentalismo pós-fático*. Ele consiste no fato de que a produção de pertencimento a grupos e a produção de maiorias por meio de narrativas de formação de identidade empregadas de maneira parcialmente intencional desempenham, em pequenas e em grandes decisões, um papel maior do que a decisão de trabalhar em conjunto, por meio do levantamento de razões racionalmente comunicáveis e da constatação de fatos, na escolha de um caminho de ação reconhecível por todas as pessoas como correto. Dito de maneira simplificada, hoje, mensagens curtas e que enfatizam o sentimento no formato do Twitter, séries de imagens no Instagram ou palavras-

---

14 Político do Partido Conservador da Alemanha, CDU (Christlich Demokratische Union – "União Democrata-Cristã"), assassinado em 2019 pelo neonazista Stephan Ernst [N.T.].

-chave de uma confrontação política que são alardeadas midiaticamente contam frequentemente mais do que os fatos relevantes e verificáveis que estão em jogo.

Por isso, como dito, está na hora de trazer à cena novamente o principal pensamento do Esclarecimento: que, por meio do emprego *comum* da razão, podemos trabalhar para descobrir o que devemos fazer e o que devemos deixar de fazer. Todavia, o Esclarecimento precisa de uma atualização para se imunizar contra edifícios de pensamento que tentam nos convencer de que não haveria, em questões morais, nenhuma solução universalmente aceitável e justa para todos os seres humanos, mas sempre apenas uma defesa do direito do mais forte. Tais edifícios de pensamento serão, por isso, criticados e refutados a seguir de maneira universalmente compreensível. Assim, este livro é um gesto de abertura de um novo Esclarecimento, cuja necessidade já foi apontada por outros[15].

O novo Esclarecimento aspira por um *coimunismo*, para usar uma fórmula feliz de Peter Sloterdijk (em um sentido inteiramente diferente): trata-se de ajustar novamente, em termos de conteúdo, para cada época, um cânone de valores de liberdade, igualdade, solidariedade etc., e avaliar os perigos correspondentes que são mobilizados para levar a razão ao declínio. Isso porque a razão sempre tem de lutar contra a irrazão (*Unvernunft*), para a qual há muitas razões para que seja assim. Ao que tudo indica, o filósofo americano Stanley Cavell tinha toda razão, quando ele, em sua principal obra,

---

15 Cf., p. ex., entre muitos outros, HEMPE, M. *Die Dritte Aufklärung* [O terceiro Esclarecimento]. Berlim, 2018. • PINKER, S. *Aufklärung jetzt: Für Vernunft, Wissenschaft, Humanismus und Fortschritt – Eine Verteidigung* [Esclarecimento agora: pela razão, ciência, humanismo e progresso – Uma defesa]. Frankfurt a. M., 2018. Não concordo com ambos nos detalhes e cito estes livros apenas como indicação de que há uma necessidade perceptível, fundamentada na própria coisa, de um novo Esclarecimento.

A reivindicação da razão, sugere: "Nada é mais humano do que o desejo de negar a sua própria humanidade"[16].

Meu livro se dirige ao maior círculo possível de seres humanos que estão irritados com a atual degeneração rastreável e perceptível do debate sociopolítico e estão abertos à tentativa de empregar a sua razão para a finalidade do juízo moral. Não se pode conversar com todos para convencê-los de que razões comunicáveis e compartilháveis com outros seres humanos são o fundamento moral da vida conjunta bem-sucedida. A força de argumentos consegue tão pouco contra, por exemplo, criminosos radicais de direita como contra notórios negacionistas climáticos, ou contra negacionistas da vacina. Porém, em uma sociedade cujas instituições se esforçam fundamentalmente pelo conhecimento da verdade, pelo reconhecimento de fatos e pelo princípio de que todo ser humano deve tratar todo outro ser humano, em questões morais, de maneira fundamentalmente igual, o mal espiritual do incendiário se expande menos facilmente do que em uma situação de debate na qual bordões em vez de razões, e proclamações de sentimentos em vez de argumentações passíveis de erro têm força para se impor. A era pós-fática, que é intencionalmente fortalecida por meio de mídias sociais, é o solo no qual a radicalização floresce, seja ela religiosa, política ou de outro tipo. Não há por que conversar com um pregador do ódio do Isis ou com um stalinista de extrema-esquerda, para, por meio da troca de razões, constatar quem tem razão, pois as regras fundamentais de tal troca não são aceitas pela ideologia do interlocutor.

A intolerância radical, que tem por objetivo minar os fundamentos do Estado democrático de direito com todos os meios à disposição (incluindo a violência contra inocentes), não é o que se

---

16 CAVELL, S. *Der Anspruch der Vernunft – Wittgenstein, Skeptizismus, Moral und Tragödie* [A reivindicação da razão – Wittgenstein, ceticismo, moral e tragédia]. Frankfurt a. M., 2006, p. 200.

deveria tolerar. Por isso, este livro se dirige àqueles que têm o desejo de se ocupar *racionalmente*, ou seja, não apenas movidos por suas opiniões pessoais, com a pergunta sobre se há fatos morais e progresso moral em tempos obscuros, e como poderíamos constituir uma ordem de valores do século XXI com base em valores universais. Que haja cada vez mais pessoas que não se interessam por isso é parte do problema para cuja solução eu gostaria de contribuir com minhas considerações de uma perspectiva filosófica.

1
O que são valores e por que eles são universais

Neste capítulo, trataremos dos conceitos éticos fundamentais do novo Esclarecimento, que resultam de algumas teses centrais. As **teses centrais do novo realismo moral**[17] enunciam:

Tese central 1: Há fatos morais independentes de nossas opiniões privadas e de grupo. Eles existem objetivamente.

Tese central 2: Os fatos morais objetivamente existentes são essencialmente conhecíveis por meio de nós; ou seja, dependentes de nosso espírito (*geistabhängig*). Eles se dirigem a seres humanos e representam um compasso moral daquilo que devemos fazer, daquilo que nos é permitido fazer e do que devemos impedir. Eles são, em sua constituição fundamental, evidentes, e são ocultos, em tempos obscuros, por meio de ideologia, propaganda, manipulação e mecanismos psicológicos.

Tese central 3: Os fatos morais objetivamente existentes valem em todos os tempos em que houve, há e haverá seres humanos. Eles não dependem de cultura, opinião política, religião, gênero, origem, aparência e idade e, por isso, são universais. Fatos morais não discriminam.

Aludirei à tese central 1 como **realismo moral**. A tese número 2 diz respeito a nós, seres humanos, como aqueles seres vivos aos

---

[17] Expressões que aparecem em negrito no texto principal estão incluídas no glossário deste livro, que pode ser utilizado para retraçar o fio condutor da argumentação por meio de seus conceitos fundamentais.

quais se dirigem exigências morais. Por isso, chamo-a de **humanismo**. A tese número 3, por fim, é comumente designada como **universalismo**[18].

Como *slogan* facilmente memorizável deste capítulo, podemos contrastar duas concepções de estados uma com a outra. Chamo a primeira de PRN. P de pluralismo, R de relativismo e N de niilismo. Considero como um mal a constelação do pluralismo de valores, relativismo de valores e niilismo de valores, pois se deve entender por tudo isso a ideia de que códigos morais, ou seja, sistemas de valores, surgem e se mantêm apenas pelo fato de que grupos mais ou menos arbitrários de seres humanos os adotam. Valores são, segundo esse modelo, proposições de crença (*Glaubenssätze*) que mantêm um grupo unido, de modo que a sua validade também está limitada apenas a um grupo.

Um exemplo disso seriam as representações de valores de uma comunidade evangélica, fundamentalista cristã, que considera como moralmente abjeta toda forma de aborto, assim como todo consumo de álcool, sexo de pessoas do mesmo gênero e, em muitos casos, até mesmo a ingestão de café e chá, pois tudo isso seria abjeto aos olhos de Deus. Muitos grupos cristãos fundamentalistas, por exemplo, as Testemunhas de Jeová, também acreditam que há apenas algumas pessoas escolhidas, às quais Deus se dirige com os seus mandamentos. A maior parte dos seres humanos está, a

---

18 No âmbito do novo realismo, ou seja, da posição filosófica que constitui o plano de fundo deste livro, adiciona-se ainda uma quarta tese central (**Tese central 4**): Os fatos morais são *sui generis*, eles não se deixam remeter a nenhuma ocorrência no universo em particular. Eles constituem um campo de sentido próprio no âmbito do espírito humano. A combinação dessa tese central e a sua integração em um panorama filosófico abrangente levam a que a posição geral do novo realismo represente uma inovação no campo de pesquisa do realismo moral. Para compreender as considerações no texto principal, essas são perspectivas subordinadas que desenvolverei de maneira mais completa em outros lugares, no confronto com outras variantes contemporâneas do realismo moral.

seus olhos, condenada desde o princípio e irá arder no inferno ou ser eliminada.

Menos radical (mas igualmente falsa) é a ideia de que há valores "alemães" como pontualidade e precisão, que não valeriam, por exemplo, na Itália, onde as pessoas não se aferram ao minuto exato do relógio e não dão muito valor a realizarem as atividades de trabalho com precisão alemã. Essa representação tem consequências fatais: Enquanto a Itália teria precisado, na crise da Covid-19, urgentemente da ajuda logística e financeira de outros países europeus para superar a sobrecarga do sistema de saúde pelos casos sérios de adoecimento pela Covid-19, os seus parceiros europeus se recusaram, a princípio, a fornecer essa ajuda. Na Alemanha, ouviu-se muito que o problema do norte da Itália seria, justamente, o resultado de um déficit cultural – algo como um "caos italiano". Um estereótipo moralmente abjeto, e demonstravelmente falso. Não é verdade que o sistema de saúde do norte da Itália tenha chegado ao seu limite na pandemia da Covid-19 por causa de razões *culturais*. A tragédia pavorosa no norte da Itália e em outros lugares não é a expressão de problemas culturais, mas poderia ser igualmente bem explicada pela lógica de disseminação do vírus, que ainda não foi compreendida, pois nos faltam dados e estudos para tanto. Que a Alemanha tenha mais camas para cuidados intensivos por habitante do que a Itália não se deve a eventuais "valores alemães", mas às nossas finanças de Estado mais bem organizadas. O contrassenso nacionalista pode ser evitado se demonstrarmos uma clara visão moral, sem a qual não pode haver ética, não pode haver a pesquisa racional de fatos morais.

Contra o PRN, o novo Esclarecimento defende o ideal de uma República dos Humanistas Universalistas (RHU), cuja constituição filosófico-moral, como veremos, corresponde amplamente, felizmente, à nossa constituição. R representa, aqui, realismo, H, humanismo e U, universalismo.

A constituição alemã atuou, nos últimos setenta anos, progressivamente, também porque ela surgiu como resultado desse tempo obscuro. Mesmo a ditadura nazista não conseguiu apagar inteiramente as luzes do Esclarecimento. Isso não é uma recomendação da superestima nacionalista-alemã, e também não é uma defesa de um patriotismo inofensivo da constituição, mas a indicação de uma constelação que surgiu como reação ao pior abismo da história alemã.

A constituição da República Federal da Alemanha formula um catálogo de valores com reivindicação universal, que diz respeito não apenas a cidadãos alemães (os destinatários evidentes do texto), mas a todos os seres humanos. Ela não é, de modo algum, uma base neutra em valores sobre a qual se desdobra a luta de partidos políticos, que pode até mesmo resultar em uma suspensão da democracia. Por isso, a nossa crise atual de valores é, ao mesmo tempo, uma crise democrática: quem fere o universalismo se volta contra a ideia de que a nossa comunidade se constrói com base no fato de que somos todos seres humanos que, já só por isso, têm certos direitos e deveres. Disso fazem parte o direito ao livre desenvolvimento de nossa personalidade, o direito à vida e à integridade corporal, a igualdade de direito dos gêneros, o direito a não ser discriminado, diante do tribunal, por causa de gênero, língua, origem, renda etc.

Ignoramos de bom grado que, de nossos direitos fundamentais, seguem-se deveres fundamentais: quem tem o direito de não ser discriminado por estereótipos racistas ou por homofobia, tem também, justamente por isso, o dever de não discriminar ninguém desse modo. Os direitos fundamentais devem nos auxiliar com nossos direitos humanos. Há muito que faz parte dos direitos humanos que ainda não codificamos juridicamente: o direito à moradia, o direito à proteção ambiental (que nos possibilita respirar um ar suficientemente limpo e adequado à nossa sensação de bem-estar como seres humanos), o direito a tempo livre, o direito a renda e, em geral, a tudo que assegure que possamos viver em uma comunidade solidária cujo objetivo é beneficiar o progresso moral e a cooperação.

Argumentarei, neste capítulo, que fatos morais não são fundamentados nem em Deus, nem na razão humana, nem na própria evolução, mas em si mesmos. Assim como muitos outros fatos, eles não precisam de nenhuma fundamentação, mas sim de um conhecimento que possibilite apreender os seus contornos. Há obviedades morais; por exemplo: Você não deve torturar recém-nascidos. Ninguém, nem um chinês nem um alemão, russo, africano ou americano; nenhum muçulmano, hindu, ateísta etc. duvidará seriamente disso. Há muitas obviedades morais como esta, que são compreendidas imediatamente por todos os seres humanos; o que, porém, perdemos de vista, pois nos ocupamos, em questões morais, geralmente com problemas difíceis e complexos, nos quais as inter-relações entre eles parecem se afastar.

> *Não há algoritmo moral, nenhuma regra e nenhum sistema de regras que trate de uma vez por todas de todos os problemas morais.*

Um exemplo pode ilustrar isso. Até pouco tempo, as pessoas pensavam (e muitas ainda pensam) que não há problema nenhum, sim, é até mesmo necessário e desejável punir corporalmente crianças. Talvez, no passado, algumas crianças até pensassem que isso lhes fazia bem, pois se os convencia disso dia sim, dia não, pela indicação de supostos fatos. A punição corporal, assim se poderia acreditar, é, de fato, desagradável, mas dotada de sentido, assim como uma vacinação contra a gripe. Mas as disciplinas, que surgiram primeiramente de maneira lenta na Modernidade, da psicologia, da sociologia, da ciência da religião e da neurobiologia nos mostraram, nesse meio-tempo, que a punição corporal traumatiza, e que a violência e crueldade na família é, até mesmo, uma base importante para regimes totalitários, que se constroem sobre a violência doméstica.

É, naturalmente, pensável, a princípio – porém, extremamente improvável –, que haja, daqui a cinquenta anos, conhecimentos que mostrem que a punição corporal é, na verdade, decisiva para o amadurecimento, e que as crianças que são criadas com os padrões atuais tendem ao consumo brutal e capitalista que destrói o meio ambiente, de modo que deveríamos voltar à palmatória. Mas, mesmo que fosse assim, as razões futuras que nos serviriam como justificativa para punições corporais seriam inteiramente diferentes das razões do passado, pois ainda não se conhecia, então, os fatos ainda a serem descobertos.

> *Do fato de que podemos nos enganar em questões morais não se segue que não haja progresso moral.*

Este capítulo se ocupa em desenvolver as três teses centrais do realismo, humanismo e universalismo e defendê-las particularmente contra o pluralismo, o relativismo e o niilismo de valores, ou seja, o PRN. A fim de lhes apresentar uma visão geral do percurso de pensamento e tirar do caminho de antemão alguns mal-entendidos possíveis, gostaria de explicar brevemente do que se trata mais exatamente no PRN.

O **pluralismo de valores** pensa que valeria, em relação à moral, o seguinte: outros países, outros costumes. Todo país é caracterizado por uma cultura que tem um código moral, e alguns países formam grupos que conseguem se comunicar uns com os outros. Assim, se representa o Ocidente em oposição ao Oriente, ou a Europa em oposição à África, como ordens de valores. Como quer que se dividam os territórios aos quais se atribuem diferentes sistemas de valores, o engano consiste na suposição de que haveria sistemas de valores separados e demarcados. Essa suposição leva rapidamente à (que deve ser refutada) da **incomensurabilidade**, ou seja, à representação de que haveria sistemas morais radicalmente diferentes e que não partilham do mesmo critério.

O pluralismo de valores não está automaticamente assentado no pensamento da incomensurabilidade. Primeiramente, ele é um tipo de afirmação etnológica: ele supõe, com base na investigação de representações de valores que se encontram em diferentes lugares, que há uma pluralidade de representações de valores. Disso não se segue que um dos sistemas existentes de representações de valores não seja melhor ou mais correto. Poderia ser um pluralista de valores e afirmar, ao mesmo tempo, que esse sistema é superior a todos os outros, talvez até mesmo o único certo. Um pluralista de valores poderia dizer que a maior parte das representações de valores são falsas. Não se segue apenas da existência de diferentes sistemas de opiniões que um deles não seja considerado como correto.

O **relativismo de valores** dá um passo adiante e supõe que aquilo que é exigido moralmente e aquilo que é moralmente abjeto vale apenas no interior de cada um dos sistemas de valores incomensuráveis entre si. Não haveria uma ordem que abarcaria a tudo e que constataria qual sistema é moralmente melhor do que o outro. A escolha por um sistema não é feita, se é que é feita, segundo critérios morais. Para o relativista moral não há, desse modo, nenhum bem ou mal em si, mas bem ou mal sempre apenas relativamente a um dos muitos sistemas de valores, de modo que os seus representantes não podem, visto exatamente, avaliar uns aos outros por meio de um critério independente.

Quando, por exemplo, um defensor do Putin em São Petersburgo ataca a democracia liberal e a toma por uma decadência ocidental, enquanto um holandês relativista de valores considera a democracia boa precisamente porque, nela, muitos sistemas de valores podem coexistir, nenhum deles tem, segundo o relativista, objetivamente razão. Ambos apenas expressam o que vale em seus respectivos sistemas, e por isso também estão, segundo o relativista, plenamente certos. A colisão de sistemas de valores não leva mais, segundo o relativista, a uma confrontação moralmente controlável e ética, mas a uma competição de sistemas e a lutas concretas pela superioridade interpretativa geopolítica.

O **niilismo de valores**, por fim, tira disso tudo a consequência de que não haveria de modo algum valores efetivos na ação. Ele considera todos os valores como apenas palavreado por trás do qual nada se esconde, ou seja, na melhor das hipóteses, desculpas que são usadas para que certos grupos possam impor as suas preferências contra concorrentes.

Quero convencê-lo, neste capítulo, de que todas essas três suposições são falsas e, ao mesmo tempo, desenvolver uma alternativa que se dirige contra o espírito do tempo pós-moderno e pós-fático, contra o PRN.

Há fatos morais que prescrevem o que devemos fazer e o que devemos deixar de fazer. Um **fato** é, em geral, algo que é verdadeiro. Fatos são, por exemplo: que Hamburgo está no norte da Alemanha; que $2 + 2 = 4$; que você lê, neste instante, esta sentença etc. **Fatos morais** geralmente contêm, em oposição a essas descrições da realidade, injunções que prescrevem o que se deve fazer ou deixar de fazer. Fatos morais são, por exemplo: que não se deve torturar crianças; que se deve proteger o meio ambiente; que se deve tratar todos os seres humanos da maneira mais igual possível (independentemente de sua aparência, origem ou religião); que não se deve furar a fila; ou que se deve ajudar pessoas cuja vida só pode ser salva por nós – pelo menos enquanto não se colocar a si mesmo, assim, em perigo. Um fato moral é um estado de coisas (*Sachverhalt*) moral objetivamente existente, que constata quais ações concretas são exigidas, permitidas ou inadmissíveis. Fatos e valores morais podem existir, sem que sejam corretamente conhecidos ou mesmo seguidos. Furar a fila agressivamente faz inteiramente parte, afinal, do dia a dia, seja na rodovia ou no supermercado, e infelizmente muitas crianças também são maltratadas ou torturadas em nosso país. Se há tais fatos morais, eles não vêm a existir pelo fato de que nos voltamos a eles, e de modo algum pelo fato de que nós os inventamos de algum modo ou entramos em acordo sobre eles.

Fatos morais não são acordos sociais e não são constructos sociais, pois eles existem *sui generis* e se deixam medir segundo critérios universais de valores, que se pode utilizar para a avaliação de nível superior de acordos e constructos culturais. Fatos morais abarcam todas as culturas e estão em vigor desde sempre, o que não significa que não haja questões morais difíceis ou novas, como ainda veremos (cf. p. 127ss.). A tarefa da reflexão moral sobre o que devemos fazer e o que devemos deixar de fazer, assim como sobre aquilo que é opcional (o que, então, podemos fazer ou deixar de fazer, sem, assim, ferir a ordem moral), consiste em descobrir conjuntamente quais são os fatos morais. Trata-se, então, na reflexão moral, de *convencer* (*überzeugen*) a nós mesmos e aos outros do agir correto, e não de *persuadir* (*überreden*) outros da própria percepção, conduzida por preconceitos e interesses, da situação social.

1.1 The Good, the Bad and the Neutral – Regras morais fundamentais

Antes de podermos tratar as questões morais de nosso tempo por meio de exemplos, precisamos ainda esclarecer alguns conceitos. Isso porque, quando nossos conceitos são obscuros e indefinidos, cometemos facilmente falácias lógicas. Não conseguimos, então, formular opiniões fundamentadas e, na melhor das hipóteses, verdadeiras e coerentes. Isso é particularmente ruim, porque cheio de consequências para o mundo da vida, no âmbito da filosofia prática, no qual se trata de nosso agir. Se temos apenas uma ideia indefinida de felicidade, moral, deveres e direitos, cometemos, por isso mesmo, muito facilmente erros, pois não visualizamos as definições fundamentais desses conceitos. Uma das principais tarefas da filosofia é, por isso, o esclarecimento de conceitos, que, pelo menos desde Immanuel Kant, está estreitamente ligado ao ideal do Esclarecimento.

Ética é a subdisciplina filosófica que, desde sua caracterização conceitual por Platão e Aristóteles, se ocupa sistematicamente com aquilo em que consistiria uma vida boa e bem-sucedida. O nome tradicional para uma vida boa e bem-sucedida, ou para um recorte bem-sucedido de vida correspondente, é *bem-aventurança* (*Glückseligkeit*) (*Eudaimonia*) ou, como se diz de maneira abreviada, felicidade (*Glück*). A primeira ética sistemática e racional que surgiu com uma reivindicação científica, a de Aristóteles, é, por isso, em primeiro lugar, uma contribuição para a pesquisa sobre a felicidade. A expressão "ética" vem da palavra do grego antigo *êthos*, cuja extensão de significados abrange "local de estadia", "morada", "uso", "costume", "caráter" e "modo de pensar". A investigação do *ethos* se ocupa, por isso, sempre também com a formação do caráter de seres humanos, para, partindo disso, responder à pergunta sobre como alcançamos a bem-aventurança e como podemos nos manter nela, apesar das adversidades e dificuldades da vida e da sobrevivência.

Deve-se distinguir disso a **moral** como uma resposta à pergunta sobre o que seres humanos devem fazer tanto em geral quanto em uma situação dada. Naturalmente, também há, em outros âmbitos da coordenação humana de ações, normas e sanções, especialmente na forma do direito. Os valores universais da ética universal são uma forma de norma; há, porém, também outras normas que estão ligadas às normas éticas, mas que, em boa parte, conduzem os âmbitos do agir não moral regulado e neutro. Disso faz parte a regulamentação de trânsito, assim como normas estéticas, que dizem respeito à avaliação de um determinado gênero de arte (como a ópera). Que espécie de arte preferimos não é um problema moralmente carregado. Não é nem bom nem mal achar *House of Cards* melhor do que o *Fidelio* de Beethoven (embora seja prova de um mau gosto...).

A teoria das normas abrange mais do que a ética filosófica. Normas jurídicas, por exemplo, não são, automaticamente, moralmente significativas. É, no caso de um Estado que, considerado moralmente, é um Estado injusto, moralmente abjeto seguir suas normas jurídicas. Há, porém, normas jurídicas, tanto em estados democráticos quanto em estados moralmente questionáveis, que são moralmente neutras: quem atravessa de noite, como pedestre, uma rua vazia quando o farol está vermelho, não comete de modo algum um erro *moral* – diferentemente de alguém que acelera de noite com o seu carro em uma rua vazia, pois há um risco de que atropele alguém que ele não veja.

Moral e direito estão, então, interligados, mas muito longe de coincidirem. A validade de normas jurídicas, seu poder sobre agentes, continua mesmo quando a jurisdição e as leis que estão em seu fundamento são imorais. Processos de vigilância stalinistas eram *juridicamente legais*, mesmo se nós os consideramos também *moralmente ilegítimos*. Essa é a fundamental **diferença entre legalidade e legitimidade**.

A moral articula regras que fixam concretamente quais ações são proibidas, quais são exigidas e quais são permitidas. Desse modo, pode-se demarcar dois pontos extremos, dois polos, e um centro moral. O simplesmente proibido moralmente é **o mal**. Ações más devem, então, sob todas as circunstâncias, serem deixadas de lado. O simplesmente exigido moralmente é **o bem**. O centro desse espectro moral é o permitido. Já que o permitido não é nem bom, nem mal, mas simplesmente permitido, chamo-o de **neutro** (do latim *ne-uter* = "indiferente", "nenhum dos dois"). O neutro não está além do bem e do mal, mas, por assim dizer, aquém, já que ele não é nem um nem outro. O bem como ponto extremo da escala moral, ou seja, como o simplesmente exigido, não é, nesse sentido, permitido, pois algo só é permitido quando se pode fazê-lo ou deixar de fazê-lo. Não se pode, porém, deixar de fazer o bem. Ele é o moralmente necessário – aquilo para o qual não há nenhuma verdadeira alternativa. Pertence à essência do bem que toda alternativa a ele seja pior do que ele.

Naturalmente, nem todas as ações morais são, de modo reconhecível e unívoco para nós, boas, neutras ou morais, pois esses são apenas três pontos centrais de orientação no espectro moral. Para apreender o espaço do moral de modo mais universal, falo, por isso, a seguir – de modo geral –, do moralmente Exigido, Permitido e Abjeto.

O **moralmente exigido** é aquilo que se *deve* fazer em uma situação dada (mas não automaticamente em toda situação)[19]. O **moralmente permitido** é tudo aquilo que se *pode* fazer em uma dada situação, sem dever ou ter de fazer isso. Em toda situação é permitido muito que não tem peso moral. O **moralmente abjeto** é aquilo que se deve deixar de fazer em uma dada situação (mas não automaticamente em toda situação)[20].

---

19 Enquanto o **moralmente incondicionalmente exigido, o bem absoluto**, é algo que se deve fazer em toda e qualquer situação.

20 Disso se pode distinguir o **moralmente incondicionalmente proibido, o mal radical**, aquilo que não se permitido fazer em nenhuma situação.

Um dos conceitos centrais deste livro são os valores. **Valores** são, em geral, critérios de julgamento. No caso especial de opções de ação universais, que dizem respeito a nós, seres humanos, há valores *morais* na medida em que julgamos *moralmente* ações realizadas ou ações possíveis em vista dos fatos; ao aplicarmos critérios reconhecíveis recorremos a fatos morais. A avaliação de ações em relação a se elas caem no âmbito do bem, do neutro ou do mal se relaciona a fatos morais e não morais e os organiza como uma reivindicação falível de conhecimento em um desses âmbitos de valores.

Uma reivindicação de saber é **falível**, ou seja, passível de falha, quando se afirma, com ela, algo que poderia ser inteiramente falso, e não se tem razões obrigantes para desfazer a reivindicação. A maior parte de reivindicações de saber são falíveis, pois nunca visualizamos todas as circunstâncias para poder sempre estarmos seguros com nossos juízos. Acredito, por exemplo, que Angela Merkel esteja, neste momento, em Berlim. Mas eu também poderia estar enganado a esse respeito.

Quanto mais complexa a realidade sobre a qual se quer descobrir algo, mais provável é que mesmo as nossas reivindicações de saber mais seguras sejam, em última instância, falsas. Em questões morais não é diferente, pois também aí se trata de como a realidade é constituída. Queremos descobrir o que devemos fazer em uma situação difícil – o que se distingue de produzir, por meio do posicionamento arbitrário, opções de ação.

Valores morais são universais. Eles valem para todos os seres humanos, em todos os lugares e em todos os tempos, mesmo que isso não esteja necessariamente inteiramente claro a todos os seres humanos. Por isso, podemos estar enganados em relação a valores. Do fato de que eles são universais não se segue que todos os compreendam o tempo todo.

Em particular, valores *morais* se distinguem de valores *econômicos*. **Valores econômicos** são medidos de acordo com a bolsa, em moedas e por bancos. Eles expressam resultados de processos de negociação que estão ligados à produção e à troca de mercadorias. Valores econômicos não valem universalmente e abarcando todos os tempos. Além disso, valem, na esfera econômica, regras de jogo parcialmente muito imorais, pois é mau visar ao ganho e ao lucro fazendo com que outras pessoas sofram uma perda intencionada ou privando-as, ao menos, de informações lucrativas.

Em uma boa sociedade esforça-se, por meio de medidas políticas que são expressas em regras jurídicas, pela hierarquia correta entre valores morais e econômicos, de modo que, por exemplo, o Estado de direito garanta, idealmente, que a produção e a troca de mercadorias não violem padrões morais mínimos. A ética está, então, acima do aumento do valor econômico, e o crescimento econômico imoral é visto como pior do que uma recessão. Assim, por exemplo, o comércio de seres humanos é proibido na Alemanha e em muitos outros estados, além disso, temos, aqui, um salário-mínimo, um seguro de saúde universal e outras medidas social-estatais, para que nem tudo e todos estejam submetidos às regras do mercado. Quando, em contrapartida, apenas valores econômicos dominam, e são mais importantes do que valores morais, nos encontramos em uma forma de sociedade imoral e abjeta – pode-se verificar tal forma de sociedade parcialmente nos Estados Unidos, em aspectos específicos, porém, também na Alemanha e, visto exatamente, em todos os lugares. Sobretudo nos Estados Unidos, o dólar vale mais do que a saúde das pessoas que simplesmente não podem pagar por um seguro de saúde.

Naturalmente, valores econômicos são indispensáveis para a aplicação de valores morais, o que foi indicado pela filósofa americana Martha Nussbaum[21]. Moral e economia não têm de, sim, não

---

21 NUSSBAUM, M. *Kosmopolitismus – Revision eines Ideals* [Cosmopolitismo – Revisão de um ideal]. Darmstadt, 2020.

devem se excluir. Isso, porém, pressupõe que o estabelecimento de objetivos econômicos em uma sociedade esclarecida seja subordinado aos princípios morais. Economias moralmente abjetas devem ser incondicionalmente rejeitadas – um fato que, idealmente, influencia na construção de teorias econômicas e na sua aplicação política na economia de mercado.

O famoso ditado de *A ópera dos três vinténs* de Bertold Brecht "Primeiro vem o estômago, depois a moral"[22] é, então, apenas uma meia-verdade: as reivindicações morais só podem ser satisfeitas se criarmos os pressupostos econômicos para tanto, pois não podemos esperar das pessoas em geral que ajam como heróis morais sob todas as circunstâncias. Inversamente, é tarefa da economia produzir condições para que a ação moral sem heroísmo, ou seja, de maneira inteiramente cotidiana, seja possível para todos os seres humanos.

Disso se segue, porém, que a economia segue objetivos morais, e não o inverso. A moral não está subordinada a nenhuma lógica de mercado, a lógica de mercado, todavia, deve ser orientada pelos objetivos superiores de uma intelecção moral esclarecida e do progresso moral. Se ela não for, então, a lógica do mercado e desacorrentada, e se chega a situações miseráveis morais que continuam a crescer incontrolavelmente – no que se inclui a disseminação, criticada com razão, da plutocracia, ou seja, do império do dinheiro, que se expande drasticamente nos Estados Unidos e na Rússia.

1.2 Fatos morais

Um *fato* é uma verdade que existe objetivamente. É, por exemplo, verdadeiro que trens na Alemanha estão, frequentemente, atrasados. Além disso, é verdadeiro que a Terra tem apenas uma lua, que

---

22 BRECHT, B. *Die Dreigroschenoper – Der Erstdruck 1928* [A ópera dos três vinténs – Primeira impressão, 1928]. Ed. e comentado por Joachim Lucchesi. Frankfurt a. M., 2005, p. 67

ela gira em torno do sol, que Angela Merkel é chanceler, que mais de um milhão de cidadãos indianos possuem tênis esportivos e que eu termino neste instante esta proposição.

Mas, também no âmbito de valores há fatos – fatos morais. Muitos acreditam hoje, implícita ou explicitamente, que não há fatos morais, que não está estabelecido objetivamente o que devemos fazer ou deixar de fazer, por razões morais, em uma situação. Em vez disso, pensa-se, por exemplo (para usar uma frase de Jean-Paul Sartre): "Se Deus não existisse, tudo estaria, então, permitido"[23].

Isso levanta uma questão fundamental, que surge em diferentes variantes: há, afinal, valores objetivos? Essa questão está estreitamente ligada com o que devemos fazer. Se a pura realidade não contivesse nenhuma injunção, se, em vez disso, injunções fossem sempre apenas vozes de autoridades (professores, pais, Igrejas, governos internalizados por nós etc.), então, a ética seria, na verdade, pedagogia, psicologia ou sociologia. Poderíamos substituir a ética pela orientação da alma (*Seelenführung*) ou pela economia comportamental, que é usada para nos conduzir como manadas irracionais.

Junto a propostas virológicas são aplicados por isso, nos dias da crise da Covid-19, modelos de economia comportamental: o ser humano é considerado em muitos países – justo aqueles nos quais um confinamento é imposto – como um animal de manada, que não é realmente capaz de decisões morais. A moral é, nessa perspectiva, deixada de lado, pois as autoridades duvidam, explícita ou implicitamente, que seres humanos sejam capazes de uma verdadeira intelecção moral[24].

---

23 SARTRE, J.-P. *Drei Essays: Ist der Existentialismus ein Humanismus?; Materialismus und Revolution; Betrachtungen zur Judenfrage* [Três ensaios: O existencialismo é um humanismo?; Materialismo e revolução; Considerações sobre a questão judaica]. Frankfurt a. M., 1980.

24 Nem toda forma de regulamentação estatal, todavia, é incompatível com o fato de que instituições nos considerem seres humanos capazes de intelecção moral. A

Isso é uma forma mais ou menos amena do niilismo de valores, que é conhecido, na filosofia, como antirrealismo. Para entender essa crença equivocada, precisamos fazer uma curta excursão pela teoria filosófica.

A disciplina filosófica que se ocupa com a pergunta sobre se há fatos morais (mais ou menos) objetivamente existentes que podemos ou também não podemos conhecer se chama **Metaética**. Ela se ocupa com a pergunta importante sobre que forma de existência apresenta valores morais ou se e sob que condições morais com as quais expressamos linguisticamente o exigido, o permitido e o abjeto são verdadeiras ou falsas. As linhas teóricas mais proeminentes da metaética atual podem ser divididas em *realismo moral* e *antirrealismo moral*[25].

O **realismo moral** supõe que há valores morais objetivamente existentes que podemos conhecer. Proposições morais como "Você não deve matar" ou "Você deve reduzir a sua emissão de CO_2 para que as próximas gerações também possam viver bem" são, assim, verdadeiras, pois há fatos morais que esses postulados retratam.

O **antirrealismo moral** pensa, em contrapartida (como expressado pelo famoso título do livro do filósofo austríaco John Leslie Mackie), que a ética seria *A invenção do moralmente correto e errado*[26]. Antirrealistas, também chamados de subjetivistas, acreditam que não haveria, na realidade, nenhum valor moral, nenhuma ação exigida ou abjeta. Proposições morais, visto assim, nos iludem gra-

---

intelecção individual aplicada à vida da pessoa não se contrapõe ao Estado, porque este consiste, em uma democracia representativa, de uma série de decisões individuais tomadas por indivíduos que seguem idealmente uma intelecção moral. Se instituições como o tribunal constitucional ou o governo decidem pela aplicação da intelecção moral, eles não desumanizam automaticamente os seus cidadãos.

25 Para uma introdução à metaética recomendamos RÜTHER, M. *Metaethik zur Einführung* [Metaética a título de introdução]. Hamburgo, 2015.

26 MACKIE, J.L. *Ethik – Die Erfindung des moralisch Richtigen und Falschen* [Ética – A invenção do moralmente correto e errado]. Stuttgart, 2014.

maticalmente, no pensamento cotidiano, de que há critérios morais. Essa (suposta) aparência é aquilo que pensadores, dos antigos sofistas, passando por Nietzsche e pelo estadista nacional-socialista Carl Schmitt e até hoje, querem sempre denunciar[27].

O antirrealismo é um passo perigoso na direção de um niilismo de valores que deixa para trás todas as obrigações morais. De fato, não é preciso interpretá-lo niilisticamente, todavia, ele mal consegue explicar por que nós, como seres humanos, temos a impressão de sermos requisitados por uma moralidade superior, ou seja, por que experimentamos um fenômeno que conhecemos como voz da consciência (*Gewissen*). Essa voz é, aos olhos dos antirrealistas, uma espécie de engano gramatical.

1.3 Limites da liberdade de opinião – O quão tolerante é a democracia?

A ideia de uma democracia parlamentar é baseada na produção, por meio de debates, de um consenso que não existia antes. Em um consenso, como em um acordo, diferentes perspectivas devem influir, a fim de que o maior número possível de grupos populacionais nos quais se divide o eleitorado seja representado. No espaço da livre manifestação de opiniões cada opinião é, a princípio, tão boa quanto qualquer outra. Se ela também é verdadeira não desempenha aparentemente nenhum papel, motivo pelo qual essa ideia leva a que o valor da verdade em questões eticamente urgentes e difíceis seja substituído por estratégias de obtenção de acordos.

Isso pode ter consequências fatais, pois também na política são constantemente debatidas questões morais complexas e são emitidos juízos morais. E é bom que seja assim, já que nossos representantes

---

27 Sobre a história do niilismo de valores, cf. SCHRÖDER, W. *Moralischer Niilismus – Radikale Moralkritik von den Sophisten bis Nietzsche* [Niilismo moral – Crítica moral radical dos sofistas até Nietzsche].

eleitos do povo também são seres humanos e, além disso, portam uma grande responsabilidade moral.

Na política trata-se, como em debates públicos, não apenas da formação de opinião, mas também de descobrir quais opiniões são boas, ou seja, verdadeiras e moralmente defensáveis. Vê-se facilmente que há um problema na concepção da absoluta liberdade de expressão de opiniões, na qual cada opinião expressada é realmente tão boa quanto qualquer outra.

Suponhamos que os criminosos pedófilos decidissem fundar um partido para conseguir votos para a minoria até então oprimida e até mesmo policialmente perseguida dos criminosos pedófilos, a fim de poderem fazer suas opiniões serem ouvidas no âmbito da democracia parlamentar. Se você pensar, agora, que essa é uma boa ideia, se levantará para você, com razão, uma série de objeções. De fato, lhe é permitido expressar essa opinião (você não será punido por isso ou perseguido pelo Estado de algum outro modo), mas você não conseguirá ir muito longe com a tentativa de conseguir espaço e ouvidos para os criminosos pedófilos. Se se propusesse, por exemplo, a abrir alguns jardins de infância para criminosos pedófilos, a fim de que eles pudessem viver a sua diversidade sexual, se perceberia rapidamente que não apenas falta força de convicção para essa opinião, mas também que, repentinamente, muitas pessoas que antes queriam reconhecer tolerantemente todas as opiniões, passaram a emitir juízos morais duros.

Com esse exemplo exagerado se percebe que a ideia da democracia não pode consistir no fato de que toda minoria cuja realização de suas vontades seja limitada por meio de instituições (de que fazem parte, junto aos criminosos pedófilos, também ladrões, assassinos e inimigos da constituição) tenha o direito moral e legalmente garantido de fundar partidos para deslocar o cercado político da sociedade.

Há um âmbito de valores da *legitimidade* democrática que se distingue da mera *legalidade* fáctica, motivo pelo qual o legislador também precisa reelaborar algumas leis, pois se revelou, ao longo de anos ou de décadas, que elas contradizem a esfera de valores da democracia, pois não conseguem acompanhar o progresso moral da sociedade.

Um exemplo mais recente disso é a dissolução do § 103 do Código Penal da Alemanha, que colocava sob punição a lesa-majestade de outros como injúria a outras pessoas. Quando Erdogan invocou esse parágrafo e requereu de seus advogados alemães que colocassem atrás das grades, com a firmeza do Estado de direito, Jan Böhmermann, por causa de seu poema de insulto, isso foi excessivo até para Angela Merkel (por mais que, para ela, a obra de arte de Böhmermann, de fato moralmente questionável, tivesse ido longe demais), de modo que se chegou rapidamente a um consenso parlamentar e o parágrafo foi, nesse meio-tempo, dissolvido. O caso de Böhmermann mostrou que não era mais apropriado ao nosso tempo punir de maneira particularmente severa a lesa-majestade. Desse modo, devemos à intervenção de Böhmermann, que é inteiramente um caso-limite, um progresso moral.

Infelizmente, ainda não aprendemos a processar de maneira juridicamente adequada outras formas de injúria, o que, mais uma vez, foi demonstrado por um caso alemão: o processo em torno das injúrias inaceitáveis à política do Partido Verde, Renate Künast. Nesse meio-tempo, ela ganhou parcialmente o processo, de modo que "apenas" 16 dos 22 comentários lançados pessoalmente contra ela foram considerados ilegais. Desses faz parte, todavia, segundo um relato do *Berliner Morgenpost*, a frase "*Pff*, sua velha porca imunda do Partido Verde". O *Morgenpost* afirma que a justificação da câmara para tanto seria que nem toda comparação a um animal seria uma injúria[28]. Isso seria justamente cínico, pois "porca suja" não

---

28 Disponível em www.morgenpost.de/berlin/article228228491/Diese-16-Spruechemuss-sich-Kuenast-weiterhin-gefallen-lassen.html – Acesso em 28/04/2020.

é uma comparação a um animal, mas uma injúria que é expressa para surtir dor psíquica em alguém (porcos são, na verdade, animais muito limpos, de modo que a injúria "porco imundo", além disso, é um insulto aos porcos).

É certo que nem tudo que parece ser uma injúria contra uma pessoa da vida pública represente, de fato, uma ofensa, e que nós, por ponderações que jazem no fundamento do Estado democrático de direito, não deveríamos processar criminal-juridicamente toda manifestação ofensiva (o que é um terreno jurídico complexo). Faz parte do Estado democrático de direito que a moderação no uso de instrumentos severos de punição desempenhe um papel preponderante, assim como visar à tentativa de encontrar um equilíbrio entre diferentes lados em disputa jurídica. O Estado democrático de direito quer, idealmente, a paz social, e, felizmente, não tenta prender as pessoas constantemente e sem misericórdia nos casos complexos de jurisdição.

Por isso, o Estado democrático de direito não é um espartilho rígido, mas a expressão de um processo de negociação que leva em conta nossas considerações morais. A jurisdição se desenvolve no confronto com a esfera pública e inclui considerações morais. Juízes emitem, então, de fato, não juízos morais, mas jurídicos, razões morais podem, porém, em casos eticamente relevantes, acompanhar a fundamentação do juízo.

Todavia, é unívoca e moralmente abjeto – pertence, portanto, ao moralmente proibido – caracterizar Renate Künast como "porca imunda", mesmo se, assim, expressasse a opinião de que ela, como outros membros do seu partido no passado (trata-se aqui de eventos dos anos de 1980), não se distanciaram claramente da pedofilia (o que é uma outra história). Mas a luta contra um mal moral (nesse caso, o abuso sexual de crianças indefesas) não justifica automaticamente o emprego de outro mal moral (como injúrias).

Caso se renuncie à ideia de que o Estado democrático de direito deve ter parte em favorecer o progresso moral e espelhar, ele mesmo, o progresso moral na revisão de parágrafos ou por meio de novos sistemas de direito (p. ex., para a regulamentação da digitalização), pode-se então se despedir da Modernidade e, assim, do Estado democrático de direito, já que ele não pode ser reduzido à definição de certos processos e procedimentos eleitorais.

Nota-se repetidamente de maneira negativa quando juristas emitem juízos fundamentados moralmente e não apenas juridicamente. Mas há, nessa crítica, um erro de pensamento. Só podemos nos apoiar amplamente em argumentações jurídicas *porque* elas já passaram, em um Estado democrático de direito, por uma fundamentação moral. As regras de jogo da justiça definida juridicamente não podem entrar em conflito com a justiça moral, caso contrário, seríamos forçados a mudá-las moralmente.

Os nazistas, os comunistas soviéticos e chineses tinham ou têm também processos e ordenações jurídicas, mas nós os rejeitamos, entre outras coisas, porque eles foram ou são imorais. Se a *legalidade*, ou seja, os juízos jurídicos, não são fundamentados, em última instância, na *legitimidade*, quer dizer, em juízos morais, ela é moralmente oca.

Há, na democracia, limites da tolerância e, assim, também limites da liberdade de opinião, que estão interligados com o nível de intelecção moral alcançado pela sociedade. Não discutimos seriamente, por exemplo, se devemos permitir o canibalismo. Muitas opções de ação se encontram muito além do alcance daquilo que o Estado democrático de direito moderno sequer levaria em consideração. Mecanismos de escolha sociais, socioeconômicos, morais e políticos levam a que o espaço de jogo daquilo que é realmente digno de discussão na opinião pública seja limitado. Um objetivo parcial do novo Esclarecimento tem de consistir em tornar explícito o sistema de valores que nós institucionalizamos na forma de um

Estado democrático de direito. Todo cidadão deve estar em condições de indicar argumentos de que é melhor viver em um Estado democrático de direito do que, por exemplo, no Antigo Regime do século XVIII, para não falar do Terceiro Reich ou da DDR. Se os cidadãos não compreendem isso e não conhecem razões para isso, a democracia está irreparavelmente danificada, já que ela se assenta sobre experiências históricas que estão no fundamento do progresso moral – que, em um caso como esse, claramente não foi sustentável.

Um debate social sensato sobre a tolerância e a liberdade de opinião tem de ser feito nesse ponto, a fim de que se dê ouvidos à verdade e aos fatos também, sobretudo no âmbito moral. Se a nossa constituição atual como comunidade fosse simplesmente uma imposição, uma decisão que não se poderia justificar independentemente de regras de jogo jurídicas arbitrárias, não disporíamos mais de nenhum tipo de base espiritual para defender o pensamento da economia social de mercado e do Estado democrático de direito contra o capitalismo global neoliberal desenfreado, ou contra o comunismo de vigilância chinês.

1.4 A moral vem antes da maioria

Não se pode conceder de modo algum sempre à reivindicação de minorias de serem ouvidas e se sentarem à mesa em processos decisórios. Criminosos pedófilos, antidemocratas, claros inimigos da constituição, assassinos etc. simplesmente não têm, por causa de seu déficit moral (não importa como eles sejam explicáveis no detalhe), o direito de serem protegidas, como minorias, do rigor institucional.

Quando se demanda de nós, com razão, a proteção de minorias, isso não está relacionado ao fato de que todo subconjunto de seres humanos que tem uma certa qualidade ou modo de agir seja menor do que o subconjunto dos seres humanos restantes; ou seja, uma minoria digna de ser defendida. Minorias dignas de serem defendidas são, antes, na maior parte das vezes, aquelas contra as quais se cometeu ou se comete demonstravelmente uma injustiça, de modo que se precisa, então, protegê-las especialmente, para permitir que lhes seja conferido o direito moral e jurídico integral de que elas foram ou são privadas. Faz parte do lado moralmente recomendável da democracia que ela faça com que sejam ouvidas minorias injustamente oprimidas que sofreram exclusão porque a formação pública de opinião não as levou em consideração. Sob certas condições, isso é moralmente exigido e, assim, também, um verdadeiro valor democrático, que se deve defender e promover estatalmente por meio do valor da liberdade de expressão.

Mas quem merece ser escutado? Quem pode afirmar com razão que é oprimido? Como não é, em geral, um valor positivo moral, ou seja, moralmente exigido dar a toda minoria uma plataforma de liberdade de expressão por meio da qual ela alimente, com os seus pensamentos e sentimentos, processos institucionais de formação democrática da vontade, temos, especialmente hoje, de nos colocar urgentemente a pergunta sobre quais são os limites da liberdade de expressão e da reestruturação das relações sociais.

Aqui, também se incluiria a perspectiva de alguns, de que teríamos de anular ativamente a ordenação fundamental livre-democrática sobre a qual a República Federal da Alemanha se construiu, ou nem mesmo reconhecê-la primeiramente. Terroristas de extrema-direita, nazistas e defensores de uma ditadura comunista aos moldes da Coreia do Norte (para dar apenas alguns exemplos) não contam entre as minorias cujas opiniões devem influenciar na formação democrática da vontade.

A democracia tem direito de garantir sua própria continuidade, e isso é mesmo exigido moralmente dela, pois ela se baseia no cânone de valores universalmente válido do Esclarecimento, cânone de valores cujo objetivo é disponibilizar condições gerais institucionais aceitáveis, sim, idealmente úteis para o desenvolvimento de todas as pessoas, condições gerais que sejam pensáveis no âmbito da legitimidade moral. Aqui vale, pelo menos, o princípio fundamental formulado por Kant de um Estado de direito, de que a minha liberdade acaba onde começa a liberdade do outro, de modo que intervenções nos espaços de ação de outros que tornem impossível que eles se desenvolvam têm de ser ao menos sancionadas[29].

Com esse argumento simples pode-se desfazer **o paradoxo da democracia**, que diz que uma democracia também poderia votar pela sua dissolução, se uma maioria qualificada assim decidisse. Muitos pensam que a democracia significa a decisão da maioria. Mas isso é um pensamento muito limitado. Se um partido, por exemplo, convencesse uma maioria dos alemães de que deveríamos expulsar muçulmanos ou tratá-los até mesmo de uma maneira pior, ou se erguêssemos uma nova ditadura nazista por meio da decisão da maioria, essas decisões não seriam legitimadas no âmbito de nossa democracia e seriam, de modo correspondente, combatidas estatalmente. *A moral vem antes da maioria*, essa é uma regra de jogo decisiva da democracia moderna, por meio da qual ela se distingue, entre outras coisas, da antiga democracia dos atenienses, que ainda não tinham reconhecido esse fato moral e, por isso, emitiam juízos consideravelmente cruéis.

---

29 Por isso, Kant define, em seu *Metafísica dos costumes*, no qual ele desenvolve a sua ética e a sua filosofia do direito, "Direito" como "o conjunto das condições sob as quais o livre-arbítrio [*Willkür*] de um pode ser unificado com o livre-arbítrio de outro, segundo uma lei universal da liberdade" (KANT, I. *Die Metaphysik der Sitten* [A metafísica dos costumes]. Werkausgabe, vol. VIII. Ed. por Wilhelm Weischedel. Frankfurt a. M., 1991, p. 337.

> *Apenas porque uma maioria decide algo disso não se segue imediatamente que seja moralmente legítimo.*

A legitimidade moral vem antes, no cânone de valores, da legalidade política, o que de modo algum significa que seja sempre fácil de constatar qual opção de ação é moralmente legítima. Por essa razão é justificada a ideia de uma democracia parlamentar, que faz a divisão financeira de recursos ser dependente da opinião pública, assim como da situação de debate do parlamento. O objetivo de debates políticos deveria ser o de constatar os fatos morais e não morais por meio do dissenso, ou seja, por meio da comparação de diferentes opiniões e do recurso a especialistas. Apenas caso um grande número de opções de ação igualmente justificadas tenha se apresentado como legítima e politicamente legal pode-se tomar uma decisão por meio da formação de uma maioria.

A democracia não significa então, de modo algum, *Anything goes* (vale-tudo). A representação pós-moderna da arbitrariedade na formação da vontade de grupos individuais, dos quais é constituído o povo, no sentido dos cidadãos democraticamente legitimados, é profundamente equivocada e contradiz o conceito de democracia determinado pela constituição.

1.5 Relativismo cultural – O direito do mais forte

Parece então como se houvesse culturas mais ou menos claramente demarcadas umas em relação às outras. A demarcação de fronteiras entre culturas parece, além disso, estar frequentemente ligada aos limites dos estados nacionais. Fala-se correntemente, por exemplo, de uma cultura alemã, chinesa, americana ou russa. Alguns também acreditam que haveria, há milênios, uma batalha histórico-mundial das culturas, que se desdobrou, no século XXI, como conflito de espaços culturais que entraram em uma competição acentuada umas com as outras por causa da globalização. Essa ideia foi defendida, no fim do século XX, proeminentemente pelo cientista político que leciona em Harvard, Samuel P. Huntington, que, em um livro de 2004 sobre a identidade americana, transferiu a ideia da batalha de culturas para os Estados Unidos e, como Donald Trump advogou a favor de uma identidade anglo-americana e protestante dos Estados Unidos e, por isso, considerou problemática a imigração latino-americana. Esse constructo de pensamento foi refutado detalhadamente por, entre outros, Amartya Sen, que também leciona em Harvard[30].

Uma lacuna argumentativa particularmente gritante em Huntington e outros teóricos da batalha de culturas é que eles não explicam em que consiste uma cultura, de modo que leva a um uso inflacionado da expressão "cultura", por trás da qual se esconde, visto exatamente, não um conceito unívoco, mas uma confusão perigosa. Huntington pensa que haveria grandes círculos culturais, por exemplo, um círculo islâmico, um ocidental e um latino-americano. Esses círculos culturais se encontrariam, segundo ele, em um conflito que leva a guerras. Todavia, ele não indica critérios científico-religiosos e filosófico-culturais por meio dos quais ele definiria e demarcaria essas culturas umas em relação às outras. Surgem, em última instância, desse modo, simplesmente **estereótipos** – modelos falsos de pensamento que dividem os seres humanos em grupos (como em hindus e muçulmanos, europeus e chineses, norte-americanos e latino-americanos).

---

30 HUNTINGTON, S.P. *Kampf der Kulturen – Die Neugestaltung der Weltpolitik im 21. Jahrhundert* [Batalha das culturas – A nova configuração da política mundial no século XXI]. Munique, 1998. • HUNTINGTON, S.P. *Who We Are – Die Krise der amerikanischen Identität* [*Who we are* – A crise da identidade americana]. Munique/Viena, 2004.

Essa formação de grupos não corresponde aos fatos[31]. Não é de modo algum o caso que todos os europeus pensem e ajam igual. Europeus, quando tomados por si mesmos, são consideravelmente múltiplos. Isso se mostra em âmbitos muito regionais: a Baviera parece, para pessoas do norte da Alemanha, em parte mais estranha do que regiões de outros países. E mesmo isso é um estereótipo, já que também há pessoas em Hamburgo que se demarcam em relação a outros grupos de pessoas de Hamburgo. O pensamento de que pessoas pertencem a grupos como hindus ou cristãos é uma abstração, que pode se tornar enganosa ou mesmo perigosa quando acreditamos que deve se compreender um ser humano, ou mesmo fazer previsões sobre ele, por meio do fato de que o inserimos em um desses grupos abstratos. Desse modo surgem estereótipos.

O pluralismo de valores baseado em um vago conceito de cultura é um antagonista amplamente disseminado do universalismo. Ele afirma, essencialmente, que todos os valores, também os morais, seriam, em última instância, a expressão do pertencimento a um grupo. Desse modo haveria, por exemplo, valores alemães (estereótipos seriam: esforço, honestidade, espírito inventivo), diferentes dos valores americanos, chineses, russos etc. Na década passada se falava sempre dos valores judaico-cristãos ou dos valores do Ocidente, que deveriam ser especialmente distintos dos valores muçulmanos. Assim, a situação se torna ainda mais complexa, pois a tarefa de determinar exatamente sistemas religiosos de valores é pelo menos tão difícil quanto a demarcação de culturas.

Antes de podermos nos entregar à tarefa de refutar o relativismo cultural vago que está no fundamento do pluralismo de valores e do relativismo de valores, temos de lhe dar ouvidos, a fim de constatar o que ele poderia afinal querer dizer.

---

31 Cf. SEM, A. *Die Identitätsfalle – Warum es keinen Krieg der Kulturen gibt* [As armadilhas da identidade – Por que não há guerra das culturas]. Munique, 2007.

Suponhamos, então, o seguinte: **relativismo cultural** é a tese de que todos os valores – e assim também: valores morais – não são senão a expressão do pertencimento a um grupo. Os grupos relevantes que o relativismo cultural escolhe como ponto de partida são culturas. Ele pensa, então, que valores são relativos a culturas que dividem os seres humanos em grupos. Em geral, o **relativismo** é a teoria que pensa, sobre uma determinada esfera do discurso, que enunciados nessa esfera são, em primeiro lugar, verdadeiros em relação a um sistema de pressuposições, que, segundo, há vários desses sistemas e, terceiro, que, por princípio, não é possível uma tomada de posição independente sobre a pergunta acerca de qual sistema é o melhor.

Pode-se, em relação a diferentes circunstâncias, dar respaldo a um relativismo. O relativismo em referência ao discurso humano sobre a beleza pensa que ela estaria apenas nos olhos de quem vê. O que eu acho belo, talvez você sinta como feio, ou inversamente. Quem é um relativista da beleza pensa também que não há nenhum partido independente que possa mediar entre nós e constatar quem tem razão. Minhas pressuposições sobre a beleza poderiam, talvez, ser explicadas, neurobiológica e psicanaliticamente, a partir de minhas preferências sexuais, sociologicamente ou de algum outro modo, a partir da minha história de vida. Talvez eu também só considere bonito sempre o que outras pessoas que significam algo para mim recomendam. O mesmo vale, segundo relativistas, para você. O relativista reduz enunciados sobre a beleza a juízos de gosto idiossincráticos e marcados pela individualidade.

No caso de valores morais, de que se trata especialmente neste livro, o relativista cultural nutre as seguintes opiniões:

Relativismo cultural 1: Valores morais são relativos a uma cultura. Não há valores morais absolutos.

Relativismo cultural 2: Há um grande número de culturas que nunca podem ser trazidas sob um único teto cultural universal que cubra a todas.

Relativismo cultural 3: Não há nenhuma tomada de posição independente de qualquer cultura e imparcial (que abranja todas as culturas) sobre a pergunta acerca de a qual cultura se deveria aderir.

Relativistas pensam, geralmente, que culturas se encontram em batalhas que não se deixam arbitrar por valores morais, pois esses valores se encontram, assim como as culturas, em uma disputa inconciliável. Nessa batalha de culturas, nenhuma ordem moral de nível superior conta: relativistas a consideram ilusória, pois a moral é para eles, na melhor das hipóteses, estabelecida, ela mesma, em uma das muitas culturas. Um respeito moral ao inimigo na batalha de culturas levaria, na melhor das hipóteses, ao enfraquecimento na competição de sistemas e é, por isso, rejeitado pelos relativistas culturais (sejam de orientação política de esquerda ou de direita).

O estado de ânimo dessa visão de mundo é expresso por um presidente fictício dos Estados Unidos chamado de Frank Underwood na série da Netflix *House of Cards*, no seguinte *slogan*: "Não há justiça, apenas conquista (*There is no justice, Only conquest*)". Essa ideia é, certamente, muito mais velha do que o Netflix, e ela não é defendida apenas por presidentes fictícios. Infelizmente, ela impera na Casa Branca real, de modo algum fictícia de nossos dias de hoje, que é apoiada por um partido republicano que, de sua perspectiva, se encontra em uma batalha cultural irreconciliável com um partido democrático igualmente irreconciliável.

A primeira exposição clara de defesa da ideia, evocada constantemente em particular por Trump, de um direito do mais forte, é atribuída, na principal obra política de Platão, *A República*, ao orador Trasímaco. Segundo este, o justo (justiça – *dikaiosynê* – é o nome na Antiguidade para o valor moral supremo), é o que é considerado justo por aquele que é superior na batalha. No primeiro livro da *A República*, Sócrates conversa primeiramente com um certo Polemarco sobre ideias políticas, até que Trasímaco, um famoso sofista, lhe dirija a palavra. Os sofistas são apresentados por Platão como demagogos, sim, em certo sentido como os inventores das *fake news*, cuja arte do discurso consiste em fazer de um argumento fraco, por meio de uma hábil retórica, um argumento mais forte, a fim de superar o adversário por meio do mero palavreado[32].

Sócrates está desenvolvendo, em *A República* de Platão, justamente uma concepção universal de justiça, quando Trasímaco interfere:

"O quão simploriamente se comportam com o seu curvar-se um diante do outro?" (PLATÃO. *A República*. Stuttgart 2008, p. 96.) Trasímaco acusa Sócrates, então, de ser uma boa alma (*Gutmensch*) (como se caracteriza hoje a alguns com uma pavorosa expressão), e deseja encerrar logo o tema da justiça. Isso o leva, sem cerimônias, à seguinte definição de justiça:

> Escute agora! [...] Pois afirmo isso: O justo não é senão o benefício dos mais fortes (p. 99).

A favor disso ele traz o argumento que de modo algum está obsoleto hoje, mas, antes, desfruta de circunstâncias favoráveis no palco mundial: Ele supõe que o poder estatal não seria senão a capacidade de se impor de um governo, capacidade que é estabelecida por uma forma de governo, sendo que Trasímaco distingue entre a ditadura (*tyrannis*), a aristocracia e a democracia.

> Cada soberania dá as leis segundo seu benefício; a democracia, leis democráticas, a tirania, leis tirânicas etc. Segundo essas leis, ela anuncia esse seu próprio

---

32 Os sofistas foram empregados pela democracia antiga a fim de levar às formações de opinião visadas. Eles eram um tipo de mistura entre advogados perspicazes e cientistas malucos, comparáveis com figuras americanas como Roger Stone ou Rudolph Giuliani. Um outro exemplo de um grande sofista é o psicólogo canadense Jordan Peterson, que trava uma batalha contra o politicamente correto e se retrata como um homem branco vítima das colegas neomarxistas e que obteve, com esse *show*, milhões de admiradores.

benefício como justo para os súditos, e punem aquele que as transgrida, pois ele viola a lei e faz algo injusto. E isso, meu caro, é – assim afirmo – o que é "justo" de igual maneira em cada Estado, a saber, o benefício da soberania existente. Ela está no poder, de modo que, para todos que apenas ponderem corretamente, se segue: em todo o lugar o direito é o mesmo, a saber, o direito do mais forte! (p. 100).

A ideia de um direito do mais forte pode ser encontrada em diversas variantes ao longo dos milênios. Ela serve não apenas para a justificação do uso da violência por parte do espectro político de direita, mas é igualmente representada no lado da esquerda. Também Karl Marx vincula ideias morais a classes que ele, como se sabe, vê emaranhadas em uma luta[33].

Como para os antigos sofistas, não se trata, geralmente, para os ativistas de esquerda e de direita de hoje, da verdade de suas opiniões, mas apenas de manter primeiramente a vantagem retórica na luta e, então, chegar ao poder por meio da obtenção dos cargos públicos, a fim de, por fim, aniquilar, idealmente, por meio de ações de purificação, os adversários políticos, o que é a essência do extremismo político, independentemente de sua tonalidade.

---

33 Cf., p. ex., as famosas observações em *A ideologia alemã* (Karl Marx e Friedrich Engels). *Werke* [Obras]. Vol. 3. Berlim, 1990. "Moral, religião, metafísica e ideologia de outros tipos e suas formas de consciência correspondentes [não] contêm [...] nem mesmo a aparência de autonomia. Elas não têm história, elas não têm desenvolvimento, mas os seres humanos que desenvolvem sua produção material e sua circulação material transformam, com essa sua realidade, também o seu pensamento e os produtos de seu pensamento. Não é a consciência que determina a vida, mas a vida é que determina a consciência" (p. 299). "Os comunistas não pregam de modo algum nenhuma *moral* [...]. Eles não colocam a demanda moral aos seres humanos: amem uns aos outros, não sejam egoístas". As descobertas do autor de *A ideologia alemã* teriam, antes "quebrado o bastão de [...] toda moral" (p. 404). Sobre a discussão da crítica moral de Marx, que parece, em algumas passagens, como moralizante, cf., p. ex., MÄDER, D. *Fortschritt bei Marx* [Progresso em Marx]. Berlim, 2010, p. 255ss.

O que o direito do mais forte considera o solo da expressão dos juízos de valor morais já foi abandonado há muito tempo pela moral. Se valores morais não fossem senão a expressão do pertencimento a classes, gêneros, gerações, partidos ou culturas, não haveria, então, de modo algum, valores morais. Tratar-se-ia, então, apenas de ganhar a batalha política e, aí, brandir discursos que soam moralmente belos, a fim de se apresentar como estando do lado certo da história e ocultar a violência por meio da qual se chegou ao poder e se tenta permanecer aí.

1.6 Boghossian e o Talibã

Que o relativismo cultural esteja sobre a corda bamba é algo que se pode reconhecer por meio de uma série de argumentos que o filósofo que leciona na Universidade de Nova York, Paul Boghossian, desenvolveu nas últimas décadas[34]. Um de seus exemplos é um conflito moral entre ele e um membro do Talibã[35]. Boghossian pensa que o seguinte seja verdadeiro:

> Boghossian: Educação para mulheres e meninas é moralmente exigido.
>
> O membro do Talibã, em contrapartida: educação para mulheres e meninas é moralmente inadmissível.

O relativista cultural descreveria a situação de modo que Boghossian e o Talibã travassem um puro conflito de interesses. Boghossian, assim ele poderia supor, representa interesses e valores norte-americanos, entre os quais está um direito universal à educação, que não distingue entre meninos, meninas e diversos, pois to-

---

34 BOGHOSSIAN. *Angst vor der Wahrheit* [Medo da verdade]. • BOGHOSSIAN. Der Relativismus des Normativen [O relativismo do normativo]. In: GABRIEL, M. (ed.). *Der Neue Realismus* [O novo realismo]. Berlim, 2014, p. 362-395.
35 Ibid., p. 366s.

dos devem se beneficiar de uma formação, a fim de poderem ter, mais tarde, igualdade de oportunidades na vida. O relativista poderia continuar a analisar as opiniões de Boghossian, inserindo o sistema de pressuposições norte-americano, juntamente com a sua cultura, em um contexto maior de valores ocidentais. O Talibã, em contrapartida, teria, visto assim, justamente uma outra cultura, de que faz parte prever tarefas completamente diferentes na sociedade para o gênero feminino, o que está ligado à sua interpretação do corão e de outros costumes locais.

O relativista pensa, provavelmente, fazer jus a cada uma das partes com essa consideração e dar a todas, de algum modo, razão. Isso porque cada um tem, afinal, a seus próprios olhos, razão: tanto Boghossian quanto o Talibã consideram, segundo ele, certos enunciados morais verdadeiros, mesmo que não por razões morais genuínas, mas, justamente, por causa do seu pertencimento ao seu grupo correspondente.

Mas essa consideração parece mais estável do que ela é. Vejamos mais detidamente. Boghossian aponta para o fato de que o relativista tem de, em última instância, ressignificar os enunciados das partes em conflito. Para o relativista, Boghossian não acredita realmente, então, no seu próprio enunciado "Educação para mulheres e meninas é moralmente exigido". Isso porque o relativista acredita, afinal (diferentemente de Boghossian), que nada é absolutamente moralmente exigido. Por isso, o relativista escuta, por parte de Boghossian, por assim dizer, um outro enunciado, a saber, o seguinte:

> Educação para mulheres e meninas é, em relação às representações de valores norte-americanas, demandado moralmente.

O mesmo vale para as outras opiniões morais que estão em jogo. O membro do Talibã pensa, então, na verdade:

Educação para mulheres e meninas é, em relação à interpretação do corão do Talibã, moralmente inadmissível.

O problema fatal dessa manobra se destaca mais claramente se dermos mais um passo de abstração. Geralmente, deveríamos partir do fato de que há um conflito moral evidente entre A e B se A pensa: φ é moralmente exigido, e B, em contrapartida, pensa: φ é moralmente proibido.

Aqui φ representa uma ação moralmente carregada. Seria inteiramente diferente se conflitos morais consistissem, na realidade, em que A pensa: φ é (p. ex.) moralmente exigido na Alemanha, enquanto B pensa: φ é, por exemplo, moralmente exigido na Arábia Saudita. Nesse caso, um relativista cultural poderia fazer, na Arábia Saudita, algo que ele nunca faria na Alemanha, digamos, por exemplo, participar ativamente de um apedrejamento, sem cometer, assim, um erro moral. Isso, porém, também nunca seria feito mesmo por um rigoroso relativista cultural ocidental. O relativista cultural aceita, a saber, que ele mesmo tem um ponto de vista moral e, assim, é da opinião incondicional de que não se deve torturar.

Caso contrário, não haveria, afinal, aquele conflito que o relativista cultural gostaria de descrever. Se o relativista cultural pensasse que não se deve apedrejar, a não ser na Arábia Saudita, e a pessoa da Arábia Saudita pensasse que se deve apedrejar apenas na Arábia Saudita, mas não na Alemanha, ambos estariam de acordo e não haveria sistemas de opiniões diferentes, mas apenas diferentes regras de comportamento local. Se o relativista cultural na Alemanha pensasse, em contrapartida, que não se deve apedrejar, isso valeria para ele, naturalmente, também na Arábia Saudita.

Por que a moral deveria se transformar pelo fato de que nos encontramos em um outro lugar, onde, talvez, a opinião da maioria sobre o que é moralmente exigido e proibido é diferente? A isso se acresce o fator decisivo de que é consideravelmente certo que aqueles que foram apedrejados na Arábia Saudita não são da opinião de que o apedrejamento é moralmente correto na Arábia Saudita – o que já aponta para um sério problema do relativismo cultural: culturas em geral não são homogêneas, mas apenas constituem, na melhor das hipóteses, opiniões da maioria. Não há nenhum círculo cultural fechado no qual imperem univocamente representações de valores aceitas por todos. Culturas são sempre múltiplas, mesmo quando elas definem pequenos grupos. Isso qualquer um pode reconhecer por causa das festas de família.

Fatos morais sobre aquilo que fazemos e não devemos fazer não estão vinculados a territórios. Eles valem em todo lugar e para todos. Por essa razão, é moralmente abjeta a "lei do gueto" introduzida na Dinamarca. A Dinamarca classificou, em 2018, 28 bairros como guetos, e introduziu leis específicas para essas áreas. Segundo o relato do *Tagesschau* de 28/12/2018, vigoraria, nas regiões de gueto, um jardim de infância obrigatório (*Kita-Pflicht*), assim como punições severas para "crimes como furto e vandalismo".

Além disso, se acrescem testes de língua obrigatórios na pré-escola e uma presença policial maior. Dessa maneira, grupos de seres humanos são discriminados, pois são medidos segundo uma representação dinamarquesa do que é ser normal, que é usada como razão para uma condenação mais severa de seu comportamento. Isso contradiz de modo gritante a ideia de uma justiça cega, que julga sem considerar a aparência da pessoa.

A proposta, passada por um partido populista de direita nacionalista da Dinamarca, em um governo de centro-direita, e é um exemplo de uma intepretação moralmente abjeta de legislações. O Estado dinamarquês se comporta, nesse caso, como uma forma moderada de aristocracia, na qual algumas pessoas são consideradas melhores do que outras, de modo que não o povo (todos os dinamarqueses), mas um subconjunto do povo se ergue como soberano. Isso não é mais, então, uma democracia, pelo menos não nesse âmbito.

Aqui mostra-se novamente o quão pouco ou vago conceito de "cultura" pode ser aplicado a nações. Os escandinavos supostamente tão exemplares politicamente (também um estereótipo enganoso) mostram os seus dentes ao se voltarem contra seres humanos declarados por eles como diferentes e os discriminam descaradamente, degradando-os à condição de cidadãos de segunda classe. Não se precisa, então, de modo algum, usar sempre a Coreia do Norte ou a Arábia Saudita como exemplo de medidas duras e injustas – a injustiça moral começa no quintal de casa, neste caso, na União Europeia; ela não é apenas uma questão de estrangeiros, em oposição aos quais nos vemos, no Ocidente, como tendo a razão no que diz respeito à moral.

1.7 Não há valores judaico-cristãos – E por que o Islã faz evidentemente parte da Alemanha

O relativismo cultural é uma ferramenta na caixa de ferramentas do populismo (sobre esse conceito polêmico, cf., entre outros, p. 259ss.). Ele é usado de bom grado por governos com tons fortemente populistas ou por partidos de oposição, a fim de legitimar e impor planos de ação concretos. Um exemplo disso é a fala, na década que acabou de passar, de "valores judaico-cristãos", "tradição judaico-cristã" ou mesmo do "Ocidente judaico-cristão". O ponto de partida do mais recente palavrório do Ocidente judaico-cristão foi o discurso proferido em 2010 pelo então presidente da república, Christian Wulff, em celebração ao vigésimo ano da unidade alemã, cujas consequências certamente não foram consideradas por ele. Nesse discurso se encontra a seguinte passagem, tanto famosa quanto notória:

Antes de tudo precisamos, porém, de um posicionamento claro. Um entendimento da Alemanha que não coloca seu pertencimento em um passaporte, em uma história familiar ou em uma crença, mas sim de modo mais amplo. O cristianismo sem dúvida faz parte da Alemanha. O judaísmo sem dúvida faz parte da Alemanha. Essa é a nossa história judaico-cristã. Mas o Islã também passou a fazer parte, nesse meio-tempo, da Alemanha. Há quase 200 anos, Goethe o expressou em seu Divã Ocidente-Oriente: "Quem conhece a si mesmo e aos outros, também aqui reconhecerá: Oriente e Ocidente não podem mais ser separados"[36].

O discurso termina com a frase "Deus proteja a Alemanha", de modo que politeístas e ateístas, que também fazem parte da Alemanha, não poderiam ser inteiramente incluídos. De todo modo, invocou-se aqui uma história que deveria ser "judaico-cristã", sem que fosse dito quando ela começou e qual recorte de toda história alemã ela abrange (O que dizer, p. ex., da história pré-cristã das tribos germânicas? Ou das pavorosas ondas de antissemitismo na história alemã, que são uma parte essencial da verdadeira história judaico-cristã)? Que a história alemã seja tudo menos feliz como um todo é algo que é sabido. E é fato que os conteúdos de fé estabelecidos dogmaticamente do judaísmo e do cristianismo são parcialmente irreconciliáveis, o que também diz respeito ao sistema de valores que é nomeado explicitamente nos textos sagrados de ambas essas religiões mundiais. Cristianismo e judaísmo não conviveram, de modo algum, sempre de maneira pacífica. A história do cristia-

---

36 "Valorizar a diversidade, promover a união." Discurso do presidente da república Christian Wulff em celebração ao vigésimo ano da unidade alemã em 3 de outubro de 2010 em Brennen [Disponível em www.bundespraesident.de/Shared Docs/Reden/DE/Christian-Wulff/Reden/2010/10/20101003_Rede_Anlage.pdf; jsessionid=575C6841744E384168A464F0077D61DC.1_cid362?__blob=publica tionFile&v=3].

nismo é cheia de antissemitismo, o que é verdadeiro de todas as confissões cristãs no passado. Simplesmente não há uma "história judaico-cristã" unívoca.

O discurso de Wulff também desencadeou uma gigantesca confusão devido ao fato de que ele não explica de nenhuma maneira o predicado decisivo do "fazer parte de", motivo pelo qual temos de suportar um debate absurdo de muitos anos, infelizmente ainda não concluído, em torno da pergunta sobre se o Islã faz parte, agora, da Alemanha (como Wulff e, mais tarde, a chanceler pensaram), ou, na verdade, não (como afirmam seus oponentes mais vocais, sobretudo o agitador Thilo Sarrazin).

É, aí, inteiramente evidente que o Islã não pertence menos, em qualquer sentido relevante, à Alemanha do que as outras religiões monoteístas. Esqueceu-se claramente no discurso, e na conversa que se seguiu a ele, dos ateístas, agnósticos, politeístas etc., cujo direito à existência por meio do direito fundamental e humano da liberdade religiosa é univocamente garantido. Nos artigos 4.1 e 4.2 de nossa constituição se encontra:

1) A liberdade de crença, de consciência e a liberdade de confissão religiosa e visão de mundo é inviolável.

2) O exercício imperturbado da religião é garantido.

O conceito de religião não está limitado nem ao monoteísmo, nem, de modo algum, ao judaísmo ou cristianismo (o que seria absurdo). A pergunta sobre como as religiões se relacionam com a democracia e sobre como se fundamenta e se defende a religião como valor não é suficientemente esclarecida[37]. No afã da disputa do debate em torno do Islã se afirma repetidamente, com argumentos em parte pavorosamente não científicos, que o Islã representaria, como tal, uma ameaça da ordem fundamental livre-democrática, e

---

37 Sobre os Estados Unidos, cf. LEITER, B. *Why Tolerate Religion?* [Por que tolerar a religião?]. Princeton, 2014.

que os seus valores seriam incompatíveis com a nossa (de quem?) concepção de direitos humanos. Isso é fundamentado, entre outras coisas, com interpretações do corão que o Sarrazin tornou popular, sem conseguir provar ter alguma competência científica no Islã.

O que significa, afinal, "o Islã" ou "o cristianismo"? Certamente, não simplesmente tudo que está na Bíblia ou no Corão. Essas palavras significam que se preserva uma tradição, dá-se esmolas, celebra-se o Natal ou o Ramadan? Uma interpretação rígida e fundamentalista da Bíblia é, de todo modo, tão incompatível com o Estado democrático de direito quanto a interpretação fundamentalista do Corão, que é considerada perigosa por muitos, enquanto o fundamentalismo cristão ou judaico não é levado em consideração ou minimizado.

Lembremos, aqui, que as grandes religiões mundiais monoteístas, o judaísmo, o cristianismo e o Islã, surgiram, como um todo, muito antes da democracia moderna, erguida na sequência das revoluções dos séculos XVIII e XIX. Nenhum dos fundadores das religiões mundiais podia estar inclinado à democracia moderna, pois, no seu tempo, essa forma de governo simplesmente não era conhecida. Muitas recomendações de ação e mandamentos que se encontram nos escritos sagrados de todas as religiões mundiais (incluindo o hinduísmo e o budismo) convocam expressamente à violação da dignidade humana e são por isso nitidamente irreconciliáveis com a nossa compreensão da estrutura do direito humano. Um exemplo pavoroso é fornecido no Livro do Levítico, onde aborda a homossexualidade masculina: "Caso se durma com um homem como se dorme com uma mulher, então, se cometeu uma atrocidade. Ambos são punidos com a morte" (Lv 20,13).

Uma punição não tão dura, como a do ostracismo, pode ser merecida, em condições mosaicas, ainda mais facilmente: "Um homem que dorme com uma mulher durante sua menstruação e despe a sua vergonha, descobriu a sua fonte de sangue, e ela despiu sua fonte de sangue; por isso, ambos devem ser expurgados de seu povo" (Lv 20,18).

Ser infiel também não é tratado de modo complacente, quando lemos, no mesmo contexto: "Um homem que comete adultério com a mulher de seu próximo é punido com a morte, o adúltero junto com a adúltera" (Lv 20,10).

Não parece nada bom, quando se insulta os seus pais: "Todos que insultarem seu pai e sua mãe são punidos com a morte. Como ele insultou seu pai ou sua mãe, seu sangue deve ser derramado" (Lv 20,9).

Também a *Bhagavad Gita*, um importante texto sagrado do hinduísmo, ocorre em um contexto sanguinário[38]. Ela é parte do grande épico de nome *Mahābhārata*, no qual se trata de uma guerra brutal entre dois grupos de primos, os Kauravas e os Pandavas, em que se luta pela sucessão dinástica e pelo poder territorial. Em uma situação complicada, expõe-se que o deus Krishna, que é um avatar (uma encarnação) do deus Vishnu, aparece como o condutor da carroça de Arjuna, um dos príncipes Pandava. Arjuna hesita em guerrear contra sua própria família em uma guerra brutal. Mas o deus Krishna se revela a ele. A instrução no conhecimento divino não leva, de modo algum, ao fim da guerra e à reconciliação das famílias, mas dá a coragem a Arjuna para entrar na batalha, pois ele pensa que o seu condutor de carroça divino é um sinal de que a guerra é justa.

No escrito sagrado do hinduísmo se trata, no diálogo entre Arjuna e Krishna, da justificação da guerra entre famílias, e não, por exemplo, de uma missão de paz. O hinduísmo é, com essa base textual, uma matéria consideravelmente sanguinária, tanto quanto o Antigo e o Novo Testamentos.

No cristianismo, as coisas não são mais amigáveis. Jesus, assim se lê no Novo Testamento, não veio "para trazer a paz, mas a es-

---

38 Cf. GLASENAPP, H. (ed.). *Bhagavadgita – Das Lied der Gottheit* [Bhagavad Gita – A canção da divindade]. Stuttgart, 2003.

pada" (Mt 10,34). "Pensam que vim para trazer a paz na Terra? Eu digo: não, mas discórdia" (Lc 12,51). Jesus demanda, nesse contexto, como último profeta, a abandonar a própria família e a amá-lo mais do que o pai ou a mãe e mesmo do que os próprios filhos. O clima de fim dos tempos do Novo Testamento de baseia na suposição de que o mundo em breve acabará e que logo se chegará ao mais novo tribunal, de modo que a continuação de uma vida familiar civil sob essas circunstâncias (até então jamais ocorridas antes...) simplesmente não faria sentido.

Arjuna não é Gandhi, assim como Mateus não é o Papa Francisco, nos quais se pode reconhecer o progresso moral no âmbito da religião. A interpretação de Gandhi do hinduísmo e a interpretação de Francisco do cristianismo são pacifistas e orientadas ao universal, de modo que elas se dedicam, desde o princípio, a se contrapor aos enganos fundamentalistas – embora a situação, por muitas razões, não seja tão simples, já que se pode acusar ambos de possuírem uma imagem reacionária da mulher.

O ponto desses exemplos é que os textos de todas as religiões mundiais contêm, em muitas passagens, instruções para a ação e visões de mundo que, claramente, não são compatíveis com o respeito democraticamente garantido dos direitos humanos. Caso se siga essas demandas, em parte explicitamente formuladas, de violência brutal, que prescrevem pisotear os direitos humanos (apedrejar homossexuais e adúlteros; tratar esposas e escravos como propriedade etc.), se violaria as regras de jogo fundamentais do Estado democrático de direito moderno, ao menos na versão atualmente válida na Alemanha. Quem pensa que o Islã não faz parte da Alemanha porque há, no Corão, passagens brutais e incitação à violência, tem de admitir, de modo correspondente, que o judaísmo, o cristianismo, o hinduísmo e o budismo igualmente não fazem parte do país. Então, o CDU seria um partido irreconciliável com a constituição e que deveria ser investigado pelo serviço de inteligência interno da Alemanha – o que, naturalmente, é absurdo. Entre os alemães vigora a liberdade religiosa, que, de fato, é irreconciliável com o fundamentalismo, mas não com a religião. Como há incontáveis interpretações não fundamentalistas do Islã (assim como de outras religiões), evidentemente, ele faz parte da Alemanha, do mesmo modo que um centro de meditação budista ou Igrejas. Teríamos alcançado um grande progresso moral se não precisássemos sublinhar isso.

Estados modernos definem a liberdade religiosa como um todo de tal maneira que o exercício da religião é limitado para *todas* as religiões. Quem quiser se ater estritamente ao texto literal da Bíblia pode praticar a sua religião na Alemanha tão pouco quanto aqueles que se atêm ao texto literal do Corão, embora a situação seja certamente mais complexa do que parece, pois, justamente, não é unívoco o que seja o texto literal desses escritos. Isso já depende de uma interpretação.

Por isso surgiu, na Modernidade, a disciplina da **Hermenêutica** (do grego antigo *hermeneia* = "entender"). Com o auxílio desse método, os escritos sagrados são interpretados de modo que sejam conciliáveis com conhecimentos modernos. A hermenêutica se desenvolveu a partir da teologia, que nós na Alemanha, por exemplo, fomentamos com impostos na forma de faculdades teológicas em instituições de ensino superior públicas. O sentido desse fomento no projeto do Esclarecimento consiste em vincular a interpretação da religião com instituições estatais (como faculdades teológicas), a fim de constatar em que medida ela é compatível com os valores universais, desvinculados de qualquer religião e não fundamentados em nenhuma religião, que constituem um Estado moderno.

Para o Islã, valem as mesmas regras de jogo que valem para outras religiões. Nesse meio-tempo, ele também é examinado de modo mais minucioso teologicamente, depois que o Ministério da Educação e da Pesquisa fundou em várias universidades alemãs centros de teologia islâmica, para levar em conta a situação de que vivem pelo menos quatro milhões de muçulmanos na Alemanha, dos quais muitos são alemães no sentido exato que vale para o autor destas linhas, ou seja, cidadãos do Estado alemão.

Não esqueçamos de lembrar de uma outra obviedade: os direitos fundamentais descritos na constituição, que se apoiam no pensamento dos direitos humanos, valem, em primeiro lugar, não apenas na Alemanha e, em segundo lugar, não apenas para alemães na Alemanha. A dignidade humana de turistas franceses, refugiados etc. que estão na Alemanha deve ser protegida da mesma maneira que a dignidade dos descendentes dos Hohenzollern, uma família que se pode provar que está há um tempo considerável na região do atual Estado alemão, onde os seus antepassados, nos tempos do colonialismo e na Primeira Guerra Mundial, cometeram crimes contra a humanidade.

A universalidade dos direitos humanos é expressa da seguinte maneira no artigo 1.2 da constituição:

> O povo alemão adere, por isso, aos invioláveis e inalienáveis direitos humanos como fundamento de toda comunidade humana, da paz e da justiça no mundo.

Aqui é, ademais, reconhecível um critério para reconhecer em que condições se pertence ao povo alemão: quando se adere aos direitos humanos como fundamento de toda comunidade alemã etc., isso é parte da determinação conceitual do povo alemão. Apenas isso, naturalmente, não basta para ser cidadão do Estado alemão, que também é regulamentado por outros critérios.

O Estado de direito determina as regras de jogo da liberdade de opinião, da nacionalidade e dos direitos fundamentais que podem ser usados como fundamento da proteção à constituição. Por isso, os *Reichsbürger*[39] ou fundamentalistas religiosos que contestam os direitos humanos não são automaticamente banidos e também não perdem a sua nacionalidade, pois esse procedimento não seria, por sua vez, conciliável com os direitos humanos, mas levaria à ditadura de opinião, temida pelos populistas, mas de modo algum existente, ou a uma DDR 2.0.

Faz parte dos direitos humanos que haja espaços de jogo da liberdade de opinião que vão tão longe de modo que seja permitido manifestar até mesmo a opinião demonstravelmente falsa, e incompatível com a constituição, de que não teríamos avançado muito por aqui em direitos humanos. Todavia, essa opinião é falsa. E o debate sobre se o Islã pertence ou não à Alemanha é absurdo, pois a resposta é muito simples; ela diz: sim.

1.8 Coreia do Norte e a máquina nazista

Alguns objetarão que faria parte do cânone de valores da democracia tolerar uma pluralidade irrestrita de opiniões. É permitido até mesmo manifestar opiniões que são inconciliáveis com a constituição. Seria preciso levar em conta que há um grande número de sistemas de valores. O relativismo de valores parece, novamente, ser feito para isso, já que ele formula um princípio de tolerância generoso que vai tão longe a ponto de ser tolerante mesmo com a intolerância. Mas do fato de que é preciso tolerar a manifestação de falsas opiniões em certas circunstâncias não se segue que se deva tolerar os valores no fundamento dessas opiniões e que haveria, então, valores relativos.

Está na essência das opiniões que elas possam ser verdadeiras ou falsas. Quem tem a opinião de que Bill Gates quer forçar todos a se

---

39 *Cidadãos do Reich* é o nome dado a indivíduos e grupos que rejeitam o Estado moderno alemão [N.T.].

vacinar se engana. Igualmente se engana quem pensa que a Angela Merkel gostaria de erguer uma DDR 2.0. Ela, simplesmente, não quer isso.

Toleramos falsas opiniões. Em geral, é bom que seja assim, pois nenhum ser humano tem apenas opiniões verdadeiras. Pelo contrário, todos nós temos um número considerável de falsas opiniões, pois ninguém pode saber tudo. Mas disso não se segue que deveríamos tolerar todas as opiniões. Após um olhar mais atento, percebe-se, a saber, que não pode haver nenhuma boa razão para ser tolerante com a intolerância. Faz parte da intolerância, a saber, o combate à tolerância. Por que a tolerância deveria permitir que ela fosse dissolvida pelo seu oposto? Seria como se um pacifista tivesse que aceitar automaticamente, se um belicista (um condutor de guerras) entrasse em campo contra o pacifista. O pacifista, muito antes, tem todo o direito de usar todos os meios à sua disposição (na medida em que eles sejam apropriados e moralmente permissíveis, o que exclui meios violentos) para limitar as atividades do belicista e, idealmente, impedi-las inteiramente. O ponto do pacifismo é, afinal, que não deveria haver nenhuma guerra, de modo que pacifistas não têm de demonstrar nenhuma tolerância com belicistas.

O mesmo ocorre no caso da intolerância. O caráter moral positivo da tolerância se apoia no fato de que se concede a seres humanos, cuja forma de vida ou de pensamento nos parece estranha ou até mesmo repulsiva, o direito de viver e pensar, em certos limites, do modo que eles consideram correto. Esses limites são estabelecidos pelo fato de que a sua vida diferente e o seu pensamento diferente não restringem a minha vida diferente e o meu pensamento diferente. É moralmente exigido ser tolerante em relação a projetos de vida e a decisões que são moralmente neutras. Em contrapartida, é moralmente abjeto ser tolerante com projetos de vida moralmente abjetos (como um sadismo ou um terrorismo de direita).

Faz parte da essência da intolerância que ela se volte contra a tolerância e busque destruí-la. Os tolerantes não precisam simplesmente deixar que isso ocorra. Se aqueles que vivem e pensam de um outro modo vivem e pensam de uma maneira demonstravelmente falsa (pense, p. ex., nos *Reichsbürger* da Baváría que negam o holocausto, nos membros do Ku Klux Klan, em criminosos pedófilos, stalinistas ou canibais de Rotenburg), há um direito moral de limitar as suas ações, na medida em que elas intervêm nos espaços de ação que se movimentam no espectro de uma legítima diversidade de opinião.

Há estados melhores e piores, leis melhores e piores, formas de governo melhores e piores. O critério moral que usamos quando comparamos o sistema jurídico da Coreia do Norte e o da Alemanha, ou o da Alemanha atual e o da Alemanha do Reich (que estava ancorado no atual solo alemão), nos fornece, em muitos casos, resultados unívocos. Ninguém quer voluntariamente mudar da Alemanha para a Coreia do Norte para ser, lá, posto diante do tribunal. Infelizmente, há pessoas que pensam que gostariam de ser levadas, com uma máquina do tempo, ao Sacro Império Austro-germânico, ou até mesmo à ditadura nazista.

Contra isso, pode-se desenvolver um argumento que é uma versão de uma famosa reflexão do filósofo político norte-americano John Rawls. Esse argumento é um índice de que há um compasso moral que ativamos quando tomamos decisões sobre condições claramente formuladas que são moralmente significativas. Chamemos esse argumento de **máquina nazista**. Imaginemos que damos a um neonazista, que deseja um retorno das condições da ditadura nazista, acesso a uma máquina do tempo que lhe permita viajar de volta para o ano de 1941, para viver no Terceiro Reich de então. Isso seria recebido talvez com boas-vindas pelo neonazista, que quereria entrar imediatamente na máquina do tempo. Todavia, haveria uma pequena pegadinha com a máquina do tempo: o nosso neonazista não poderia ser enviado simplesmente como ele mesmo ao passado, mas, antes, será uma pessoa que vivia naquela época na Alemanha. Quem ele será é algo que ele não sabe de antemão. Ele poderia, então, ser Adolf Hitler, Ernst Röhm, Martin Heidegger, mas também Anne Frank, Hannah Arendt, Primo Levi, ou alguma das milhões de vítimas da ditadura nazista, o que ele, certamente, não perceberia, pois ele perderia sua própria identidade quando se tornasse outra pessoa. Ele também poderia ser um alemão pobre, "ariano", que, em algum momento, seria sacrificado no front da Segunda Guerra Mundial. A probabilidade de estar no lado, aos olhos dele, bom, decresce, então, rapidamente, caso se pense que a maioria dos alemães e das pessoas que estavam na Alemanha naquela época não se beneficiaram com o nazismo. Apesar do seu nome, a NSDAP[40] não era realmente socialista e de modo algum um partido dos trabalhadores, de todo modo não um partido que assegurasse uma contínua condição de trabalho melhor do que a da República de Weimar.

Se o neonazista recebesse a proposta de entrar na máquina nazista sob essas condições, ele certamente pensaria duas vezes. Seria muito melhor poder fazer uma viagem para uma terra utópica, para a qual se pudesse contribuir antes para a sua organização. Já que não se sabe de antemão quem se será e em que situação se estará concretamente, é recomendável desenvolver uma ordem social que permita a todos ter uma boa posição.

Quem se encontra na posição de desenvolver tal sociedade desde a prancheta deveria agir de modo neutro e racional. Isso é possível porque nós, seres humanos, podemos nos colocar, de maneira mais ou menos boa, na posição de outros. Por essa razão, faz parte

---

[40] Nationalsozialistische Deutsche Arbeiterpartei (Partido dos Trabalhadores Nacional-socialista Alemão" – nome completo do Partido Nazista) [N.T.].

de uma formação ética exercitar a própria imaginação por meio de experimentos mentais e projetos de cenários estatais ideais.

A reflexão utilizada aqui por Rawls é conhecida como *véu da ignorância (veil of ignorance)*. Ela tem, naturalmente, uma longa história prévia na filosofia moral; tornou-se, porém, especialmente proeminente por meio da teoria política muito discutida de Rawls[41]. Podemos utilizar o pensamento que ele tornou fecundo para a teoria política como uma primeira aproximação dos fundamentos da ética. Isso porque, assim, dispomos de uma indicação de que é possível emitir juízos morais com os quais ultrapassamos nossa perspectiva condicionada cultural e socialmente.

O experimento mental de Rawls não oferece sozinho o resultado desejado; ele aponta, porém, na direção certa. Estamos em condições de abstrair o que devemos fazer e o que devemos deixar de fazer em relação aos nossos interesses, em parte imorais, que repercutem em nossas ações práticas. Podemos deixar esses interesses de lado a favor de outros, porque podemos imaginar ser o outro. Isso nunca é inteiramente bem-sucedido porque, ao fazê-lo, como que trazemos, via de regra, a nós mesmos conosco, e tendemos a imaginar como seria sermos nós mesmos no corpo do outro. Porém, podemos compreender também isso mesmo e incluir essa compreensão como corretivo em nossas considerações sobre o que devemos a nós mesmos e aos outros por razões morais.

Por isso, a arte e a produção cultural são indispensáveis para o desenvolvimento de nossa ética. Sem ficções e a sua disseminação por toda a sociedade, a educação moral é impossível. Não é por acaso que sistemas totalitários limitam a liberdade artística – eles querem limitar a imaginação de seus súditos.

---

[41] RAWLS, J. *Eine Theorie der Gerechtigkeit* [Uma teoria da justiça]. Frankfurt a. M., 1975, § 24.

1.9 Pluralismo de valores e niilismo de valores

O relativismo de valores é, então, incoerente e, desse modo, indefensável. O que fazemos ou deixamos de fazer por razões morais não pode ser simplesmente a expressão do pertencimento a um grupo.

O **pluralismo de valores**, como uma tese mais fraca, está mais bem posicionado. Ele é a suposição, a princípio inofensiva, de que há diferentes representações de valores que não podem remeter a um denominador comum porque se contradizem fundamentalmente. Essa suposição ignora, porém, que, na humanidade, há, em questões morais, um acordo muito maior do que parece, quando se pensa que subculturas e subgrupos de seres humanos se distinguiriam fundamentalmente no âmbito de suas convicções morais. Essa suposição simplesmente não é verdadeira. A pluralidade social e a multiculturalidade não levam a que seres humanos que pertencem a diferentes culturas se afastem automaticamente uns dos outros em questões morais relevantes.

A esse respeito há, nesse meio-tempo, estudos moral-psicológicos que usam muitos dados que abrangem todas as culturas e que mostraram que não apenas há princípios abstratos universais que se pode verificar para além da cultura, mas também até mesmo modelos de decisão em situações concretas que apontam para paradigmas universais[42]. Isso não deveria surpreender, já que não há também nenhuma diferença biológica fundamental entre grupos de seres humanos, de modo que é muito mais de se esperar que as

---

[42] Cf., p. ex., o estudo de Edmond Awad, Sohan Dsouza, Azim Shariff, Iyad Rahwan e Jean-François Bonnefon: Universals and variations in moral decisions made in 42 countries by 70000 participants [Universais e variações em decisões morais feitas em 42 países por 70.000 participantes]. *Proceedings of the National Academy of Sciences*, 117 (5), 2020, p. 2.332-2.337.

nossas emoções fundamentais, também importantes para a ética, se assemelhem suficientemente.

O universalismo tem uma ancoragem biológica, com o que, todavia, ele não é inteiramente abarcado, pois a história prévia biológica da moralidade superior ocorreu em relacionamentos próximos e em pequenos grupos, de modo que os nossos problemas éticos atuais não podem mais ser sensatamente resolvidos sobre essa base.

Mas, mesmo se o pluralismo de valores tivesse razão, não se seguiria, da existência de um grande número de representações de valores inconciliáveis umas com as outras, que não haveria valores universais. Isso porque é certo que há representações de valores distintas, em parte inconciliáveis, que definem, todavia, não culturas, mas sim, no melhor dos casos, grupos estatisticamente investigáveis. Mas, do fato de que diferentes grupos de seres humanos têm diferentes representações de valores não se segue que eles estejam como um todo certos ou justificados. Isso porque algumas representações de valores são abjetas, por exemplo, aquelas que Hitler apresenta em *Mein Kampf*.

A terceira lenda influente, que, juntamente com o perigoso relativismo de valores e o em geral inofensivo pluralismo de valores, fica no caminho de um reconhecimento do realismo moral, e à qual nos voltamos agora, supõe que, na realidade, não há nenhum valor e nenhum fato moral. Trata-se do niilismo de valores, que contesta que haja alguma forma de objetividade moral.

O niilismo de valores tem defensores em todos os campos políticos; há niilistas de extrema-esquerda e de extrema-direita, assim como niilistas no centro político da assim chamada, hoje, de "classe média".

É notável que haja na Alemanha uma tradição niilista de radicais de direita que permaneceu influente no pós-guerra, por exemplo, no pensamento de Martin Heidegger e do influente jurista Carl Schmitt. Ambos tinham um interesse pessoal autobiográfico de maquiar o seu próprio envolvimento em diferentes fases da instituição e manutenção da ditadura nazista. Esse interesse certamente vinha acompanhado do fato de que não pode ter sido fácil para ambos, psicológica e moralmente, digerir que se encontravam, de repente, do lado de criminosos da história mundial, de modo que uma ideologia como o niilismo de valores atua como, por assim dizer, um bálsamo da alma para ambos os pensadores. Se não houvesse valores morais que existem independentemente das lutas pelo poder e do julgamento de indivíduos que impõem as suas representações de valores por meio de instrumentos de violência como a tomada do poder, o peso da culpa pela atrocidade da qual se participou indiretamente ou mesmo diretamente seria aparentemente menor. Heidegger e Schmitt certamente tinham, antes da tomada do poder pelos nazistas, perspectivas niilistas de valores que ajudavam a esclarecer o seu posicionamento político, o que leva a um campo de pesquisa ainda não explorado.

Um escrito polêmico formulado de maneira consideravelmente clara contra a ideia de valores universais objetivamente existentes veio de ninguém menos que o próprio Carl Schmitt. Ele foi redigido em 1959 e porta o título um tanto cínico de *A tirania dos valores*. Esse escrito invoca, entre outros, Heidegger, que ele conhecia do lendário comitê para a filosofia do direito que, sob a condução de um dos maiores juristas dos nazistas, Hans Frank, se reunia desde a sua fundação, no ano de 1934, no Arquivo-Nietzsche de Weimar. Os detalhes históricos dessa constelação em parte extremamente polêmica podem ser deixados de lado aqui[43]. Interessante e, de fato,

---

43 Cf. o trabalho clássico de Victor Farías (*Heidegger und der Nationalsozialismus* [Heidegger e o Nazismo]. Frankfurt a. M., 1989) e Emmanuel Faye (*Heidegger – Die Einführung des Nationalsozialismus in die Philosophie: Im Umkreis der unveröffentlichen Seminar zwischen 1933 und 1935* [Heidegger – A introdução do nazismo na filosofia: no âmbito dos seminários não publicados entre 1933 e 1935]. Berlim, 2009. Para uma nova discussão cf., p. ex., HOMOLKA, W.; HEIDEGGER, A. (eds.).

perversa é a argumentação de Schmitt, que – como também Heidegger – deduz o holocausto como resultado do neokantismo representado especialmente por filósofos judeus, defensores da universalidade e politicamente inclinados à esquerda. Nesse contexto, o **pensamento fundamental da filosofia de valores neokantiana** enuncia que as ciências naturais descrevem uma esfera do universo livre de valores, enquanto a filosofia e as ciências humanas investigam um reino não observável, mas, todavia, objetivamente existente da validade de normas, de que fazem parte princípios morais supremos como o famoso imperativo categórico (cf. p. 155ss.). Schmitt caracteriza a filosofia de valores como um todo como uma

> tentativa de afirmar o ser humano como um ser (*Wesen*) livre e responsável, de fato, não no seu ser (*Sein*), mas pelo menos na validade daquilo que se chamou de valor. Essa tentativa pode ser caracterizada como o substituto positivista para o metafísico[44].

Aqui, Schmitt trapaceia. Algo é metafísico, a saber, quando ele não é investigável com os melhores meios disponíveis das ciências naturais, quando, então, ele se furta, em particular, por princípio, à investigação física.

Ora, há muito que não pode ser pesquisado fisicamente, por exemplo números, justiça, eleição do parlamento e história da arte. A física só pode investigar com os seus métodos aquilo que pode ser apreendido experimentalmente. Sobre aquilo que os seus instrumentos não podem medir, ela tem de se calar. Isso não é uma fraqueza, mas a força própria da física, que, por meio de experimentos e da construção matemática de teorias, reúne conheci-

---

Heidegger und der Antisemitismus – Positionen im Widerstreit [Heidegger e o antissemitismo – Posições no conflito]. Friburgo, 2016.
44 SCHMITT, C. *Die Tyrannei der Werte* [A tirania dos valores]. 3. ed. cor. Berlim, 2011, p. 38s.

mentos impressionantes sobre o universo e pode torná-los tecnicamente utilizáveis.

Como Kant (que segue, aqui, o filósofo escocês David Hume), neokantianos se protegem, desse modo, contra a assim chamada falácia naturalista. A **falácia naturalista** tenta derivar o que devemos fazer daquilo que já fazemos de maneira observável. Ele confunde o Ser investigável pelas ciências naturais ou sociais com o Dever, e a natureza com a norma.

A física pode, então, no melhor dos casos, descrever o que se deixa medir e, assim, o que é o caso, e, desse modo, prever a forma de proceder futura de determinados processos mensuráveis. Juízos de valor não se referem, porém, a algo mensurável, e de modo algum a algo previsível, já que são normativos – eles prescrevem o que deve acontecer, não preveem o que acontecerá. Essa é a famosa, posta como central pelos neokantianos, **diferença entre ser e dever**. O dever é, segundo eles, objeto da metafísica, ou seja, daquela forma de reflexão que se ocupa com objetos e fatos que não estão no âmbito acessível à física – um pensamento que já se encontra, de fato, em Kant, que o emprega como fundamentação da ética, que ele mesmo caracteriza como "Metafísica dos Costumes"[45].

A distinção entre *ser* e *dever* deve evitar que fatos morais que dirigem a nós reivindicações em parte radicais de mudança de comportamento (pense-se na demanda de viver de modo mais sustentável para frear a mudança climática) sejam reduzidos ao

---

45 Cf., como introdução, o clássico de Kant: *Grundegung zur Metaphysik der Sitten* [Fundamentação da metafísica dos costumes]. Werkausgabe [Obras completas]. Vol. VII. Ed. por Wilhelm Weischedel. Frankfurt a. M., 1991, p. 7-102. O conceito de metafísica de Kant é, como um todo, oscilante, já que, segundo ele, também há "fundamentos primeiros metafísicos das ciências naturais", e porque ele trabalhou durante todo a sua vida em elaborar uma metafísica científica. Mas, certamente, é uma das operações fundamentais de Kant situar o dever fora do conhecível e explicável por meio das ciências naturais e, ao mesmo tempo, conciliar isso com o fato de que nós, como organismos, somos parte dos eventos conhecíveis e explicáveis pelas ciências naturais.

comportamento. Como o ser humano se comporta de maneira empiricamente verificável nunca prova que, desse modo, também faz o moralmente correto. Como nós somos não é, automaticamente, como nós devemos ser.

Caso se reduza valores a representações de valores, e o dever ao ser mensurável, os valores perdem, então, sua validade. Seres humanos violam constantemente normas morais, quer dizer, em cada momento do dia ocorrem em nosso planeta, infelizmente, incontáveis atrocidades morais, para as quais também nós, habitantes de nações industriais ricas, contribuímos por meio de nosso comportamento de consumo. Mas, disso, não se pode deduzir que não somos capazes de fazer o moralmente certo. Isso seria puro cinismo.

Mas disso não se segue que aquilo que fazemos retrate as normas. Elas entram em questão quando o comportamento observável do ser humano *não* lhes é correspondente, de modo que elas nunca são suficientemente constatáveis por meio das ciências naturais. Normas que são sempre respeitadas não podem ser objeto de uma investigação das ciências sociais – um pensamento central da teoria da normatividade, feita especialmente pelo renomado jurista berlinense Christoph Möllers[46].

Por isso, os grandes físicos da primeira metade do século XX puderam, em ambos os lados do confronto em ambas as guerras mundiais, produzir, como nunca antes, armas de destruição em massa e arquiteturas de extermínio, sem, por isso, serem físicos ruins. Justamente porque eles eram físicos excepcionais, conseguiram construir armas de destruição em massa que foram usadas em massacres como no lançamento da bomba atômica em Nagasaki e Hiroshima. Físicos não têm, de modo algum, somente devido à sua profissão, a

---

46 Cf. MÖLLERS, C. *Die Möglichkeit der Normen – Über eine Praxis jenseits von Moralität und Kausalität* [A possibilidade das normas – Sobre uma práxis além da moralidade e da causalidade]. Berlim, 2015. Para um debate com essa proposta, cf. GABRIEL, M. *Fiktionen*, § 14.

compreensão do moralmente correto. Isso não é uma objeção e não significa que físicos são moralmente piores ou melhores do que outros seres humanos. Vê-se aí, apenas, que o conhecimento físico do modo de funcionamento de sistemas parciais do universo não leva por si mesmo a que se trabalhe no progresso moral da humanidade.

Justamente isso é um dos pontos do neokantismo, que de modo algum substitui, por causa disso, como pensa Schmitt, o metafísico, mas antes o defende, ao apontar para o fato de que a dimensão dos valores tem um outro estatuto ontológico, ou seja, um outro nível de ser, do que aquele que podemos observar com os nossos cinco sentidos e no âmbito dos experimentos das ciências naturais e tecnológicos.

O espírito afim de Schmitt, Heidegger, não economiza, como já sabemos há alguns anos, construções antissemitas, que colocam a culpa nos judeus até mesmo pelo seu próprio extermínio. Assim, Heidegger nota, no ano de 1942, em uma observação extremamente confusa, mas não por isso menos repulsiva, sobre os acontecimentos de seu tempo:

> Quando primeiramente o essencialmente "judaico", no sentido metafísico, luta contra o judaico, chega-se ao ponto alto do autoextermínio na história; posto que o "judaico" se apoderou em todo lugar da soberania, de modo que também o combate "do judaico" chega a ele, e sobretudo na obediência[47].

"Obediência" significa, aqui: submissão. Heidegger pensa que o antissemitismo seria uma submissão às regras de jogo do judaico. Ele afirma, de uma maneira, típica para ele, velada, que os judeus teriam exterminado a si mesmos, porque teriam desenvolvido, por

---

[47] HEIDEGGER, M. *Anmerkungen I-IV* [Observações I-IV] – *Schwarze Hefte 1942-1948* [Cadernos negros 1942-1948]. Gesamtausgabe IV [Obras completas IV], Seção Indicações e notas. Vol. 97. Frankfurt a. M., 2015, p. 20.

meio de suas habilidades matemático-lógicas assim como econômico-estratégicas, as condições para os sistemas de extermínio modernos, que se voltaram, então, contra eles, quando os antissemitas, impulsionados pelos judeus, entregaram-se à Modernidade para realizar o holocausto com os seus meios.

Como Schmitt, Heidegger transforma o bem moral em uma forma de terror. Daquilo que deveríamos fazer resulta, repentinamente, uma tirania. De modo que os papéis são invertidos. Isso porque, de fato, o terror e a tirania não partiram da filosofia de valores dos neokantianos, e de modo algum dos milhões de concidadãos judeus de Schmitt e Heidegger que foram humilhados, torturados e executados. Antes, os nazistas foram responsáveis pelo terror e pela tirania. Não podemos nunca esquecer o que aconteceu no Reich alemão, pois isso nos mostrou que seres humanos são capazes de um mal sistematicamente organizado, conduzido pelo progresso das ciências naturais e tecnológico.

O modelo de pensamento que considera valores como puras imposições e, por isso, xinga cinicamente boas pessoas como "pessoas ingênuas", é, infelizmente, amplamente disseminado, e não é por acaso que Schmitt, Nietzsche e Heidegger sejam mobilizados em nossos dias, por exemplo, por Björn Höcke, para avançar a inversão de criminosos e vítimas do passado nazista (palavra-chave: monumento da vergonha). Dessa maneira, o discurso político propagado por partes da AfD leva, pouco a pouco, à banalização do holocausto e do nazismo, por meio da inversão de papéis de vítimas e criminosos.

Também a relativização das atrocidades nazistas é um processo moralmente abjeto. Essa é uma das razões pelas quais é inaceitável o famoso comentário de Alexander Gauland, que, como se sabe, disse, no congresso parlamentar dos jovens da Alternative für Deutschland (Alternativa para a Alemanha, AfD): "Hitler e os nazistas são apenas um excremento de pássaro em mais de 1.000 anos [sic] da história bem-sucedida da Alemanha". De fato, Gauland professa expressamente nesse discurso a "responsabilidade pelos 12 anos", demanda ao mesmo tempo, porém, de seus ouvintes, a se professarem a favor dos mais de 1.000 anos que ele caracteriza como gloriosos. Muito nesse discurso é confuso, absurdo e falso; entre outras coisas, o fato de que a Alemanha (o que isso afinal deva ser, Gauland não diz) não existe já há mais de 1.000 anos. Ou há algo como a "história alemã" há muito mais de 1.000 anos, e então nos referimos por exemplo àquilo que ocorreu no território atual da república. Ou, porém, se quer dizer, com "história alemã", tudo o que aconteceu desde a fundação de um Estado alemão, mas ela não ocorreu há 1.000 anos.

Naturalmente, houve muitos acontecimentos felizes no território da atual república: a invenção da impressão topográfica, as sinfonias de Beethoven, a física moderna, a descoberta do infinito matemático, a filosofia do idealismo alemão, o surgimento de um movimento ecológico politicamente influente, e muito mais. Mas nada disso é uma razão para retratar para si um passado bem-sucedido de 1.000 anos e, desse modo, diminuir o nazismo, de maneira a reduzi-lo a 12 anos e a caracterizá-lo como excremento de pássaro (no que o Sr. Gauland ignora que a NSDAP existiu por mais do que 12 anos). Aponto para essa conhecida confusão de Gauland apenas como exemplo de como alguém também pode se enganar pelo fato de vincular falsas afirmações sobre fatos não morais com juízos morais falaciosos.

Naturalmente, não se dá ouvidos ao niilismo de valores apenas entre pensadores radicais de direita. Ele se dissemina onde quer que se parta do princípio de que, na realidade, não há valores, mas nós que os inventamos. Ele foi empregado igualmente pelas políticas cínicas do governo de Donald Trump. Mentiras evidentes, decisões imprevisíveis, ignorar sem pudor melhores argumentos e o desprezo pela ideia de progresso moral eram fundamentos da *performance* midiática pós-moderna de Donald Trump, a figura de proa do niilismo de valores. O seu objetivo era a manutenção e o aumento do poder dos Estados Unidos no sistema internacional de forças com o objetivo de fortalecer a sua clientela e, possivelmente, exterminar seus inimigos ou limitar tanto o seu campo de ação que eles não pudessem ficar no caminho da realização de seus interesses.

1.10 O(s) engano(s) atroz(es) de Nietzsche

Em geral, o **niilismo** é a concepção de que, na realidade, não há, de modo algum, um valor objetivo, nem mesmo a vida. O niilismo considera a realidade como um lugar neutro em valores, no qual impera a batalha por sobrevivência das espécies e indivíduos. Um valor, segundo o principal pensamento do niilismo, só existe se alguém dá valor a algo que, em si mesmo, não tem valor algum.

Esse pensamento foi formulado de maneira pungente por Friedrich Nietzsche, que o emprega em sua tentativa grandiosamente formulada de destronar o suposto (na realidade, como vimos, não existente!) sistema de valores judaico-cristão por ele chamado de "moral dos escravos", em favor de uma nova "moral dos senhores".

Nietzsche fornece, bem-visto, para o seu gesto radical, um único argumento, que ele emprega de diferentes maneiras em sua crítica da moral. Para tanto, ele se serve do seguinte argumento, no qual se trata, em última instância, de um truque retórico. Ele pressupõe que valores apenas existem se há juízos de valor, que ele interpreta como invenções de valores. Assim, ele escreve, por exemplo:

> Felizmente aprendi na época dos preconceitos teológicos a me despedir do moral e não procurei mais a origem do mal por trás do mundo. Um pouco de educação histórica e filológica, incluindo um senso exigente inato em relação a questões psicológicas,

transformou, em pouco tempo, o meu problema em outro: sob que condições o ser humano inventou para si aquele juízo de valor bom e mal? E qual valor eles mesmos têm?[48]

Mas, com isso, Nietzsche pressupõe o que ele tem de provar: que valores morais são, a saber, *inventados*, de modo que ele executa uma falsa prova conhecida como *petitio principii* (petição de princípio). Se alguém, digamos, A, quer provar para outra pessoa, digamos, B, algo de que ainda não está convencido, não basta simplesmente afirmar aquilo em que B ainda não acredita. Um **petitio principii** é uma prova circular, que já pressupõe aquilo que deveria ser provado. Nietzsche não faz, então, de modo algum, um trabalho de convencimento logicamente estável, mas se vale de sua arte de persuasão (inteiramente impressionante e poderosa), ao dar como estabelecida, para o leitor, a principal tese de seu livro, *Genealogia da Moral*.

Com isso, ele comete um outro erro, que é caracterizado como **equivocação**. Isso consiste em usar expressões linguisticamente afins, mas com significados distintos em uma inferência, e agir dessa forma, como se elas tivessem o mesmo significado. Aqui, um caso vívido, facilmente identificável de uma equivocação:

1) Angela Merkel é uma raposa esperta.
2) Raposas são predadores.
Conclusão: Angela Merkel é uma predadora.

Na primeira proposição se usa "raposa esperta" como uma metáfora. No segundo caso, em contrapartida, se descreve raposas como uma espécie animal, de modo que a conclusão não se segue de ambas as premissas. A inferência só parece lógica, mas não é.

---

48 NIETZSCHE, F. *Zur Genealogie der Moral* [Genealogia da Moral] – Kritische Studienausgabe [Edição Crítica]. Vol. 5. Munique, 1999, p. 249s.

A equivocação de Nietzsche consiste em que constantemente confunde os sentidos moral e econômico de "valor" e sugere, assim, que, por trás de todo argumento moral, se esconderia uma tática de poder. Além disso, ele se baseia no seguinte simples silogismo:

1) Seres humanos inventam valores.

2) Valores têm valor.

Conclusão: Seres humanos inventam, então, o valor de valores.

Como fundamentação para a premissa 1, Nietzsche indica que inventamos juízos de valor, o que até mesmo é correto, em certo sentido. Se eu condeno uma dada ação como má, eu trago esse juízo à existência. Não havia o juízo, antes de ele ser emitido. Nesse sentido, ele é uma invenção. Mas, disso não se segue que o ser má de uma ação é, em si mesmo, uma invenção. A premissa 1 já esconde, então, uma confusão. A falácia se destaca, se formulamos a seguinte "inferência", formulada de modo análogo:

1) Seres humanos inventam remédios.

2) Remédios têm propriedades químicas.

Conclusão: Portanto, seres humanos inventam as propriedades químicas de remédios.

Na premissa 2 (Valores têm valor) se confunde dois sentidos de valor. O primeiro sentido é moral, o segundo é estratégico ou econômico. Seres humanos inventam *valores econômicos* (como o preço de mercadorias), pois eles dependem do estabelecimento de objetivos e de processos de negociação. Não inventamos, porém, valores morais, mas, na melhor das hipóteses, juízos morais, que podem ser corretos ou incorretos. E o que deve significar exatamente que o valor moral do bem ou o contravalor do mal tenham um valor? O bem é simplesmente o bem e o mal, o mal – não há, aqui, nenhum segundo valor que adira ao primeiro. O bem não é nem automaticamente útil, nem o mal é automaticamente danoso, como Nietzsche pressupõe. Pode ser, por fim, que os maus não alcancem de modo algum o seu objetivo e, antes, no meio do seu caminho, produzam condições do bem indesejadas. Talvez haja até mesmo a "força, que quer sempre o mal e faz sempre o bem" evocada por Goethe[49]. Nem todos que gostariam de prejudicar alguém o conseguem. Mas isso não significa, como Nietzsche pensava, que os valores morais tenham, automaticamente, um outro valor, o qual seria o realmente importante.

Nietzsche pensa que valores morais teriam um valor instrumental, o que deveria ser isso mesmo provado, mas é silenciosamente pressuposto por ele. A argumentação que atua no plano de fundo (e se apoia em Schopenhauer) tem, certamente, um ar de plausibilidade. Pense em uma situação cotidiana moralmente carregada como a seguinte: você passa por uma passagem subterrânea e vê um morador de rua que se senta em uma coberta. Ele estende a mão para pedir dinheiro. Nisso, nos passam pensamentos pela cabeça como "Não se pode ajudar a todos" ou "Eu não tenho tempo agora" ou também "Coitado, tenho de ajudá-lo!" Infelizmente, também há pessoas que, diante dessa cena, pensam que ele seria culpado pela sua própria miséria, e até mesmo que essas pessoas "nos" custariam simplesmente muito dinheiro.

Imaginemos, agora, que se desse ao morador de rua alguns euros. Nesse caso, pode-se sempre se perguntar por que, afinal, se fez isso. Querer-se-ia se sentir bom e honesto? Pensa-se que se pode assim pelo menos ajudar um pouco? Quer-se reprimir a circunstância de que, abstraído da pequena doação de dinheiro, em geral, não se ajuda a ninguém que está em necessidade?

Os nossos verdadeiros motivos são frequentemente ocultos para nós no ato de uma tomada de decisão. Quando agimos em uma situação cotidiana moralmente carregada nos esforçamos geralmen-

---

[49] GOETHE, J.W. *Faust – Der Tragödie erster Teil* [Fausto – A tragédia, primeira parte]. Stuttgart, 1971, p. 40.

te para realizar um complexo autoexame psicológico, para garantir que agimos por motivos puramente morais.

Por isso, já Arthur Schopenhauer (que segue a Kant) supõe que a maior parte, se não até mesmo todas as ações humanas, sempre são conduzidas por motivos não morais. A razão de um tal ato é, por exemplo, antes, que se quer se livrar de um sentimento de culpa, ou se é simpático com um morador de rua porque ele traz à lembrança o próprio avô.

Nietzsche pensa, agora, que não apenas nossas ações, mas *todos* os juízos de valor moral satisfariam a uma função inteiramente diferente do que ser a expressão de um pensamento moral. Por trás de todo valor moral ele pensa haver uma estratégia, um valor instrumental ou tático.

> Expressemos essa nova exigência: precisamos de uma crítica da moral, deve-se primeiramente colocar em questão o valor desses valores – e, para tanto, é necessário um conhecimento das condições e circunstâncias a partir das quais eles cresceram, sob as quais eles se desenvolveram e se deslocaram (a moral como consequência, como sintoma, como máscara, como hipocrisia (*Tartüfferie*), como doença, como mal-entendido; mas também a moral como causa, como remédio, como estimulante, como inibição, como veneno), um conhecimento que, como tal, nem existiu até agora, nem também foi sequer desejado. Tomou-se o valor desses "valores" como dado, como fato. Não se duvidou nem se oscilou até aqui, nem mesmo remotamente, estabelecer "o bem" como mais valoroso do que "o mal", mais valoroso no sentido do fomento, da utilidade, da prosperidade em relação ao ser humano em geral (incluso o ser humano do futuro). Como, se o inverso fosse a verdade? Como, se no "bem" também se encontrasse um sintoma de retrocesso, até mesmo um perigo, um veneno, um

narcótico, por meio do qual, por exemplo, o presente vivesse à custa do futuro?[50]

Mais uma vez, todavia, Nietzsche comete, nessa passagem, muitos pequenos e grandes erros lógicos, que, como um todo, são expressão de uma equivocação. Ele simplesmente confunde o sentido econômico e o sentido moral de valor. *Econômico* é um valor que é resultado de uma negociação ou de vários processos de medição complexos. O valor de terreno de um imóvel resulta de oferta, demanda, política econômica, poder de compra de uma clientela em potencial, atratividade do local, qualidade do solo, plano de construção e muitos outros parâmetros. Em si, porém, o terreno não tem nenhum valor determinado que pudesse ser medido em euros. O valor monetário resulta de todos esses elementos que se deslocam constantemente, o que, por sua vez, leva à especulação imobiliária e a taxações estatais.

Um *valor moral* é, porém, de acordo com a sua essência, inegociável. Que a tortura de criancinhas (assim como a tortura em geral, mas o caso de criancinhas é, para a maior parte das pessoas, ainda mais evidente) seja má não é resultado de negociações complexas, mas é sempre já o caso. Seja quando for que crianças forem torturadas, comete-se um grande erro moral, quer o torturador esteja consciente disso, quer não.

Aqui se poderia perguntar quem estipula que não se deva torturar crianças, já que elas foram, afinal, torturadas no passado (p. ex., na caça às bruxas) e, infelizmente, também são no presente (p. ex., nas celas de tortura sírias). Um erro de pensamento se esconde nessa pergunta. Fatos existem independentemente de estipulações. Ninguém fixa que haja uma lua terrestre ou que o nosso organismo consista em células. As redes objetivamente existentes de valores não são

---

50 NIETZSCHE. *Zur Genealogie der Moral* [Genealogia da Moral], p. 253.

realmente influenciáveis pelos seres humanos, mas apenas conhecíveis por nós. Elas, com efeito, não são fatos naturais, mas isso não significa que nós possamos transformá-las por meio da reconsideração. As opiniões da maioria não dizem nada sobre se elas são verdadeiras ou falsas, porque também a maior parte dos seres humanos pode se enganar. Uma opinião não é verdadeira ou falsa pelo fato de que muitos compartilham dela – justamente isso é que é preciso tornar sempre de novo claro para nós mesmos na era digital de *fake news* e de novas formas extremamente hábeis de manipulação e propaganda[51].

A validade de demandas morais não resulta nem de que Deus, nem de que um grupo de seres humanos, a evolução ou a razão humana universal as tenha fixado. A validade de demandas morais está, antes, fundamentada nelas mesmas. É exatamente isso que significa reconhecer: que há fatos morais que não se deixam reduzir a alguma outra coisa, seja a opinião da maioria, mandamentos divinos, vantagens adaptativas evolutivas ou vantagens competitivas mensuráveis em termos econômico-comportamentais do comportamento altruísta.

Que algo seja moralmente bom ou mau não precisa ser claro para todos os envolvidos. É possível fazer algo mau sem perceber, o que é um aspecto importante da crise climática e dos excessos moralmente abjetos do capitalismo global e seu sistema de exploração. Todavia, é difícil de imaginar que se possa fazer algo radicalmente mau sem saber que é mau. Quem tortura ou executa um ser humano sabe que as ações ligadas a isso são abjetas; aceita, porém, as consequências por causa de um suposto objetivo mais elevado.

---

[51] Cf. a teoria da propaganda de Jason Stanley: *How Propaganda Works* [Como a propaganda funciona]. Princeton: Oxford, 2015. • STANLEY, J. *How Fascism Works – The Politics of Us and Them* [Como o fascismo funciona – A política do nós e eles]. Nova York, 2018.

O problema é, justamente, que é possível fazer um mal radical e, ao mesmo tempo, saber que ele é um mal radical. Para a maior parte de nós, é inimaginável como eram as coisas, de um ponto de vista moral e psicológico, do lado dos criminosos em campos de concentração, e não quero, aqui, empreender nenhuma tentativa de tentar me colocar, nem mesmo parcialmente, nessa posição. Todavia, deve-se partir do fato de que há e houve realmente sádicos, que, plenamente cientes de sua responsabilidade, se tornaram agentes do mal radical.

O niilismo de valores fracassa, como o niilismo, simplesmente porque falta com a realidade. É um engano fatal acreditar que apenas existiria ou seria real o que pode ser medido pelas ciências naturais, que o resto seria invenção do espírito humano que, na realidade, não corresponde a nada. Que isso seja absurdo já se percebe pelo fato de que a tese de que haveria invenções livres do espírito humano não se dá por meio da medição científico-natural e, por isso, vista sob sua própria luz, é uma invenção livre do espírito humano, que, na verdade, não corresponde a nada.

2
Por que há fatos morais, mas não dilemas éticos

Quando temos de tomar difíceis decisões éticas, a situação, na maior parte das vezes, não é clara. Isso é o caso especialmente de pessoas em profissões moralmente exigentes e cheias de reponsabilidade, como médicos, diretores de clínicas e políticos. A crise da Covid-19 nos colocou isso, em alguns países, duramente diante de nossos olhos. Se nem todos podem ser salvos porque o sistema de saúde não está preparado para uma pandemia, é preciso decidir quem pode viver e quem, eventualmente, tem de morrer – decisões que traumatizarão muitas pessoas.

Essa situação de emergência apenas torna claro o que também é sempre o caso. Isso porque os recursos em nosso planeta são escassos e são conduzidos por políticas internacionais e pelas cadeias globais de produção das sociedades de bem-estar. Mercados que se baseiam na concorrência decidem constantemente sobre a vida e a morte, assim como sobre as fronteiras, em parte indispensáveis, mas contingentemente demarcadas, entre estados nacionais, que tentam assegurar vantagens para si mesmos em relação a seus vizinhos. E nós todos tomamos, por meio de nosso comportamento de consumo, assim como por todas as nossas atitudes cotidianas, decisões moralmente carregadas para outros seres humanos, com as quais, porém, nos acostumamos, de modo que elas não nos parecem, de modo algum, graves.

A nossa complexa situação global traz aparentemente consigo o fato de que estamos enredados em dilemas éticos. Em todos os cantos e lugares se colocam para cada um de nós questões morais urgentes. Como devemos produzir de modo justo e sustentável? Que produtos se pode ainda comprar, sem causar danos a alguém? Como organizamos a nossa mobilidade? Para onde viajar ou voar nas férias?

Nossa vida cotidiana é fundamentalmente estruturada pelo fato de que estamos inseridos nas cadeias de consumo e de produção de nosso próprio bem-estar. Só não sentimos isso constantemente como fardo e exigências, porque está ligado com a promessa de férias, tempo livre, luxo, saúde e liberdade. Somos compensados (em parte generosamente) pelo fato de que trabalhamos para poder consumir, e não percebemos que nossos hábitos de consumo na internet se tornaram eles mesmos, no decorrer desse processo, trabalho. Quem navega pelas mídias sociais produz dados com os quais grandes empresas de software lucram. Todo clique, todo *like* aterrissam, em algum lugar, na forma de dólares, nas contas de pessoas como Jeff Bezos ou Mark Zuckerberg.

Essa organização econômica não é algo evidente por si mesma. Ela foi produzida nos últimos dois séculos por meio de impulsos industriais e gigantescas reviravoltas, e, por fim, pela Revolução Digital. A crise da Covid-19 torna essa organização, em seu estado atual, especialmente clara, e torna reconhecível para todos nós que nos acostumamos acriticamente a ser pontos de dados em sistemas econômicos. Os muitos sistemas globais de produção de nosso dia a dia garantem que tomemos constantemente decisões moralmente carregadas. Antes da crise da Covid-19, a nossa forma de vida não era *normal*, mas sim, para muitos seres humanos, *letal*.

Todos nós conhecemos o problema de que a complexidade do dia a dia moderno é tão alta que não podemos mais compreender como poderíamos, na verdade, tomar individualmente a decisão correta. Muitas pessoas se entregam, por isso, ao cinismo, e pensam que uma política moralmente exigente não seria de modo algum possível e que teríamos de garantir o nosso próprio bem-estar à custa de outros. Quem pensa assim, justifica a si mesmo diante de contradições morais que, vistas às claras, são difíceis de suportar.

Todavia, é enganosa a impressão de um nó de dificuldades éticas impossível de desatar. Neste capítulo, exporei como, visto mais exatamente, não há realmente dilemas éticos, ou seja, não há situações insolúveis nas quais nos tornamos inevitavelmente moralmente culpados, pois qualquer opção que tomarmos terá consequências moralmente abjetas. Se fosse assim, não poderíamos mais agir e refletir moralmente de modo coerente, não haveria *ética*, mas, na melhor das hipóteses, apenas *cálculos estratégicos*, que nos ajudariam a estabilizar parcialmente a nossa sociedade, por mais que ela causasse automaticamente sofrimento e mal moral.

Não, não nos encontramos em uma grandiosa tragédia, na qual todos nós, como Édipo, contra a nossa vontade e apesar de nossos melhores esforços, nos tornamos culpados, mas em uma situação complexa, que exige uma mudança na nossa forma de pensar, mas não nos impossibilita decisões eticamente corretas. Somos falíveis em questões éticas, mas, ao mesmo tempo, acumulamos, como humanidade, por milhares de anos, um saber moral, pois os fatos morais não podem estar inteiramente ocultos a nós. Esperamos de modo mais ou menos paciente na fila, damos prioridade para pessoas que precisam de nosso auxílio, sorrimos para criancinhas que nos olham no ônibus, saudamos nossos colegas amigavelmente, mesmo aqueles que não gostamos.

Que tenhamos uma ordem moral de respeito recíproco pode sempre ser visto no fato de que, quando ela se torna frágil, como no início do ano e no verão de 2020, durante as gigantescas agitações sociais nos Estados Unidos que foram desencadeadas pela violência policial racista e por outros fatores (p. ex., o desemprego rapidamente crescente por causa da crise da Covid-19 e um presidente que promove a divisão). O sentimento de normalidade está, afinal, intimamente ligado à segurança, à paz e um bem-estar distribuído de forma ao menos parcialmente justa – e não há nada disso, se a maior parte dos seres humanos não está pronta para a intelecção moral e para o agir correspondente.

O progresso moral da Modernidade já elaborado, e em parte até mesmo dolorosamente conquistado, tem de se tornar a base de uma reformulação da ordem global: o progresso científico-natural-tecnológico que impulsiona a nossa economia tem de estar no mesmo nível de nossa intelecção moral, que, há muito tempo, está um passo adiante, motivo pelo qual muitas pessoas, diante da injustiça gritante em nosso planeta, se desesperam e acreditam que não podemos escapar da tragédia. Temos, então, de demandar uma adequação de nosso progresso científico-natural-tecnológico ao nosso nível moral: a pesquisa tem de se orientar pelo bem moral da humanidade.

Se as nossas situações cotidianas fossem moralmente insolúveis, marcadas por dilemas, seria impossível fazer intencionalmente o bem. Se, então, fizéssemos o certo, ou seja, fizéssemos o bem, isso seria puro acaso de uma situação complexa. Mas, isso significaria que nunca estaríamos em condições de agir moralmente. Nossas ações seriam um joguete do acaso, que, na melhor das hipóteses, se poderia descrever ainda, de maneira aproximativa, com modelos comportamental-econômicos ou de evolução biológica, para poder fazer enunciados estatísticos sobre como os seres humanos se comportam e como se pode conduzi-los.

Mas, felizmente, essa impressão engana. Na realidade, agimos hoje, a saber, de modo moralmente melhor do que antes; há progresso moral – que, todavia, não é automático. Faz parte do progresso moral o reconhecimento do direito dos animais, a proteção de crianças, a possibilidade de casamentos de mesmo sexo, assim como a igualdade de gênero socialmente desejada, mas de modo algum já obtida.

Há ainda uma razão maior para esperança. *Isso porque: é, por princípio, impossível que não possamos de modo algum fazer o certo, caso contrário, ele não seria o certo.* Uma demanda moralmente relevante, um imperativo ético que, por princípio, não pudéssemos satisfazer, porque a nossa situação é complexa, seria um contrassenso (*Unding*).

A partir desse argumento filosófico, que, desde a fundamentação de Platão e de Aristóteles da Ética como disciplina filosófica, atravessa a história da filosofia, segue-se algo para muitos surpreendente:

> *Nós, seres humanos, agimos predominantemente do modo que deveríamos. Ao fazê-lo, reconhecemos continuamente fatos não morais e produzimos novos fatos moralmente carregados, por exemplo, os produtos digitais de nosso atual mundo da vida, e a inteligência artificial. Assim, surgem novas perguntas éticas, o que, novamente, traz consigo a possibilidade do progresso moral. Não somos radicalmente maus no sentido de que seguimos, por natureza, apenas impulsos egoístas ou até mesmo violentos. O ser humano não é nem bom nem mau por natureza, mas livre. E liberdade significa, em coisas morais, que temos a capacidade de fazer o certo ou o errado.*

Uma sociedade na qual a maioria de nossas ações fossem más destruiria a si própria. Essa é uma das principais intelecções da filosofia moral de Immanuel Kant. Isso significa, certamente, que temos de confessar para nós mesmos que nós, no momento, trabalhamos zelosamente a favor de uma autodestruição radicalmente má da humanidade, ao produzirmos um sem-número de lixo plástico, emitirmos quantidades inimagináveis de CO_2, consumirmos carne barata da criação industrial de animais, e desmatarmos florestas tropicais. Enquanto não reconhecermos que esses processos são radicalmente maus, fica de fora o progresso moral de que – particularmente no âmbito da proteção ao meio ambiente – precisamos urgentemente.

Se fazemos sistematicamente o moralmente errado, isso ocorre pelo fato de que são ocultadas as exigências morais evidentes para nós e inteiramente cotidianas. Uma sociedade em que fazemos predominantemente o moralmente errado seria tão instável quanto um grupo de seres humanos que se engane em todas as questões relativas a fatos não morais. Se nos enganássemos sempre não poderíamos nem mesmo comprar pão na padaria, porque não seríamos capazes de reconhecê-lo quando ele estivesse diante de nós.

Valores universais são expressão do fato de que não podemos sempre nos enganar, de que nós, como seres humanos, já estamos desde sempre em contato com a realidade moral. Formulações famosas da regra de ouro ("Não faça com os outros o que não gostaria que fizessem com você") ou variantes mais rigorosas desse tema como o imperativo categórico de Kant e princípio modernos da igualdade de todos os seres humanos comprovam a intelecção humana daquela estrutura fundamental de nosso agir e de nosso pensamento que o filósofo norte-americano Donald Davidson caracterizou como o "princípio da caridade (*principle of charity*)"[52]. Simplesmente não pode ser verdade que a maioria absoluta de nossas opiniões e ações estaria errada, pois, se fosse assim, simplesmente não poderíamos existir e agir de modo coordenado. Já a aquisição

---

52 DAVIDSON, D. Was ist eigentlich ein Begriffschema [O que é realmente um esquema conceitual], 1974. *Wahrheit und Interpretation* [Verdade e interpretação]. 6. ed. Frankfurt a. M., 2017, p. 261-282. Sobre uma base semelhante, Julian Nida--Rümelin desenvolve uma definição da relação entre democracia e verdade (NIDA--RÜMELIN, J. *Demokratie und Wahrheit*. Munique, 2006).

de linguagem e o entendimento linguístico recíproco pressupõem conhecimentos mínimos morais, já que, por fim, não se pode bater constantemente em quem se cria e evitar, assim, que se aprenda algo. A situação fundamental do aprendizado, que começa diretamente depois do nascimento, em que esperam por nós pessoas que nos ajudam a sobreviver, pressupõe que fazemos o moralmente correto. Sem um agir moral bem-sucedido não há sociedade.

Por isso, mesmo os piores monstros morais – figuras do romance do Marquês de Sade ou, infelizmente, atores importantes da história mundial como Adolf Hitler, Mao Zedong e Kim Jong-un – agem moralmente às vezes, mesmo que só com grupos de pessoas com quem eles se sentem (ou se sentiam) ligados ou que eles precisam (ou precisavam), para, juntamente com eles, exercer sua dominação violenta.

A crise da Covid-19 mostrou a dinâmica do progresso moral em tempos obscuros. Já se pode se aventurar a fazer uma previsão: As decisões tomadas naqueles dias por muitos governos provaram que é possível fazer uma política moralmente exigente – e, de fato, de modo quase indiferente ao quanto isso custa. O governo da Alemanha se mostrou, como outros, pronto para aceitar prejuízos econômicos até então inimagináveis, a fim de proteger a nossa saúde. Nós, como cidadãos, aceitamos isso, pois podíamos partir do princípio de que as razões que moviam nossos políticos não surgiram apenas de seu cálculo estratégico, mas de razões verdadeiramente morais. Isso desencadeou uma onda de solidariedade, de coesão social.

Com isso se tem uma prova da história mundial de que é uma desculpa esfarrapada que tenhamos, em sociedades democráticas complexas, de seguir os imperativos dos mercados, dos lobistas e dos economistas neoliberais. A política não é automaticamente corrupta moralmente – se ela é praticada por seres humanos que são capazes de intelecção e responsabilidade morais.

2.1 Universalismo não é eurocentrismo

A Revolução Francesa é o rufar de tambores anunciando a Modernidade. Uma parte da revolução consiste na verve moral com que diferentes grupos sociais se dedicam ao objetivo de acabar com a ideia de que seres humanos se deixariam dividir em classes segundo raça, religião e gênero. A Modernidade começa, então, com a tentativa de superar o relativismo de valores do *Ancien Régime* – dos cínicos monarcas absolutos e dos privilégios de classe defendidos por eles – e de reivindicar os direitos humanos, que valem para todos os grupos de pessoas e que eram, por aqueles que comandavam então, largamente pisoteados.

Mas justamente a história do surgimento da Modernidade é frequentemente utilizada como argumento contra o universalismo. Isso porque, na sequência da Revolução Francesa, se chegou a surtos de violência e ao terror do Estado, a uma condução totalitária da guerra no âmbito da campanha napoleônica e a novos sistemas de exploração. Em geral, segundo os críticos pós-modernos e pós-coloniais da Modernidade, esta seria, como um todo, um processo do colonialismo europeu, que se serviu de uma linguagem que ecoa uma moral universal, a fim de cometer atrocidades em outras partes do mundo.

Mas a ideia de valores universais não é uma invenção moderna e europeia, mas já ocorre, em primeiro lugar, em períodos pré-modernos, e, em segundo lugar, fora da Europa[53]. Fora isso, é uma tremenda insolência eurocêntrica acreditar que a ideia de direitos humanos uni-

---

[53] Sobre a descoberta do universal antes e fora dos espaços culturais europeus, cf. ASSMANN, J. *Achsenzeit – Eine Archäologie der Moderne* [Era Axial – Uma arqueologia da Modernidade]. Munique, 2018. Para a discussão africana, cf., p. ex., WIREDU, K. *Cultural Universals and Particulars* [Universais e particulares culturais]. Bloomington/Indianápolis, 1996. • DÜBIGEN, F.; SKUPIEN, S. (eds.). *Afrikanische politische Philosophie* [Filosofia política africana]. 2. ed. Berlim, 2016. Para o contexto chinês, cf. TINGTYANG, Z. *Alles unter dem Himmel – Vergangenheit und Zukunft der Weltordnung* [Tudo sob o céu – Passado e futuro da ordem mundial]. Berlim, 2020.

versais seria uma invenção europeia. Essa suposição minaria desde o princípio a sua validade universal e levantaria a questão sobre por que não deveria ter ocorrido a seres humanos fora da ponta da placa eurasiática em que habitamos hoje que as suas reivindicações morais são direcionadas a *todos* os seres humanos? É, justamente, absurdo acreditar que aborígenes, chineses, indianos ou povos indígenas do continente americano nunca teriam percebido, sem os europeus, que eles são seres humanos que se distinguem de outros animais, entre outras coisas, pelo fato de que fazem reivindicações morais que dizem respeito a todos os seres humanos como tais.

Todavia, é verdade que em todos os tempos até agora documentados, em que grandes culturas complexamente organizadas se encontraram, foram vistos grupos humanos desprezados ou temidos ("o russo", "o perigo amarelo"). Se alguém pensa que judeus, pessoas de pele escura, sumérios ou astecas seriam, de alguma maneira, menos humanos do que ele próprio, ele ignora, entre outras coisas, que todos os seres humanos apresentam mais ou menos o mesmo DNA e não podem ser divididos biologicamente em raças (cf. p. 229ss.). O pensamento racista tem uma de suas origens nessas suposições demonstravelmente falsas sobre a natureza biológica do ser humano.

Um falso universalismo ergue, então, reivindicações universais e ignora, ao fazê-lo, que tenta universalizar algumas propriedades que pertencem apenas a alguns seres humanos. Assim, seria errado querer fazer de todos os seres humanos cristãos por meio de missões, pois essa é uma reivindicação universal, mas falsa, que não corresponde nem aos fatos morais nem aos não morais. Missionar seres humanos de modo parcialmente violento (como nas cruzadas ou no colonialismo) é, certamente, moralmente abjeto. No pior dos casos, se universaliza, dessa maneira, até mesmo um erro, ao se considerar apenas alguns como seres humanos em pleno direito.

> *Do fato de que há um falso universalismo não se segue que o universalismo como tal seja falso.*

Antes de testar e desarmar mais minuciosamente a suspeita amplamente disseminada de que, por trás de reivindicações e valores morais universais, se esconderiam sempre interesses de grupos particulares, temos, primeiramente, de entender melhor o pensamento do universalismo.

O **universalismo de valores** é a suposição de que haveria valores universais – um pensamento que eu apreendo de tal modo que as ações humanas se deixam dividir em três categorias, que passam fluidamente uma para a outra. Como já esclarecido, as três categorias do sistema de valores universais são: o bem, o neutro e o mal. A divisão vale para todos os tempos e culturas e se verifica em todo o lugar (articulada distinta e linguisticamente) em que seres humanos refletem moralmente.

> *O universalismo é a contraparte do relativismo. Ele afirma que valores morais são válidos independentemente do pertencimento a grupos e, assim, para todos os seres humanos (e, por fim, até mesmo para além do âmbito dos seres humanos). Há, então, apenas um único sistema de valores universais: o bem, o neutro e o mal.*

Os valores universais são o cercado de proteção (*Leitplanke*) de nosso juízo moral em situações complexas nas quais nem todos os fatos morais são imediatamente evidentes. Tomemos uma situação de ação complexa como a visita ao Oktoberfest de Munique antes da crise da Covid-19, onde ocorrem vários eventos distintos que são moralmente carregados. Imaginemos que sentamos com um grupo de amigos dentro de uma tenda, em uma mesa com visitantes japoneses. É moralmente permissível, nessa situação, por exemplo, pedir cerveja, saudar amigavelmente, usar calçados apropriados etc. Ninguém na mesa acharia alguma dessas coisas moralmente abjetas. São moralmente permissíveis gestos de integração em relação aos visitantes japoneses, por exemplo, ao ajudá-los a pedir a cerveja que querem e a não serem discriminados na competição por atenção do atendimento. Caso se veja que alguém na mesa bebe tanto que corre risco de uma intoxicação por álcool, ou como alguém do grupo apalpa uma garçonete ou um dos japoneses, é moralmente exigido que se intervenha.

Apenas de modo insignificante vigoram outras condições morais em uma *Oktoberfest* do que na China ou nos Estados Unidos. Independentemente de quem assedia sexualmente quem em que festa desse mundo, isso é uma ação moralmente inadmissível, independentemente de se a pessoa que assedia sexualmente uma outra pessoa é um homem, uma mulher, um transexual bávaro, um ministro japonês, uma pastora da vila ou Donald Trump. Simplesmente não há lugares em que convicções morais realmente e radicalmente diferentes teriam as rédeas. Caso contrário, não poderíamos nos entender uns com os outros.

Em geral, vale que há uma diferença decisiva entre *representações de valores* (*Wertvorstellungen*) e *valores* (*Werte*). **Representações de valores** são respostas à pergunta sobre o que se acredita, tanto no geral quanto em situações particulares, que se deve fazer, e como isso está ligado com o bem, o neutro e o mal. O bem, o neutro e o mal são, eles mesmos, em contrapartida, **valores** que existem independentemente de quais representações de valores um grupo de seres humanos ou um indivíduo têm. Para constatar, em uma dada situação de ação, o que devemos fazer ou deixar de fazer, a mera indicação de valores universais não basta. Isso porque temos de tomar conhecimento dos fatos não morais que estruturam uma situação e descobrir, junto com outras pessoas, como os que participam da situação avaliam as coisas. Como seres humanos julgam um estado de coisas e como eles se sentem em uma dada situação faz parte da reflexão moral.

> *Os valores universais não tiram de nós nossas decisões concretas. O compasso moral nos mostra em que direção devemos ir, os passos individuais, porém, nós que temos de tomar, como indivíduos sempre passíveis de erro. Caso contrário, não seríamos livres, mas nosso agir seria, por assim dizer, predeterminado pelas forças morais dos valores universais.*

A **tese fundamental do realismo moral** afirma, nesse contexto, que representações de valores morais podem ser verdadeiras ou falsas. Naturalmente, é possível que diferentes grupos que têm representações de valores inconciliáveis umas com as outras estejam, todos eles, enganados. Quando nazistas e stalinistas discutem que pessoas se deve eliminar nos campos de tortura, eles não estão de acordo, pois cada um deles gostaria de prender o outro grupo. Mas, nesse caso, as representações de valores de *ambos* os partidos estão erradas, pois é mau em geral colocar algum ser humano em um campo de extermínio ou de tortura. As representações de valores de stalinistas e nacionalistas se baseiam em considerações histórico-filosóficas. Ambos acreditam que haveria um automatismo da história mundial que se pode descobrir economicamente (como marxistas tradicionais acreditam) ou que consistiria em uma guerra de raças e que, por previdência, enviou um líder que nos protege contra a tomada hostil de nosso povo racial (como pensam os nazistas). A partir dessas suposições (demonstravelmente falsas), eles derivam medidas concretas para alcançar seus objetivos por meio de ações moralmente abjetas.

O universalismo não é eurocentrismo ou alguma outra idealização de nossa cultura, seja lá em que ela consistir. Em todas as culturas humanas se encontra uma diferença entre aquilo que se deve necessariamente fazer e aquilo que se deve necessariamente deixar de fazer – embora toda cultura desenvolva uma zona de tolerância na qual aquilo que é verdadeira e moralmente abjeto e inadmissível é tolerado por razões não morais.

Que o universalismo não é eurocentrismo se segue simplesmente do fato de que ele contém um mandamento universal: a saber, não usar aquilo que se considera por sua própria "cultural" como fundamento da submissão imperialista de culturas estranhas. O imperialismo, a escravidão e o colonialismo estão no espectro do mal e, por isso, são moral e universalmente proibidos. O que não significa que eles não existam e que houvesse até mesmo sistemas jurídicos complicados para a sua regulação.

Seria um erro grosseiro objetar, aqui, que diferentes culturas emitem diferentes juízos morais. É verdade: a grande maioria dos cidadãos do Reich alemão em torno de 1900 não viram nenhum problema com o colonialismo, mas queriam, até mesmo, mais colônias. Mas isso legitima o colonialismo tampouco como a Terra se torna plana pelo fato de que os membros da Flat Earth Society (Sociedade da Terra Plana), fundada em 1956, considerarem-na plana. Antes, é o caso que podemos indicar hoje, em comparação com o tempo do império e da ditadura em solo alemão, um progresso moral.

Disso não se segue nem parcialmente que vivamos em um ambiente moralmente perfeito. Há vários déficits morais em nossa própria cultura (seja lá qual for aquela com que você, como leitor, se identifica), que ignoramos de maneira parcialmente intencional.

Faz parte disso a continuação de formas de escravidão, por mais que a escravidão seja oficialmente ilegal[54]. É moralmente abjeto questionar a existência da escravidão e do comércio de seres humanos em nossa ordem mundial atual, pois não se pode, então, auxiliar as pessoas escravizadas, e também ignorar relações que se encontram na beira da escravidão, do que faz parte o encurralamento de empregados domésticos de regime parcial, assim como as condições em parte higienicamente irresponsáveis entre os trabalhadores temporários que nos forneceram, na Alemanha, durante o *lockdown* do Coronavírus, com aspargos e morangos, enquanto eles, frequentemente, tinham de trabalhar duramente em condições inaceitáveis e foram expostos ao vírus. O nosso comportamento cotidiano não corresponde, então, ao padrão ótimo da reflexão moral, e, em muitas situações, ignoramos o quão errado o nosso comportamento verdadeiramente é.

O progresso moral não tem uma reta final. Ele é um processo eterno, que nunca pode se concluir, também porque os fatos não morais mudam constantemente. Porque somos seres humanos espirituais e históricos, que também transformam constantemente a sua própria natureza, não há nenhum resultado moral definitivo, mas uma demanda nunca inteiramente satisfeita de fazer o certo e deixar de fazer o errado. A moral não nos leva a um paraíso terreno, e os valores universais não levam automaticamente a uma condição final de reconciliação humana com a natureza e com todos os seres humanos.

2.2 Discriminação etária contra crianças e outros déficits morais do dia a dia

Há uma tendência muito humana de classificar o próprio comportamento como moralmente correto e o comportamento de outros

---

[54] Cf. ZEUSKE, M. *Sklaverei – Eine Menschheitsgeschichte von der Steinzeit bis heute* [Escravidão – Uma história da humanidade da Idade da Pedra até hoje]. Stuttgart, 2018.

como moralmente questionável, e jogar a culpa por nossa miséria "nos lá de cima". Também isso se sobressaiu drasticamente na crise da Covid-19: o Estado deve fazer o mais obsequiosamente possível o que consideramos bom, e alguns claramente se admiram de que Angela Merkel, Jens Spahn e Markus Söder não sejam super-heróis, mas políticos, que assumem, em uma divisão democrática de trabalho, responsabilidades, e andam sobre uma linha clara, ainda que falível.

Déficits morais começam no quintal de casa, e se mostram em condições inteiramente cotidianas. Eles atuam também lá e justamente onde se pensa que tudo estaria em ordem.

Aqui, um exemplo da minha própria vida onde se pode reconhecer um elevado déficit moral. Há algum tempo, eu queria ir com minha filha de cinco anos, em um domingo, em uma grande piscina pública. Faz parte de nosso ritual um almoço conjunto na toalha de banho depois de uma rodada de nado. A dita piscina nos fornece tudo, até mesmo um *hall* de piscinas com palmeiras. Todavia, sem meu conhecimento, se implementou uma nova regra, segundo a qual crianças não podem mais entrar na piscina grande de domingo, mas apenas de sábado, o que só é perceptível nas letras pequenas, como me avisaram no local. Como se não fosse o bastante, o único acesso à lanchonete passa pela piscina mencionada, de modo que crianças com menos de dezesseis anos só podem comer na piscina de sábado, pois, nos outros dias, elas não podem passar pelo caminho que leva até a lanchonete.

Nenhuma discussão serviu de alguma coisa: nos comunicaram que minha filha extremamente faminta e triste não entraria no *hall* da piscina e, assim, não pegaria a sua pizza. Curiosamente, eu e minha filha tínhamos acabado de ter uma conversa sobre racismo, que ela simplesmente não entende, já que ela nem sequer é capaz de reconhecer que outras pessoas têm uma outra cor de pele, e, de toda maneira, não compreende por que, em função disso, devia se seguir alguma justificação para que pessoas, por causa de algo assim, possam tratar umas às outras de modo *unfair* (injusto em inglês), como ela chama o imoral. Agora, depois de uma discussão de cinco minutos no caixa da piscina, a minha filha disse a plenos pulmões para a atendente tão grossa quanto fiel aos princípios, que ela seria uma racista com crianças! Quando ela disse que essas eram as regras, a minha filha disse que as regras são, então, racistas.

Naturalmente, não se trata, aqui, de *racismo*, mas de um caso palpável e moralmente abjeto de *discriminação etária contra crianças* – o que, na Alemanha, é, infelizmente, muito disseminado. Isso porque, diferentemente de outras faixas etárias, crianças são representadas apenas indiretamente, por meio do comportamento eleitoral de seus pais ou por protestos como Fridays for Future[55] (Sextas para o futuro). Crianças com menos de 6 anos, naturalmente, não tomam a palavra em tudo isso, mas são levadas a força por seus pais ou tuteladas por outros.

Nossas crianças são excluídas de muitas atividades, porque adultos pensam que eles teriam o direito de serem poupados de domingo, na sauna ou na piscina (ou, p. ex., também na primeira classe do trem, na classe executiva no avião, ou em hotéis), do barulho e do comportamento de crianças.

Naturalmente, é moralmente permissível oferecer propostas de tempo livre para grupos individuais e excluir outros grupos disso. Mas, com tais medidas, também se pode expressar mazelas sociais e morais, entre as quais se encontra, justamente, a discriminação negativa de crianças, que, na Alemanha, não parece tão ruim, *porque* ela é amplamente disseminada. Devemos, porém, à geração em crescimento, um claro progresso moral, o que se tornou particularmente evidente na discussão do Fridays for Future, na qual crianças

---

[55] Movimento fundado por Greta Thunberg em 2018, de jovens que lutam contra a mudança climática [N.T.].

e jovens pensaram e pensam de maneira muito mais avançada moralmente do que a maior parte dos adultos.

A discriminação racista na piscina parece mais grave do que a discriminação de faixa etária de crianças, porque o racismo já levou e ainda leva a massacres sistemáticos, de modo que, nesse meio-tempo, temos, finalmente, uma compreensão mais ou menos partilhada do fato moral de que o racismo, em todas as suas formas, é abjeto. Se ele não tivesse levado à escravidão e aos massacres, mas tivesse "apenas" trazido consigo um racismo cotidiano de limitação e discriminação para seres humanos (o que ainda é o caso na Alemanha), então, a maioria não perceberia hoje como algo univocamente mau. O racismo está histórica e estreitamente enredado à escravidão. Também desse modo se tornaram claros para quase todos, através dos séculos da Modernidade, os efeitos pavorosos da discriminação racista.

Isso, aliás, não é uma observação do tipo de que haveria um problema com homens velhos brancos. Homens velhos brancos são exatamente tão seres humanos quanto meninas jovens negras, feministas radicais ou transexuais bávaros de meia-idade. Que, no passado e no presente, seja particularmente alta a probabilidade estatística de certas profissões ou posições serem exercidas por homens brancos de mais de cinquenta anos é um fato que, por causa de sua história prévia, é um resultado de decisões moralmente abjetas. Mas seria igualmente moralmente abjeto, por causa disso, discriminar homens brancos como ato de vingança ou como mera correção de estatísticas, o que, afinal, ninguém exige. O desfavorecimento discriminatório (*Diskriminierende Benachteilung*) é o problema universal que deve ser solucionado, não o fato de que ele seja frequentemente praticado por homens velhos brancos. Não é melhor quando mulheres de pele escura excluem homens brancos de trabalhos com muita responsabilidade e bem pagos do que quando homens velhos brancos fazem isso com meninas jovens de pele escura. É só por causa de muitas circunstâncias do passado e do presente que um caso seja muito mais frequente do que o outro.

E isso não deveria levar ao erro de pensar que meninas de pele escura são moralmente melhores do que homens velhos brancos. O Estado, a sociedade e, assim, cada indivíduo tem de atuar contra o pensamento discriminatório. Não precisamos de regras para uma boa discriminação, mas sim para o seu combate. Quando introduzimos estatalmente cotas prescritas, não se trata de se vingar de grupos de seres humanos cujos primeiros representantes excluíram outros grupos, mas de compensar por uma forma demonstrativamente insustentável de distribuição injusta de recursos. Seria um objetivo moralmente abjeto discriminar negativamente homens velhos brancos e recusar, por exemplo, a eles o acesso a recursos (certos trabalhos, camas de UTI, aparelhos respiratórios etc.) apenas porque eles são homens velhos brancos e homens velhos brancos tiveram, no passado, vantagens injustas. Se alguma maioria contingente, ou seja, que não surgiu de modo necessário em certos âmbitos sociais ou econômicos (como a indústria de filmes estadunidense) fez um mau uso de seu poder para a humilhação moral de outros seres humanos, esse é o verdadeiro problema, e não que essa maioria seja composta, principalmente, de homens velhos brancos. Se a maioria que usa mau o seu poder consistisse de mulheres de pele negra, o estado de coisas moral não seria nem um pouco melhor.

O progresso moral é alcançado quando reconhecemos que modelos moralmente abjetos de ação são abjetos independentemente da idade e da aparência das pessoas que os adotam, pois, caso contrário, simplesmente estabelecemos sistemas de vingança, contra os quais então também, por exemplo, os homens brancos velhos e também jovens se voltarão, com o sentimento de que cometeram uma injustiça com eles. Não se compensa injustiças históricas ao praticar aquilo que é abjeto com aqueles contra os quais se levanta a objeção justa de terem feito um mal moral.

Naturalmente, não se quer dizer com isso que cotas seriam, em geral, moralmente abjetas. Elas servem para, a partir de um determinado ponto, introduzirem compensações em um sistema que, no passado, levou a uma divisão de recursos inaceitavelmente desigual. Todavia, não vale, por causa disso, também a regra de que toda atividade humana de todo ser humano pode ou mesmo deve ser praticada com o mesmo direito.

A razão para que a participação de mulheres no governo seja um verdadeiro progresso moral (como alguns outros avanços mais recentes na igualdade de direitos dos gêneros) consiste no fato de que mulheres, de fato, consistem em 50% do eleitorado, mas eram sub-representadas, até então, no governo alemão. É preciso não supor que mulheres governam de outra forma, porque elas, por exemplo (como alguns patriarcais gostariam de acreditar) seriam mais delicadas, compassivas e calmas. As mulheres são tão falíveis quanto os homens. Todos os seres humanos agem às vezes moralmente bem, às vezes não. Que um grupo de seres humanos valha automaticamente apenas como santos ou sábios é uma distorção dos fatos.

2.3 Tensão moral

Toda situação de ação humana compartilhada diretamente ou indiretamente tem aspectos morais. Quando se atravessa a rua, se evita, a maior parte das vezes, trombar com outros transeuntes. Caso se espere em uma fila, não se passa simplesmente na frente de quem está na nossa frente. Mesmo em uma situação em que o mal ocorre, os participantes conhecem as regras de jogo moral, para, então, violá-las. Um torturador em uma prisão secreta síria sabe exatamente o que ele faz com sua vítima, e ataca intencionalmente sua dignidade humana, a fim de causar uma dor indizível não apenas corporal, mas também espiritual, e um medo insuportável, de modo que sua vontade seja o mais rompida possível. O torturador sabe inteiramente o que é bom, e volta-se, porém, ativamente contra o bem; caso contrário, a tortura não funcionaria de modo algum, mas seria, simplesmente, sadismo[56].

Trocamos diariamente mais de uma vez o sistema social. De manhã, conversamos, por exemplo, com nosso parceiro ou com um colega de quarto. Depois disso, entramos em um metrô, participamos de reuniões, encontramo-nos com alguém para o almoço etc. Porque somos seres vivos sociais, outros humanos fazem quase sempre parte daquilo que fazemos. O recolher-se na solidão serve, a maior parte das vezes, apenas para um alívio provisório da sociedade e é, ademais, por sua vez, organizado socialmente e moralmente carregado. Pense-se apenas nas complexas expectativas sobre férias (palavra-chave: *stress* de relaxamento), nas quais nos recolhemos para deixar a alma balançar livre de fardos sociais. Alguém sempre atrapalhará os outros, falando na sauna, batendo a porta ou tirando a toalha. Isso atrapalha a expectativa de que férias têm de ser perfeitas. E também a visita inteiramente solitária à sauna fora dos horários de pico oculta potenciais de perturbação, já que alguém ainda tem de cuidar da sauna, vigiar a eletrônica dos dispositivos de luz etc. Também de nada ajuda se recolher em um mosteiro budista para lá se silenciar, pois o silêncio é, por sua vez, ritualizado e determinado por regras sociais. Só se pode se desonerar parcialmente da sociedade e das suas reivindicações sempre morais.

Assim que um grande número de seres humanos faz parte do mesmo sistema social (basta que se esteja no mesmo vagão de me-

---

[56] Sobre o tema da tortura de uma perspectiva filosófica, cf. BERNSTEIN, J. *Torture and Dignity – An Essay on Moral Injury* [Tortura e dignidade – Um ensaio sobre a dignidade moral]. Chicago, 2015.

trô), eles começam a se observar reciprocamente e desenha um retrato interno da situação como um todo, a fim de desenvolver uma previsão do comportamento dos outros. Eles se orientam, então, de acordo com essa previsão. Como animais humanos, pressentimos o perigo e prestamos atenção em se algo no comportamento dos outros visa a uma ameaça. Inversamente, atentamos igualmente a se há perspectivas de encontros amigáveis ou, pelo menos, de manutenção de uma atmosfera neutra.

Pode-se flertar no metrô, o que, todavia, seria um tanto inoportuno, pois faz quase parte da etiqueta mundial de metrô que se aja como se os outros não estivessem lá, a fim de observá-los, então, apenas secreta e cuidadosamente. Quem tenta estabelecer contatos sociais explícitos no metrô parece invasivo.

Essas descrições valem independentemente de cultura. Onde quer que se sente em um metrô, seja em Stuttgart, Mumbai ou Londres, os seres humanos participantes coordenarão suas ações, motivo pelo qual a viagem de metrô não leva a situações semelhantes a uma guerra civil. O ser humano é, na maior parte das circunstâncias, pacífico; porém, ameaça, na maior parte das vezes, implicitamente, com uma violência possível, motivo pelo qual todos mantêm distância de todos, assegurando sua segurança.

A socialização humana ocorre, aí, por meio de olhares, gestos, contatos corporais etc. ou por meio de evitá-los, mas também, naturalmente, por meio da linguagem. Assim que existe um sistema social, os participantes podem sentir a sua carga moral. *Percebe-se* a normatividade, as posturas de expectativa direcionadas um ao outro, graças às quais reconhecemos que devemos fazer algumas coisas e deixar de fazer outras. Não há intelecção moral sem colocar-se no lugar do outro e da postura de expectativa que caracteriza uma situação comum e compartilhada.

Em geral, a **normatividade** não é nada senão a circunstância: de que percebemos – e assim reconhecemos – que devemos fazer algumas coisas e deixar de fazer outras. Uma **norma** é uma prescrição específica que divide modelos de comportamento em categorias daquilo que se deve e do que não se deve fazer.

Nem todas as normas são morais, e nem todas as normas existem objetivamente. As normas da ortografia alemã podem ser violadas sem se cometer um erro moral. Quem move uma peça de xadrez contra as regras viola as regras de xadrez, o que, igualmente, não é, nem de perto, um erro moral. Algumas normas, por exemplo as da etiqueta à mesa, são, simplesmente, regras contingentes. Há normas sociais que não têm significado moral e que são estabelecidas por seres humanos para, por exemplo, passar o tempo. Entre essas estão, por exemplo, jogos sociais triviais e jogar conversa fora – ambos têm, de fato, regras, que, porém, não são fortemente sancionadas. Normas não são, então, como um todo, descobertas, mas podem, em parte, ser estabelecidas por diversão e de acordo com o humor, de modo que elas podem se tornar objeto de pesquisas sociológicas.

Todavia, toda situação de ação humana da qual outros participam contém uma parcela moral para a qual temos um complexo sistema sensorial que se desenvolveu, em parte, por milhões de anos de adaptação ao meio ambiente evolutivamente transmitida. Seres humanos vivem há centenas de milhares de anos em grupos que ensaiam diferentes situações sociais uns com os outros. Todos os grupos de seres humanos compartilham o seu dia a dia e transferem diferentes papéis na comunidade para diferentes membros. Desse modo, surge a normatividade[57].

Assim que a normatividade surge, opções morais se tornam visíveis. Se um ser humano em algum grupo pequeno na Região

---

57 Para quem se interessa pelos detalhes teóricos da ontologia social na base deste livro, cf. GABRIEL, M. *Fiktionen* [Ficções], terceira parte.

Amazônica assumia, há 5 mil anos, a tarefa de controlar a divisão de papéis em seu grupo, isso levantava sempre a pergunta sobre se a divisão de tarefas era justa e se deveria continuar a dar ouvidos ao chefe. Disso resultaram perguntas morais que foram em parte silenciadas ou respondidas por meio de rituais, e para as quais foram dadas instruções na forma de narrativas e outras formas de transmissão.

Não há nenhuma sociedade simplesmente amoral e também nenhuma sociedade que fosse moralmente tão radicalmente diferente que *toda* ação que se faz nela como estrangeiro possa ser um perigoso passo em falso. Seres humanos podem compreender até um determinado grau seres humanos em todo o lugar onde eles encontrem uns aos outros. Há, também, uma faixa empiricamente observável da humanidade. A ética investiga as estruturas universais do convívio social e tenta desenvolver ideias para o desenvolvimento de nossa situação moral. Como podemos alcançar progressos morais é algo que só podemos saber em contextos de verdadeiras situações de decisão. Somos passíveis de erros, caso contrário seríamos moralmente perfeitos; o que não pode ser admitido.

A carga moral de nossas situações de ação é a presença perceptível de valores universais. Percebemos, com nossa mente, que a realidade nos impõe reivindicações morais que nem sempre são fáceis de apreender, porque nossas situações de ação estão emaranhadas em muitos sistemas que ninguém consegue ter uma visão geral.

2.4 Falibilidade, um messias fictício e o absurdo da arbitrariedade pós-moderna

Somos falíveis em questões morais. Se ficamos de olho, em tempos obscuros, pelo progresso moral para reagir a uma crise de valores, quer meramente sentida, quer realmente verificável, temos de suportar o fato de que os juízos de valor concretos que tomamos por corretos podem se mostrar, logo ou também apenas cinquenta anos mais tarde, como falsos. Se o realismo moral é verdadeiro, se há, então, fatos morais que podemos e devemos conhecer, segue-se disso que temos de lidar com a incerteza: podemos, de fato, anunciar reivindicações de verdade em contextos morais, mas essas reivindicações podem, também, fracassar. Uma reivindicação de verdade fracassa quando nos enganamos, quando, então, tomamos por verdadeiro algo que é falso (ou inversamente). Nada e ninguém garante que não nos enganemos também em questões muito importantes e moralmente relevantes.

Faz parte disso, aliás, a pergunta realmente difícil sobre se temos, possivelmente, uma alma imortal, que é testada, nessa vida, em sua moralidade, uma suposição que de modo algum é descartável. Seria um engano acreditar que teríamos provado há muito tempo, por meio da pesquisa científico-natural, que não há uma alma imortal. Isso porque se ela existe ou não, não se deixa nem provar, nem refutar, por meio da pesquisa científico-natural – um estado de coisas que Immanuel Kant expôs em sua *Crítica da razão pura* e em seu belo *Sonhos de um visionário*.

Se nos voltamos contra o relativismo cultural, levanta-se às vezes a objeção de que seríamos intolerantes com a opinião de outros, pois pode ser, por fim, que nos enganemos. O que parece a mim e a muitos outros moralmente correto pode se mostrar no futuro como falso, sim, até mesmo como mau. Similarmente vale também que muitas pessoas com o melhor conhecimento e consciência se equivocaram moralmente, gigantescamente no passado.

Por que deveríamos, então, acreditar de algum modo em nossos juízos morais? Deveríamos estender a nossa tolerância tão longe em relação aos que vivem e pensam de outro modo, que nós, por exemplo, possamos até considerar que estilo chinês de ditadura comunista seria superior moralmente à compreensão liberal do Estado democrático de direito?

É, de fato, uma consequência do realismo moral que possamos nos enganar em questões morais. Via de regra, vale o princípio filosófico universal de que onde quer que possamos estar certos, também podemos estar errados[58].

Há uma razão simples para isso. Entre outras coisas, "verdadeiro" e "falso" são normas de julgamento do nosso comportamento pensante. Afirmar algo é um tipo de comportamento: se faz algo quando se afirma algo. Se alguém afirma algo, ele automaticamente estipula que aquilo que ele afirma é verdadeiro. A partir disso se mede, então, a afirmação.

Uma afirmação pode ser um **erro** (*Irrtum*), se ela é falsa. Nem todos os erros são igualmente ruins. Um erro médico pode ter consequências fatais; se eu, em contrapartida, me engano e penso que minhas chaves estão no bolso direito de minha jaqueta em vez de no esquerdo, isso não tem nada demais.

Um erro se distingue de uma mentira. Uma **mentira** é, em geral, uma afirmação que é feita de modo registrável (audível, legível etc.) para outra pessoa que aquele que a expressa considera falsa, embora ele, por meio de sua afirmação, a apresente como verdadeira. Quem mente, diz intencionalmente o falso. Não se mente, então, quando nos enganamos, pois nos falta a verdade, justamente, quando nos

---

[58] Em alguns casos de exceção pode-se questionar esse princípio, mas ele vale irrestritamente na gigantesca maior parte dos casos. Penso no seguinte: há, na filosofia, uma discussão central sobre se também podemos nos enganar acerca da questão sobre se somos conscientes, o que leva aos abismos da teoria da autoconsciência e tem efeitos para a teoria da ação. Para quem se interessar por isso, recomenda-se o esboço do filósofo que leciona em Leipzig, Sebastian Rödl, que tenta provar que nos enganamos muito menos sobre nós mesmos do que poderíamos pensar, pois há um núcleo central do autoconhecimento imune ao erro. Cf. RÖDL, S. *Selbstbewusstsein* [Autoconsciência]. Berlim, 2011. • RÖDL, S. *Selbstbewusstsein und Objektivität – Eine Einführung in den Absoluten Idealismus* [Autoconhecimento e objetividade – Uma introdução ao idealismo absoluto]. Berlim, 2019.

enganamos. Não sei no momento, por exemplo, onde a Anne Will está. Se eu, porém, acreditar, por alguma razão insuficiente, que ela esteja em Munique e, enganado a esse respeito, ligar para um amigo e afirmar firmemente que ela estaria em Munique, não minto, pois não sei, afinal, que ela não está em Munique.

Se se afirma algo, fazemos uma reivindicação de verdade. O que se diz deve, por fim, ser verdadeiro. Uma *reivindicação* de verdade não é, naturalmente, uma *garantia* de verdade, mas um *status* normativo. Isso significa que uma reivindicação de verdade é avaliável de acordo com quanto ela é bem-sucedida ou fracassa. Quem faz uma reivindicação de verdade pode, a seguir, ser julgado segundo os fatos: se for assim como ele diz, ele tinha razão, ele disse, então, a verdade; caso contrário, ele se enganou. Isso expressa a definição de verdade mais antiga conhecida, que se encontra em Aristóteles.

> Dizer que aquilo que é o caso, não é o caso, ou que aquilo que não é o caso, é o caso, é um erro [ou mentira, M.G.], e dizer que aquilo que é o caso, é o caso, e que aquilo que não é o caso, não é o caso, é verdade, de modo que aquele que afirma que algo seria ou não o caso ou diz a verdade ou se engana [ou mente, M.G.][59].

Nós, seres humanos, somos passíveis de erro com nossas reivindicações de verdade, o que é caracterizado, na filosofia, como **falibilidade**[60]. Uma razão para que sejamos falíveis está no fato de que julgamos sempre sob pressão de tempo e nunca estamos em

---

59 Minha tradução [de M.G. no original em alemão: Zu sagen, dass dasjenige, was der Fall ist, nicht der Fall ist, oder dass dasjenige, was nicht der Fall ist, der Fall ist, ist Irrtum [bzw. Lüge, M.G.], und zu sagen, dass dasjenige, was der Fall ist, der Fall ist, und dasjenige, was nicht der Fall ist, nicht der Fall ist, ist Wahrheit, sodass derjenige, der behauptet, etwas sei der Fall oder nicht der Fall, entweder die Wahrheit spricht oder sich irrt [bzw. lügt, M.G.]] de *Metafísica* IV.7 1011b26-28. Cf. tb. ARISTÓTELES. *Metaphysik – Schriften zur ersten Philosophie* [Metafísica – Escritos sobre a filosofia primeira]. Ed. e trad. por Franz von Schwarz. Stuttgart, 1991.

60 Para uma introdução à área da teoria do conhecimento, que se ocupa com o alcance e a estrutura da reivindicação de verdade humana, cf. GABRIEL, M. *Die Erkenntnis*

condições de ter em vista todos os fatores que existem na realidade quando emitimos um juízo interessante e informativo. Não é interessante, porque não é muito informativo, se eu afirmo que, agora, afirmo algo. É igualmente não informativo se afirmo que Berlim seria a cidade que se chama Berlim.

Pode-se dividir afirmações naquelas que não contêm informações e naquelas que contêm muitas informações. Essa divisão depende, em parte, de nossos interesses. Reivindicações de verdade e de saber humanas ocorrem, na maior parte das vezes, não no vácuo da pura reflexão, mas na realidade, que tentamos apreender com nossas afirmações e também comunicar. Reivindicações de verdade não são, então, independentes de todos os interesses.

Isso não significa, de modo algum, como os relativistas entre vocês poderiam intervir agora, que não haja verdade objetiva. É correto que não há nenhum ponto de vista absolutamente neutro, nenhuma "Visão de lugar nenhum", como o filósofo estadunidense Thomas Nagel a chamou[61]. Se é verdadeiro que chove em Berlim, então, essa informação tem diversos significados práticos, de acordo com quem a expressa para quem ou com quem a constata e quando. Se viajo como turista para Berlim e percebo que chove agora, levarei um guarda-chuva e, talvez, ficarei triste. Se, porém, estou na Grécia em minhas férias de verão e escuto que chove em Berlim, fico, talvez, aliviado ou feliz, tenho pena de meus concidadãos em Berlim ou sinto alegria pelos agricultores de Brandemburgo. E, se faço jardinagem urbana em Berlim ou mesmo recebo meu sustento atuando na agricultura, essa informação é, para mim, até mesmo essencial e definidora do curso de minhas ações. Mas nada disso

---

der Welt – Eine Einführung in die Erkenntnistheorie [O conhecimento do mundo – Uma introdução à teoria do conhecimento]. 4. ed. Friburgo/Munique, 2014.
61 NAGEL, T. *Der Blick von nirgendwo* [A visão a partir de lugar nenhum]. Berlim, 2012.

mudou o fato de que chove em Berlim, se é verdade que chove em Berlim. A verdade não é, na gigantesca maior parte dos casos, uma questão de interesses, mas objetiva, no sentido de que algo é o caso e, portanto, verdadeiro, independentemente de nossos interesses.

Quem pode se enganar também pode estar certo. Pode-se estabelecer isso por meio de um elegante argumento que pode ser remetido a René Descartes. Se nos enganássemos exclusivamente, ou seja, nunca estivéssemos certos, então, também nos enganaríamos sobre o fato de que nos enganamos sempre. Isso significaria que não poderíamos sequer colocar a pergunta sobre se sempre nos enganamos, já que, então, não nos enganaríamos sobre o fato de que colocamos a pergunta sobre se sempre nos enganamos. Ainda mais sucintamente: quem se pergunta se se engana não se engana sobre o fato de que se pergunta sobre se se engana.

Pergunta-se agora então, com uma rígida careta de pensador, se você sempre se engana. Se você tentou atender o meu pedido, você não se enganou, mas se pôs realmente uma pergunta. Esse é o truque por trás da mais famosa proposição da filosofia moderna, o *Cogito, ergo sum* (Penso, logo existo)[62].

Voltemos ao tema dos valores. Valores funcionam em nosso dia a dia como padrões de medida de nossas avaliações morais. Quais valores consideramos como os nossos diz algo sobre quem somos e quem queremos ser. Todavia, podemos, em primeiro lugar, nos enganar sobre quais valores realmente existem, e, em segundo lugar, como somos realmente fiéis a nossos valores em uma dada situação.

Usemos, como ilustração, uma decisão moralmente importante sobre a terapia de um familiar extremamente doente. Percebe-se que um parente próximo tem um caso complicado de câncer que, provavelmente, levará à morte. Ao mesmo tempo, se alimenta ainda a esperança de que se tornem disponíveis no mercado novas tera-

---

62 Cf. GABRIEL, M. *Die Erkenntnis der Welt* [O conhecimento do mundo], cap. II.1.

pias que, todavia, ainda não são sustentadas claramente por estudos e tratamentos bem-sucedidos. Além disso, permanecem abertas as opções de que, talvez, um curador miraculoso ou um método de medicina alternativa pudesse dar conta do problema.

Em tais situações-limite da vida humana conhecemos pela primeira vez nós mesmos. Aprendemos algo sobre o quão profundamente estamos ligados com nossos familiares e sobre quais são realmente nossos valores e crenças. Isso porque temos de emitir, sob pressão de tempo, juízos que têm graves consequências: queremos exigir de um familiar à beira da morte uma severa quimioterapia, mesmo que ela tenha poucas perspectivas de ser bem-sucedida? Como aconselhamos as pessoas que se encontram em tais situações complicadas de vida, sem tirar delas a esperança, mas também sem fazer com que elas vivam com ilusões? O que alguém significa para nós e quem somos realmente em vista dessa pessoa é algo que percebemos, no mais tardar, na experiência de dor compartilhada pelo falecimento dessa pessoa. Em situações-limite da vida, às quais pertencem em particular o nascimento e a morte, sentimos com o próprio corpo do que se trata na ética, pois nossos juízos sobre nós mesmos, sobre os outros e sobre o que devemos fazer têm o maior peso possível.

Isso se torna particularmente perceptível em tempos de crise da Covid-19, pois nossos juízos morais socialmente partilhados e politicamente empregados passaram a contar. Se a questão é escolher que vidas humanas devem ser salvas em vista dos recursos escassos do sistema de saúde, uma médica é confrontada, na UTI; quem ela ajudará primeiramente, se ela não tem aparelhos respiratórios o suficiente: a mãe de três filhos ou o ganhador do Prêmio Nobel que pode estar à beira de um novo conhecimento visionário? Essa situação é insuportável, pois toda decisão que for tomada é, em última instância, moralmente abjeta.

Mas isso não é um dilema moral, pois, nesse cenário, é impossível fazer o certo. Um verdadeiro dilema consistiria no fato de que só se pode fazer o certo ao fazer, ao mesmo tempo, sob outro aspecto, o errado, o que, aqui, não é o caso. Se só se pode fazer o falso, ou seja, se é necessário escolher entre vários maus, isso não é um dilema moral, mas uma verdadeira tragédia.

Se alguém que está em condições de salvar seres humanos e é mesmo empregado para tanto tem que escolher quais das pessoas recém-chegadas ele deve salvar primeiramente, essa decisão não pode ser completamente envolta de razões morais, pois, em qualquer caso, o valor de uma vida é comparado com o valor de outra.

Mas a culpa moral que acompanha esse fato não se coloca sobre os ombros da médica, já que ela não é responsável pela escassez de recursos. Por isso, são elaboradas, pelas comissões correspondentes, diretrizes que devem ajudar à médica, cujo objetivo sempre será salvar todas as vidas humanas, a tomar decisões com base em um documento burocraticamente legitimado. Isso a desenfarda psicologicamente dessa responsabilidade monstruosa, de modo que podemos exigir dela realizar ações que têm de ser feitas o mais rápido possível, as quais, porém, ela, em última instância, não pode defender moralmente.

Em vista de tudo isso, é moralmente exigido que a administração estatal de nosso sistema de saúde reconheça, pelo menos desde a crise da Covid-19, que as nossas clínicas não podem ser submetidas à lógica do mercado, uma vez que ela, agora, leva mundialmente a que um número ainda desconhecido de pessoas venha a morrer porque o sistema de saúde não está suficientemente estruturado para resistir a uma pandemia viral.

Na crise da Covid-19, decisões eticamente complexas são tomadas, a fim de redistribuir recursos. Essas decisões são tomadas com o objetivo primário de represar a pandemia viral e proteger o sistema de saúde de sobrecarga. Isso é moralmente correto porque, entre outras coisas, ajuda a médica a evitar situações de triagem; ela não é confrontada, então, com a comparação de vidas humanas entre si. Ao mesmo tempo, essa redistribuição de recursos desloca a política, em outro lugar, para uma situação eticamente pesada: pois se aceita que seres humanos sofram com medidas parcialmente drásticas (como *lockdown*s ou o fechamento de escolas).

As decisões éticas do executivo dificilmente poderiam ser tomadas de outra forma, em vista dos prognósticos virológicos, motivo pelo qual as ações do governo, por causa de sua transparência pragmática, têm de ser, em nosso país, amplamente saudadas. Mas essas ações só são justificadas na medida em que elas podem ser apoiadas em considerações morais verdadeiras. Isso, porém, não acontece apenas por meio da indicação do *imperativo virológico*, que demanda proteger o máximo de vidas humanas do Coronavírus. Isso porque, antes, a política não confrontou adequadamente em geral crises muito maiores, sobretudo a crise climática, mas sim, por exemplo, no contexto da virada no transporte no sentido da E-mobilidade, colocou a indústria automobilística alemã, em seu valor, acima da qualidade de vida das pessoas. Isso se alterou em decorrência da crise da Covid-19, que tornou claro que não há nenhum retorno para a "normalidade" anterior, acerca da qual já se sabe, há muito tempo, que ela não é sustentável.

Junto do mandamento virológico também valem outros mandamentos morais fundamentados científico-natural-medicinalmente, uma demanda incondicionada pelo desenvolvimento de novas formas de mobilidade sustentáveis e benéficas para seres humanos, que não levem a que empesteemos o ar de que precisamos para poder respirar. Há um direito humano fundamental à respiração.

Diferentemente do Coronavírus, que não foi produzido por humanos, uma grande parte da poluição ambiental que causa gigantescos danos à saúde é de nossa inteira responsabilidade. Esta, porém, é partilhada por muitos agentes; cada um de nós tem uma pequena parte no fato de que, em certos pontos nodais de nossas cadeias globais de produção, pessoas tenham de sofrer e mesmo morrer.

> *Não devemos deixar de lado esse fato apontando cinicamente para o fato de que essas pessoas não fazem parte de nossos arredores diretos e não dizem respeito a nós. Tal argumentação demonstra apenas uma maneira de pensar moralmente abjeta, que não pode ser disfarçada por nenhuma desculpa.*

Situações-limite de vida ou morte não ocupam apenas médicos que, trabalhando em profissões especialmente exigentes no que tange à moral, merecem o nosso especial apreço, pois os seus conhecimentos médicos, mas também morais, desempenham um importante papel para o progresso moral. As dificuldades morais do dia a dia são ilustradas por um exemplo ficcional, mas muito esclarecedor, da série da Netflix, *Messiah*. Nessa série aparece, em um presente fictício (primeiramente na Síria), alguém que muitos consideram o messias. Ele até mesmo faz, aparentemente, milagres (ao expulsar, p. ex., o Isis de Damasco por meio de uma tempestade de areia, reviver uma criança baleada e andar sobre a água em Washington, diante de uma câmera). A série é especialmente boa em fazer com que se esteja continuamente em dúvida (sobretudo entre nós, os espectadores) sobre se o protagonista é realmente o messias (res)surgido ou apenas um charlatão louco e perigoso, talvez, até mesmo, um terrorista.

Uma passagem da série apresenta como uma mãe leva sua filha doente de câncer para diante do suposto messias para que ela seja curada. Para tanto, ela interrompe uma quimioterapia e coloca em risco a vida de sua criança, porque ela não consegue suportar a terapia e espera uma cura miraculosa por intervenção divina. Ela não se despede de seu esposo e parte com a criança para encontrar o messias, pois ela sabe que o seu esposo não apoia a sua decisão e, antes, teria garantido que a criança permaneceria sob tratamento médico. O esposo decide, depois do retorno de ambos, pedir o divórcio e a guarda exclusiva.

Nessa situação, encontram-se juízos de valor e reivindicações de verdade complexas. A mulher deseja a cura de sua filha a todo custo e não está em condições emocionais de expor sua criança ao sofrimento de uma quimioterapia. Em vez disso, ela se apoia na crença religiosa de que o protagonista é realmente o messias e, além disso, está pronto para curar a sua filha. O pai não acredita nisso e prefere se apoiar nas perspectivas de uma quimioterapia. Esses juízos de valor em tenso conflito estão interligados com reivindicações de verdade e crenças que vão tão longe que o casamento não pode continuar, e se evoca o Estado de direito para emitir um juízo jurídico. Um efeito do experimento mental da série consiste em que ela coloca diante de nós o que está em jogo na vida moral da humanidade e o como a gravidade da vida se tornaria visível se surgisse alguém que se representasse convincentemente como messias e defendesse de maneira midiaticamente visível a exigência de que o sentido da vida consistiria em ser testado por Deus.

Em discussões éticas não podemos esquecer que bilhões de pessoas acreditam, de fato, que ética e moral então fortemente ligadas com a presença do divino ou mesmo com o deus pessoal das religiões abraâmicas (do judaísmo, cristianismo e Islã). Quando se trata de deuses, do divino ou de Deus (no singular eminente), as coisas ficam, como se sabe, sérias. Quando refletimos sobre questões morais fundamentais não podemos esquecer que não vivemos, de modo algum, em uma era secular, na qual as religiões tenham apenas um papel secundário. Antes, visto no todo, ainda é verdade que mais pessoas são religiosas do que, por exemplo, ateias. Uma ética que não tenha nada a dizer a nossos semelhantes humanos religiosos – independentemente da crença – também seria o caso de um falso universalismo[63].

As religiões estão firmemente ancoradas no descobrimento do autorretrato (*Selbstbildfindung*) da humanidade, uma circunstância que tem de ser levada em conta na ética, sem que ela, assim, dependa de autoridades religiosas. Isso porque o que é objetivamente correto não se torna mais correto pelo fato de que autoridades religiosas também acreditam nisso. Também não podemos, porém, subestimar o fato de que o pensamento religioso contribuiu essencialmente para o progresso moral, sim, para revoluções morais, no que se inclui a ética da compaixão do budismo, que inclui outros animais, assim como a ideia cristã de um amor ao ser humano que ultrapassa todas as fronteiras.

A gravidade que não deve ser contestada de situações-limite da vida humana é uma outra razão, e até mesmo razão suficiente, para refutar uma linha de pensamento da arbitrariedade pós-moderna, segundo a qual haveria um pluralismo de valores insuperável, de modo que, na melhor das hipóteses, todos poderiam escolher, em última instância, sem razões, a qual sistema de valores se adere. Em particular, os defensores dessa avaliação equivocada acreditam que poderíamos escolher entre sistemas de valores. Mas a nossa liberdade não consiste, de modo algum, em experimentar diferentes sistemas de valores, antes de nos decidirmos. O pensamento da arbitrariedade pós-moderna – que já expressa, contra a sua própria vontade, um sistema de valores – resulta de uma completa superestimação do alcance do pluralismo de valores. Se levamos as coisas a sério, os juízos de valor humanos não são de modo algum tão

---

[63] Cf. GABRIEL, M. *Warum es die Welt nicht gibt* [Por que o mundo não existe], cap. 5.

diferentes quanto se poderia acreditar. Justo isso é mostrado pela história fictícia da série de TV *Messiah*: tanto a mãe da criança que é colocada diante do messias como também o pai que é a favor da terapia médica querem salvar sua filha.

> *Nenhum caminho passa ao largo de juízos de valor. Quem acredita que se poderia escolher entre sistemas de valores já escolheu, assim, um sistema de valores: o pluralismo de valores. Por isso, não há nenhum ponto de vista neutro a partir do qual se possa julgar valores. Também o niilista de valores tem representações de valores, pois ele pensa que seria, por exemplo, um valor fixar-se na verdade de sua opinião de que, na realidade, não haveria valores (de modo que ele, naturalmente, se contradiz). Um erro em relação à ontologia de valores (seu modo de ser e alcance) já é um erro no interior do sistema de valores objetivamente existente, da ordem moral.*

Para compreender que há juízos de valor humanos universalmente partilhados – que nos ligam também, evidentemente, com os chineses, que são governados não democraticamente, mas por uma ditadura –, não é preciso evocar imediatamente a Deus. Isso fracassaria simplesmente em vista do fato de que o monoteísmo tem um significado relativamente pequeno em toda a Ásia. O monoteísmo também não é um fundamento apropriado para uma ética universal, pois valores universais não precisam de apoio divino.

Basta, antes, a compreensão de que nós, seres humanos, somos seres vivos dotados de capacidade moral (*moralfähige Lebewesen*) – uma compreensão que pode ser fundamentada, na Índia e no Japão, assim como entre nós, sem nenhum recurso à Bíblia. O nosso juízo moral está estreitamente ligado com a nossa forma de vida, ou seja, com o fato de que somos animais de uma determinada espécie – seres humanos, justamente. Quando decidimos sob pressão de tempo (o que ocorre com frequência), parâmetros biológicos investigáveis organizam nossas opções de ação. Isso se reconhece pelo fato de que podemos sentir horror quando vemos um sofrimento pavoroso *fictício* – por exemplo, em *Messiah*. Por mais que saibamos que aquilo que vemos na série não acontece "na realidade", mas apenas "na TV", passamos por uma alternância de sentimentos, pois, na maior parte de nós, há uma capacidade inata de empatia que foi desenvolvida por mais de centenas de milhares de anos. Nossos juízos e valores morais estão intimamente ligados com o fato de que o nosso organismo herdou formas e processos que surgiram por meio da evolução das espécies em nosso planeta. Seres humanos são bem-sucedidos evolutivamente e estrategicamente superiores a outros animais por sua inteligência porque, entre outras coisas, eles têm sentimentos morais (e, assim, os fundamentos para uma consciência moral (*Gewissen*)). Isso, de fato, não esgota nem de perto a nossa faculdade de juízo moral, porém, a beneficia, pois a sua origem está entrelaçada com a natureza social de seres humanos.

A maior parte dos seres humanos (independentemente de sua origem) se assusta junto quando presenciam uma cena de violência corporal extrema. Igualmente, todos se alegram com gestos universalmente reconhecíveis de reciprocidade, como, por exemplo, compaixão, hospitalidade e prestatividade. Se não houvesse fundamentos morais, compartilhados em comum, da percepção de situações de ação humana, seres humanos que ainda não se encontraram não poderiam se comunicar e se entender nem parcialmente. Desenvolvemos continuamente nossos sentimentos moralmente carregados (como vergonha, indignação, ira, orgulho), de modo que não se segue, da história prévia evolutiva de nossos juízos morais, que nós só possamos explicar nosso sistema moral atual – os fatos morais conhecidos por nós – evolutivamente. Esse pensamento importante foi expresso em seu essencial especialmente pelo famoso ético australiano, Peter Singer:

> Das reações intuitivas que temos em comum com outros mamíferos que vivem em grupos se desenvolveu, sob a influência da aquisição de linguagem, a moral. Em diferentes culturas, ela, de fato, adquiriu configurações distintas, todavia, há uma comunalidade surpreendentemente grande [...]. A tentativa de compreender as origens da moral nos livra [...] de dois supostos mestres, a saber, de Deus e da natureza. Herdamos um acervo de intuições morais de nossos antepassados. Agora temos de descobrir quais dessas intuições devem ser mudadas[64].

O que defensores da arbitrariedade pós-moderna ignoram é a literal gravidade da vida: em toda situação de ação de um ser vivo, tudo está em jogo. Podemos morrer a cada instante, podemos ser tomados a qualquer instante por uma doença mortal. Não temos nenhuma certeza de que nossa vida caminhará de modo feliz e saudável, mas somos sempre joguetes de forças, poderes e processos de que ninguém é senhor. Como seres vivos, estamos entregues à realidade.

A natureza não humana não conhece misericórdia – como a exceção notável de que também outros animais não humanos conhecem parcialmente até mesmo comportamento e julgamento morais sistemáticos. Também no reino animal há rastros de moralidade, o que não deveria surpreender. Isso porque a natureza é constituída gradualmente; ela, como expressa muito bem Gottfried Wilhelm Leibniz, não faz saltos: *natura non facit saltus*[65]. Quer dizer, formas novas, sobretudo biológicas, que se desenvolvem na natureza não surgem do dia para a noite, mas em

---

64 SINGER, P. *Praktische Ethik* [Ética prática]. 3. ed. Stuttgart, 2012, p. 26s.
65 LEIBNIZ, G.W. *Neue Abhandlunggen über den menschlichen Verstand* [Novos tratados sobre o entendimento humano]. Hamburgo, 1971, p. 13: "É uma das minhas proposições mais importantes e comprovadas que a natureza nunca dá saltos". Sobre a história prévia evolutiva da moralidade, cf. mais recentemente

pequenos passos e como consequência de mudanças a maior parte das vezes imperceptíveis, que demandam muito tempo.

Por isso, é uma hipótese bem fundamentada, se não real e completamente comprovada, que o espectro de comportamento de outros seres humanos também é conduzido pelo fato de que eles experimentam seus arredores como moralmente carregados. Entre seres humanos, se acresce uma complexa linguagem dos sentimentos, pois descrevemos e avaliamos o nosso comportamento linguisticamente e guardamos essas avaliações, há milhares de anos, em testemunhos culturais como imagens, escritos, contos e, mais recentemente, vídeos, assim como mídias sociais. Desse modo, a nossa capacidade de abstração e, assim, de desenvolvimento, está ligada a sistemas de normas que podemos codificar linguisticamente, mas também de outros modos, por exemplo, na forma de obras de arte.

A moralidade humana está "acima" da de outros animais, na medida em que nossos modelos de ação desenvolvidos historicamente demonstram uma medida de complexidade que leva constantemente à revisão dos juízos morais de até então e, assim, ao progresso (mas também ao retrocesso) moral. Seres humanos desenvolvem modelos de ação radicalmente novos que eles, então, têm de aplicar no espaço das práticas já realizadas do julgamento moral. Na Idade da Pedra não havia neuróticos urbanos, *hipsters*, radicais de direita, hoteleiros e secretários de Estado, e não podemos prever que opções de ação futuras a humanidade ainda desenvolverá.

2.5 Sentimentos morais

Nem todas as verdades são objetivas no sentido de que elas existem de modo inteiramente independente dos interesses humanos.

CHURCHLAND, P.S. *Conscience – The Origins of Moral Intuition* [Consciência – As origens da intuição moral]. Nova York, 2019.

Em questões humanas trata-se, primeiramente e primariamente, sobre nós e, indiretamente, sobre outros seres vivos, o meio ambiente etc. Que *objetivo* e *subjetivo* não se excluam pode-se compreender facilmente pelo fato de que nossas sensações, nossos sentimentos e nossas valorações subjetivas são examináveis da perspectiva objetiva de outros. Que algo seja subjetivo não significa que ele não possa ser conhecido objetivamente. Mas, da perspectiva objetiva, não se pode explicar a nossa subjetividade passo a passo, por exemplo, de modo científico-natural. Sheldon Cooper, da amada série The Big Bang Theory, tenta, de fato, constantemente fazer isso, mas seu fracasso mostra, sobretudo, que se trata, aí, de conhecimento humano, empatia e experiência de vida que nunca se pode substituir inteiramente por uma perspectiva puramente científico-natural ou psicológica. Isso porque não é possível se tornar e permanecer um cientista natural e psicólogo quando não se é rico em empatia e experiência de vida. Disciplinas como a Psicologia e a Sociologia só existem com base no fundamento de conhecimento humano e experiência de vida que não são mediados por meio de estudos científicos.

> *Não é porque algo é subjetivo que ele não é verdadeiro. A subjetividade pertence à realidade tanto quanto a objetividade.*

Apreendamos esse pensamento de modo um pouco mais preciso, a fim de nos aproximarmos da compreensão da essência dos valores universais. Algumas verdades tratam de circunstâncias que praticamente não têm nada a ver com o espírito humano (a nossa consciência, nosso pensar e nosso sentir). A massa de partículas elementares físicas, o *Big Bang*, as forças fundamentais da natureza e muito provavelmente não dependem de que haja algo como nós. Pensamentos que se ocupam com tais verdades podem ser classificados como maximamente objetivos. **Objetividade máxima** se refere, então, a fatos e processos inteiramente independentes de seres humanos, em particular na natureza não humana.

Outras verdades, em contrapartida, são completamente subjetivas. Há, portanto, no extremo oposto do espectro, a **subjetividade máxima**, que consiste no fato de que sentimos algo em um momento fugidio, por exemplo, uma dor que pica, ou vemos em sonhos uma superfície colorida, sem termos qualquer recordação disso. Alguns teóricos da consciência acreditam que a nossa vida espiritual apresentaria uma camada fundamental que consiste nas sensações vivenciadas diretamente por nós e apenas no seu momento correspondente. Essa camada fundamental é chamada de **consciência fenomênica**.

A filósofa americana Sharon Hewitt Rawlette escreveu um livro maravilhoso, cujo título expressa sua tese principal: *O sentimento de valor – Realismo moral fundamentado na consciência fenomênica*[66]. Seu pensamento fundamental é facilmente compreensível e plausível: se emitimos enunciados morais e afirmamos que algo seria moralmente exigido ou proibido, levamos sempre em consideração como nós próprios e os outros, incluindo todos os seres vivos, nos sentimos em vista dessa ação. Sentimentos são indispensáveis para a ética, eles desempenham um papel decisivo na avaliação moral de opções de ação.

Isso se vê pelo fato de que há uma diferença decisiva entre pisar em um cão-robô japonês e em um cão maltês. Caso se pise em um cão-robô, não se o machuca, enquanto o pobre cão maltês sofreria com uma pesada pisada no pé, o que é moralmente proibido. É, por isso, moralmente permissível pisar no cão-robô, mas moralmente

---

[66] RAWLETTE, S.H. *The Feeling of Value – Moral Realism Grounded in Phenomenal Conscience* [O sentimento de valor – Realismo moral fundamentado na consciência fenomênica]. Virginia, 2016.

abjeto tratar mal um cão maltês. Talvez se fira os sentimentos do proprietário de um cão-robô, o que tem significado moral, mas nunca os sentimentos do próprio cão-robô, porque ele não tem nenhum. Diferentemente do cão-robô, devemos ao cão maltês respeito moral direto, pois ele é um ser vivo dotado de sensibilidade.

No passado se desenvolveram, com fundamentos semelhantes, éticas da compaixão, sobretudo por Schopenhauer, que consideram a nossa compaixão por outros como fundamento da moral. Mas isso não vai longe o bastante, como Rawlette mostra, pois não se trata apenas de desenvolver compaixão por outras criaturas que sofrem. A ética não corre apenas nas zonas negativas da vida, mas também sob condições de alegria, amor e desfrute. A ética não é *ascética*, ela não serve apenas ao autodisciplinamento para a redução de violência, como o sombrio e pessimista Schopenhauer pensava, mas ela é, como um todo, *hedonista*, ou seja, direcionada para a sensação de felicidade (*Glücksempfinden*). Há, então, tanto uma ética da alegria como do sofrimento, uma ética do amor como uma da ira. Quando se faz algo bom para si mesmo ou para outros, não se trata apenas da redução de sofrimento em nosso planeta, mas também no aumento de alegria. Quando, no caminho para o centro, se sorri para outras pessoas com quem cruzamos os olhares, melhoramos nosso próprio bem-estar e o bem-estar dos outros. Faz-se algo bom que, todavia, não é incondicionalmente demandado. Não há nenhum mandamento absoluto que prescreva que temos de sorrir para transeuntes. Todavia, se melhora a conta de felicidade da sociedade quando nos propomos a conceder alegria para si mesmo e para outros.

É exigida uma postura positiva, nesse sentido mínimo, em relação a outras pessoas. Isso porque faz parte da escuridão de nosso tempo que problemas morais urgentes pareçam como um todo não ter esperanças de serem resolvíveis, mesmo que, felizmente, eles sejam. A crise climática que sobrecarrega a vida superior em nosso planeta, o sistema de competição do Estado de direito liberal democrático e de regimes autoritários a ditatoriais, assim como do capitalismo global fora dos trilhos, não podem ser resolvidos do dia para a noite. Em particular, nos sentimos diariamente sobrecarregados com esses problemas, simplesmente porque não sabemos por onde deveríamos começar. Caso não se compre mais sacolas de plástico no mercado e nos engajemos na assistência voluntária a crianças de refugiados, mas viajemos no verão para o Caribe e vistamos roupas de *designers* que são produzidas em condições não transparentes, a conta moral total de nosso comportamento tende para o negativo. Como indivíduo, não vemos mais o que teríamos de fazer para conseguir um "mais" na "conta de carma" moral: sabemos, de fato, em geral, o que devemos fazer, somos, porém, sobrecarregados estruturalmente no emprego de nossa boa vontade.

Para superar esse dilema, Rawlette defende deixarmos a ética atuar mais próxima de nós, nos fundamentos emocionais de nossa condução diária da vida. Aqui, ela pode se apoiar na tradição antiga da ética na qual se encontra no centro o conceito de bem-aventurança (*Glückseligkeit*), de *eudaimonia*. Deveríamos tentar orientar nossas ações como um todo por como nós e outros nos sentimos. Rawlette defende, sobre essa base, um **hedonismo** (do antigo grego *hêdonê* = "prazer", "alegria"), ou seja, a ideia de que, na ética, trata-se dos sentimentos de prazer e desprazer. Se Rawlette tivesse razão, enunciados morais se ocupariam com ações que devem ser avaliadas primariamente em vista de uma contabilidade do prazer. O objeto da ética seriam, então, fatos maximamente subjetivos. Infelizmente, o plano não se sustenta inteiramente. Isso porque nem toda alegria é moralmente recomendável, e nem toda infelicidade sentida merece atenção moral. É mais divertido acelerar um Porsche na estrada do que um Prius, um *Schnitzel* é saboroso, mas, em troca, mata um bezerro. Quando um ditador brutal se alegra com o fato de que ele tortura eficazmente seus súditos isso também é um dano moral à humanidade. E muitos de nossos sentimentos vivenciados como positivos – por exemplo, os sentimentos de nacionalismo e pertencimento – são, em suas últimas consequências, sempre expressão de sistemas de discriminação abjetos, que não parecem para nós o ser, pois estamos acostumados com eles.

Também a compaixão não é, em todas as circunstâncias, um sentimento moralmente recomendável. Em todo caso, não é exigido sentir compaixão quando, por exemplo, um criminoso de guerra é severamente punido e sofre com a compreensão de ter realizado atos moralmente monstruosos. Sofrimento e alegria, assim como outros sentimentos, devem ser avaliados como morais apenas quando levamos em consideração um contexto que não consiste apenas de estados maximamente subjetivos. Na ética trata-se, então, não diretamente dos estados mentais de determinados grupos em determinados tempos, mas sempre também do contexto que explica esses estados mentais e, assim, os legitima ou deslegitima.

Nem todo sentimento merece respeito moral. Alguns sentimentos podem ser desrespeitados, sim, é até mesmo moralmente exigido que se aceite que alguns sentimentos, por exemplo, os de terroristas, como os dos assassinos do Shisha-Bar em Hanau, sejam desrespeitados, terroristas cujos atos monstruosos se impede, em casos bem-sucedidos, por meio do aprisionamento antecipado. A objeção que se fez à AfD em vista da reação de muitos de seus políticos no caso do ataque em Hanau se apoia no fato de que a retórica e a propaganda da AfD, com a qual eles tentam ganhar votos, se baseia na legitimação moral de sentimentos que estão no fundamento do modelo de ação do terrorismo de extrema-direita.

Há uma política dos afetos que é eticamente avaliável, o que aceitamos cotidianamente ao ensinarmos a nós mesmos e a outros a conduzir nossos próprios impulsos. A filosofia é uma voz universal. Como disciplina racional, sistemática, científica, ela tenta, há milhares de anos e em circunstâncias alternantes de tempo, descobrir o que é imparcialmente válido. A reflexão moral visa à universalidade e, assim, à neutralidade apartidária. Nenhum partido tem sempre razão, muito menos em questões morais. A filosofia, em contrapartida, é tão partidária quanto a matemática, a saber, nem um pouco. Se um resultado de uma consideração filosófica só vem a ser pelo fato de que aquele que a emprega escolhe um manual partidário determinado ou certos partidos na eleição do parlamento do estado federado ou da câmara baixa do parlamento alemão, ela é, assim, falseada.

Também por essa razão, precisamos hoje de mais, e não de menos, filosofia na esfera da opinião pública, que, no momento, está altamente politizada, o que dá suporte à impressão de uma cisão da sociedade em grupos de valores e, assim, favorece o relativismo de valores. Alguns políticos podem, segundo o antigo mote romano "dividir para conquistar", se beneficiar a curto prazo com ele, pois eles dividem a população e, assim, podem ganhar votos. Todavia, essa antiga tática felizmente não é duradouramente bem-sucedida sob a condição de se ter um público esclarecido, o que é parte da crise dos assim chamados partidos populares, que, na era da visibilidade digital, deveriam fundamentar suas ações e decisões em orientar-se pela verdade e realidade que une a todos nós. Como Goethe já disse em 1814:

> Cinda e ordene! Palavra eficaz;
> Una e conduza! Tesouro que mais apraz[67].

Na ética, trata-se de quem nós somos e de quem queremos ser. Nossos autorretratos como seres humanos são, assim, colocados à prova. Os valores universais que resultam daí não garantem ainda, por si mesmos, a sua aplicação apropriada. Por isso, é indispensável

---

67 GOETHE, J.W. *Werke – Hamburger Ausgabe* [Obras – Edição de Hamburgo]. Vol. 1. Munique, 1998, p. 330.

ter em vista o maior número possível de fatos não morais, a fim de identificar fatos morais em situações de ação complexas.

Como se trata, aí, de nós mesmos, a subjetividade tem de ser levada em conta. A ética não pode, por isso, ser transposta em um cálculo objetivo que também poderia ser feito por uma máquina sem sentimentos sob a forma de um algoritmo. Antes, é decisivo que possamos ter compaixão por outros seres vivos, quer pertençam à nossa espécie, quer não. A ética coloca a subjetividade e a objetividade em uma relação que pode se deslocar sempre de acordo com a situação. Ele nos apresenta uma tarefa que nunca pode ser terminada de uma vez por todas.

2.6 Médicos, pacientes, policiais indianos

Não haveria ética se não tivéssemos sentimentos (*Empfindungen*). Não temos, em relação à lua, a amebas, a cães-robôs e à gravidade nenhum dever moral *direto*, pois eles não têm nenhum sentimento. Também não cometo nenhum erro moral se arranho a minha escrivaninha ou se destruo, por pura frustração, algum objeto inanimado, a não ser que esse objeto inanimado seja, talvez, uma pintura de Dürer ou o ursinho de pelúcia favorito de alguém. Deveres morais diretos existem apenas em relação a seres vivos dotados de sensibilidade; isso significa que a ética e a moral estão estreitamente ligadas com a consciência fenomênica, como se pode aprender com Rawlette. Temos deveres indiretos, por exemplo, em relação à atmosfera e aos oceanos, pois o seu estado tem influência sobre os seres vivos, incluindo-nos.

O exemplo de um terrorista de extrema-direita ou islâmico mostrou, porém, que nem toda condição sentimental merece respeito moral. Quem sente uma repulsa racialmente motivada por um grupo de pessoas tem, assim, sentimentos moralmente abjetos, que ele deveria superar pelo trabalho cognitivo sobre si próprio.

É decisivo, nesse contexto, que haja uma posição intermediária, que está localizada entre a objetividade máxima e a subjetividade máxima. Essa posição é a do novo realismo moral.

> *O novo realismo moral parte do princípio de que enunciados morais se ocupam com circunstâncias realmente existentes com as quais seres vivos sensíveis e pensantes estão envolvidos. Essas circunstâncias realmente existentes nunca são maximamente objetivas ou maximamente subjetivas, mas se encontram em algum lugar entre esses polos extremos. Onde elas se encontram depende das circunstâncias concretas de nossa situação de ação.*

Essa proposta um pouco abstrata pode ser ilustrada concretamente por meio de uma situação cotidiana: uma visita ao médico por causa de um adoecimento doloroso em uma parte íntima de nosso corpo (eu não discuto com mais detalhes qual). O médico tem, em relação ao seu paciente, deveres morais, pois ele nos aconselha em questões de vida e de sobrevivência, que claramente fazem parte dos temas morais mais urgentes, pois o mandamento moral mais claro diz: não deves matar. Médicos não devem nos matar, mas fazer tudo em seu poder para preservar nossa vida e promover a nossa recuperação da melhor maneira possível. Todavia, o médico está justificado em nos causar dor. Para descobrir qual doença temos, isso lhe é permitido, para que relatemos, por exemplo, as sensações de dor que ele estimulou intencionalmente ("Qual é a sensação se eu te toco agora com este aparelho naquele lugar?" etc.). Despir-nos--emos diante dele e mostraremos partes de nosso corpo que, geralmente, não deixamos à mostra, sim, talvez escondamos até mesmo de nossos parceiros íntimos. O médico e o paciente constatarão, nas situações de ação concretas e na sala de exames, quais toques e questões são aceitáveis, desejáveis e mesmo indispensáveis para alcançar o objetivo de diagnóstico e de cura.

A situação como um todo em que realizamos considerações morais consiste, por um lado, de fatos maximamente objetivos, que os médicos conhecem por causa de sua formação marcada pelas ciências naturais; algumas partes de nosso corpo e dos processos que ocorrem nele não têm nada a ver, afinal, com as disposições espirituais que temos em relação a eles. Nem todos os processos em nosso corpo são psicossomáticos, alguns são simplesmente somáticos, como o crescimento de unhas ou a química de alguma célula da pele. Por outro lado, fazem parte de toda visita médica fatos maximamente subjetivos, sobretudo em contextos íntimos: estados mentais, sentimentos como preocupações e esperanças, sensações e sentimentos como frio, calor, vergonha etc. Médico e paciente têm de descobrir conjuntamente quais processos de ação estão na esfera do moralmente aceitável.

Aqui, pode-se ver o progresso moral em relação ao fato de que, hoje, somos sensíveis ao fato de os nossos estados psíquicos desempenharem um papel importante na relação médico-paciente. Por meio do progresso científico-natural-psicológico sabemos, além disso, mais sobre quais processos são maximamente objetivos e quais são maximamente subjetivos. A visita a um ginecologista ou urologista no Império Austríaco era, certamente, mais onerosa do que costuma ser o caso hoje na Alemanha.

Podemos constatar, aí, que não há nenhuma diferença cultural profunda que assegure que, por exemplo, em uma visita ao médico na China, nos deparemos repentinamente com valores chineses e tenhamos de contar, automaticamente, com a violação de nossos direitos humanos supostamente ocidentais. Enquanto escrevo estas linhas, médicos e autoridades públicas chineses cooperam – tanto quanto é permitido pela ditadura comunista – com autoridades públicas de todo mundo para conter a disseminação do Coronavírus. O médico chinês não pensa de maneira essencialmente diferente, no que diz respeito a questões fundamentais da ética da medicina, do que o seu colega bávaro, e se ele o fizer, poderemos objetar isso a ele, e não minimizar esse fato como uma diferença cultural.

Naturalmente, há algo como diferenças culturais em situações de ação. Representações religiosas de papéis de gênero, de reprodução e da vida simplesmente, circunstâncias políticas e muito mais, desempenham um grande papel no esclarecimento de situações de ação. Isso pode ser esclarecido novamente por um exemplo que me ocorreu pessoalmente. Durante uma viagem à Índia constatei, em Goa, que o mesmo trecho de táxi do hotel à praia, em uma mesma situação de trânsito, sempre custava um preço arbitrariamente diferente. Algo assim desperta, em clientes alemães, a suspeita de que se mede aqui com dois pesos e duas medidas.

Em vez de trazer algum preconceito em relação a taxistas indianos, tentei descobrir o que estava acontecendo. Perguntei então, a vários taxistas, por que o preço variava. Uma resposta particularmente interessante dizia, em um sábado, que, nos sábados, os preços seriam mais altos, pois é preciso pagar uma quantia ao policial que vigiava uma determinada esquina de sábado. Diante disso, apontei cuidadosamente que isso soava como corrupção, do que o taxista se defendeu com a indicação de que seria, justamente, uma regra, que se pagasse exatamente a esse policial essa quantia, e também apenas de sábado. Ao continuar a questionar cuidadosamente amigos indianos resultou que o que eu percebia como corrupção de um funcionário da polícia era, nesse caso, um suporte dado, antes, por gratidão, a esse policial sempre especialmente prestativo nessa comunidade. Não verifiquei em que medida isso era legal em Goa, mas o contexto moral como um todo não comprovou inteiramente minhas duras suspeitas de corrupção. Há, justamente, circunstâncias socioeconômicas sob as quais o que é classificado legalmente como corrupção é moralmente exigido.

Temos, em nossa sociedade, opiniões circunscritas e bem fundamentadas sobre o fato de que mesmo esses suportes financeiros bem-intencionados de policiais deveriam valer como corrupção e levariam, em pequenos passos, à ruína do Estado democrático de direito como base de valores institucionalmente atuante de nossa sociedade. Aqui, vale a princípio: outras terras, outros costumes. O que, de modo algum, implica que uma das variantes não seja a melhor. Seria preciso levar em consideração o contexto moral como um todo.

> *Outros costumes não implicam valores fundamentalmente diferentes, mas outros fatos não morais que temos de levar em consideração. Isso porque, em lugares diferentes, valem condições sociais e socioeconômicas diferentes.*

O salário de policiais na Índia é, em parte, tão baixo, que eles dependem de um suporte não estatal por meio de outros membros do grupo, enquanto, na Alemanha, impera a ideia de que o Estado deve assumir o maior número possível de tarefas da organização da vida pública e, assim, manter-se livre de toda forma de corrupção por meio do fomento apropriado dos funcionários públicos etc. Além disso, impera, na Índia – como também na China e no Japão – uma cultura de gestos inteiramente distinta, da qual faz parte trazer presentes de visita em muitas ocasiões em que, para nós, isso seria inapropriado, e pareceria visar a influenciar pessoas obrigadas à neutralidade, mesmo se eles, nesse contexto, não têm esse significado.

Defendemos, na Alemanha, o Estado como veículo do progresso moral – uma ideia que surgiu no contexto do surgimento do Estado nacional alemão nos últimos dois séculos e que está, não por último, enraizada no pensamento de Kant e de Hegel. Justo porque a história do Estado nacional alemão trouxe consigo um desastre inimaginável, e é indispensável nos lembrarmos do gesto fundacional do Esclarecimento e aplicarmos o seu impulso moral de maneira institucionalmente atuante.

A forma de proceder do Esclarecimento alemão traz consigo o fato de que transferimos ao Estado tarefas da educação moral, motivo pelo qual também erguemos reivindicações morais ao Estado. Isso é diferente nos Estados Unidos, por exemplo: Aqui, escolas e instituições superiores de ensino privadas assumem essa tarefa, via de regra, muito melhor do que instituições estatais, das quais se desconfia fundamentalmente, já que o Estado americano tem uma outra função do que entre nós. A ideia de Estado fomentada em nossa constituição se deve ao Esclarecimento e se erige sobre o fato de que há instituições financiadas por impostos que são julgadas de acordo com suas reivindicações morais; ou seja, não satisfazem apenas a finalidade de proteger fronteiras e ruas a fim de levar ao desenvolvimento da lógica de mercado o maior espaço possível.

Porque há um abismo que, por princípio, não pode nunca ser inteiramente superado entre os valores universais e suas condições de aplicação em campos de ação complexos e em situações individuais, vigora o **princípio da tolerância**:

> *Antes de condenarmos outros que avaliam uma situação de maneira moralmente distinta da nossa, temos de examinar as razões que eles introduzem para emitir o seu juízo que se afasta do nosso. Isso também vale para nós mesmos: mudamos nossas próprias opiniões, pois somos falíveis. Por isso, temos todo o direito de sermos corrigidos antes de sermos condenados com dureza desnecessária e, possivelmente, até punidos juridicamente por passos em falso morais.*

A tolerância moral cautelosa em relação a outras representações de valores e a suas formas institucionais cessa, todavia, quando constatamos que, em um regime injusto, políticos prendem pessoas inocentes e até mesmo recebem em troca um abono. Ninguém considerará isso moralmente legítimo após um exame pormenorizado, independentemente de ser indiano ou alemão. As obviedades morais continuam a valer. O princípio da tolerância não é um passe livre para o relativismo de valores. Com toda clareza: não se pode nunca introduzir uma diferença cultural para legitimar, por exemplo, os campos de concentração nazistas, ou os atos cruéis de regimes totalitários. Os assassinos nazistas não pertenciam a uma cultura diferente daquela das pessoas perseguidas por eles.

A lembrança de ditaduras – das quais também fazem parte o SED e a DDR –, tanto quanto a pesquisa histórica e a documentação delas, faz parte, entre nós, do progresso moral. Na Alemanha ocorreu um dos piores episódios da educação moral do gênero humano. A extrema crueldade que se passou aqui é um exemplo pavoroso de para onde podemos ser levados quando prescrevemos a transvaloração de todos os valores. Por isso, somos especialmente vigilantes quando valores fundamentais são violados, pois o desmantelamento do império de terror nazista foi uma forma de progresso moral pela qual muitas pessoas deram até a sua vida, a fim de trazer uma melhor ordem mundial.

O mesmo vale para sacrifícios humanos religiosamente motivados, castração de mulheres e meninas, escravidão, prostituição forçada, mas também formas menos repulsivas, mas inaceitáveis de desigualdade entre os gêneros, do que fazem parte o abismo salarial verificável entre homens e mulheres ou o modo com que, por exemplo, na comunicação midiática ou direta, ainda se fala de mulheres poderosas e bem-sucedidas (p. ex., Angela Merkel e Renate Künast). A completa igualdade de direitos existiria apenas quando ninguém mais reparasse que gênero uma determinada pessoa que realiza uma tarefa profissional (com exceção de profissões em que características de gênero desempenham um papel decisivo). Antes de nos aproximarmos desse objetivo ainda há muito a esclarecer, pois não está já fixado quais profissões são ligadas com que características de gênero. Em muitos aspectos, apenas começamos a pesquisar o tema do gênero.

A recusa de um amplo pluralismo de valores não é um ato de depreciação de culturas estrangeiras, mas o reconhecimento da humanidade universalmente partilhada. Culturas não são demarcadas umas em relação às outras, sobretudo porque elas não são simplesmente definidas por meio de fronteiras políticas. Simplesmente não é verdade que há uma cultura alemã ou uma cultura dominante que liga todos aqueles que pertencem a ela ou que acreditam nela. Somos uma sociedade multicultural, e sempre fomos. É, a saber, impossível coordenar disposições, desejos, ideias, talentos e ações de mais de oitenta milhões de seres humanos, de modo que resulte daí uma monocultura. Mesmo uma ditadura totalitária como a nazista era, em si mesma, plural e dividida. Não é de modo algum como se, em algum momento de um passado imaginado, estivéssemos todos de acordo sobre o que devemos fazer concretamente. Os nazistas também perseguiram e mataram uns aos outros (o que é uma marca essencial de sistemas totalitários, nos quais ninguém está livre da perseguição, nem mesmo o ditador).

Disso não se segue que o projeto do multiculturalismo falhou. Isso porque ele não pode falhar. Não é possível, nem parcialmente, sob as condições de uma democracia de massas moderna, produzir uma monocultura. Inversamente, isso não significa que, na política, toda opinião e toda forma de vida deveriam ser tratadas com o mesmo direito. O multiculturalismo defende, antes, uma expedição comum: estamos no mesmo barco e temos de descobrir juntos como podemos alcançar mais progresso moral.

2.7 O imperativo categórico como cola social

O famoso imperativo categórico, que foi formulado por Kant como o princípio mais universal da ética, acerta bem no alvo. Todavia, a formulação de Kant aqui, como em outros lugares, não é imediatamente compreensível, já que ele a encaixa em um sistema filosófico complexo.

Isso tem a sua justificativa, a qual eu, como filósofo, não gostaria de abalar. Aqui, trata-se de oferecer a você uma interpretação do imperativo categórico que deve ser compreensível por todos. Para tanto, temos de ver duas das formulações de Kant, que se designa, geralmente, como fórmula da universalização e como fórmula do fim em si mesmo.

Fórmula da universalização: "Aja de tal modo que a máxima de sua vontade poderia sempre ao mesmo tempo valer como princípio de uma legislação universal"[68].

Fórmula do fim em si mesmo: "Aja de tal modo que você utilize a humanidade tanto de sua pessoa quanto de todos os outros sempre ao mesmo tempo como fim em si mesma, e nunca apenas como meio"[69].

O que Kant expressa aqui pode ser compreendido como a base de uma socialização bem-sucedida. Uma das questões que ele responde com o seu imperativo pode ser formulada da seguinte forma: Como podemos coordenar nossas ações para que possamos alcançar o que queremos sem causar a outros, que querem alcançar outras coisas, um dano que nós não deveríamos aceitar?

---

[68] KANT, I. *Kritik der praktischen Vernunft* [Crítica da razão prática] – Werkausgabe [Obras completas]. Vol. VII. Ed. por Wilhelm Weischeidel. Frankfurt a. M., 1991, p. 103-302; aqui, § 7, p. 140.

[69] KANT. *Fundamentação da metafísica dos costumes*, p. 61.

Um exemplo concreto, infelizmente muito frequente: o smartphone que carrego comigo consiste em partes que estão ligadas de um modo complexo que apenas poucos especialistas realmente compreendem no seu todo. É possível, de algum modo, que empresas busquem vantagens de mercado, porque elas produzem produtos que outras empresas não podem oferecer. As partes que constituem o meu smartphone, porém, não caíram do céu. Elas estão disponíveis apenas porque há uma cadeia global de produção da qual muitos seres humanos fazem parte. Disso faz parte a extração de terras raras por pessoas que trabalham, como escravos remunerados, sob condições de trabalho miseráveis, e com o mínimo suportável de liberdade, estando muito longe de receber, pelo seu trabalho duro, o salário-mínimo em vigor para nós.

A liberdade reivindicada por mim de poder adquirir, para mim, com a frequência que eu puder, um novo smartphone, prejudica, então, outras pessoas, de uma maneira, em última instância, moralmente inaceitável. De fato, a demanda por smartphones também gera empregos em regiões até então estruturalmente pobres em indústria, mas esses trabalhos são muito piores do que aqueles que deveríamos criar a fim de abrir a pessoas em regiões historicamente discriminadas campos de ação que reivindicamos para nós como um óbvio direito humano.

Muitos de nossos desejos de consumo diários são inconciliáveis com a possibilidade de serem erguidos a uma legislação universal, pois eles pressupõem que um grupo de pessoas explora vários outros grupos de pessoas para alcançar seus objetivos de consumo. Isso sem falar dos problemas ecológicos muito discutidos em nossos dias, que se acentuam por meio de nossos métodos de consumo. Reduz-se o plástico não apenas por meio da remoção de sacolas de plástico no supermercado; ele também se encontra, por exemplo, em uma gigantesca medida, em brinquedos de crianças. A pergunta é, então, se a existência do Lego e afins é, de algum modo, moralmente defensável; a resposta é consideravelmente clara...

As cadeias de produção de nosso hiperconsumo são vistas como inconciliáveis com o imperativo categórico, pois desejamos, com nossa máxima vontade, que apenas podemos conseguir se prejudicarmos muito a outras pessoas. Esse dano é certamente mais ou menos habilmente escondido ou justificado. Desse modo, o progresso moral é impedido, porque aquilo que, na verdade, sabemos há muito tempo, é eliminado do espaço da formação pública de opinião.

Mais de uma vez ouvi a argumentação de que se poderia, por meio da industrialização e de condições de trabalho em certa medida injustas inicialmente, levar os assim chamados países em desenvolvimento a avançarem. Mas, por que países em desenvolvimento deveriam passar por todos os estágios moralmente abjetos da modernização da Europa moderna, antes de receber, apenas no final, condições de vida moralmente aceitáveis? Esse é um argumento pouco convincente, que compensa apenas aparentemente o mal moral atual com uma melhora futura. Pode-se percorrer um melhor caminho de modernização do que o do assim chamado Ocidente, caso se evitem as patologias da industrialização: trabalho infantil, exploração brutal, destruição ilimitada do meio ambiente, criação industrial de animais. Não há razão para que a Nigéria, o México ou a Índia não possam dinamizar uma modernidade melhor do que os europeus fizeram nos últimos dois séculos.

Por isso, é nosso dever, como europeus, avançar como bom exemplo e conduzir uma política econômica global que faça jus aos padrões cosmopolitanos. Mesmo se a Alemanha ou a União Europeia se tornassem climaticamente neutros, mas o fizessem sob o preço de uma imposição moralmente abjeta de misérias no sul global, não se alcançaria, em última instância, nada. As crises globais do século XXI não se deixam resolver apenas de modo nacional-estatal, mas apenas se construirmos uma economia mundial sustentável, que seja conduzida por valores universais.

De volta a Kant, que antecipou esse ponto há mais de dois séculos: A **ideia fundamental da fórmula da universalização** diz que aquelas formas de vida que instituímos individual e coletivamente só caem no espectro bom dos valores morais se elas são conciliáveis com o fato de *todos os seres humanos* participarem do bem. Um bem que, como tal, exclui algum grupo de seres humanos de sua concretização, é apenas um bem aparente. Não pode haver valores chineses, russos, judaico-cristãos ou islâmicos porque a ideia de tais valores locais e particulares já é tão emaranhada de problemas que algum grupo de seres humanos (p. ex., europeus, infiéis, politeístas, muçulmanos, americanos) pode ser excluído da concretização dessas representações de valores.

A **ideia fundamental da fórmula do fim em si mesmo** expressa o mesmo pensamento de uma forma diferente. Aqui, Kant introduz o conceito da "humanidade em sua pessoa". Uma pessoa é um papel visível que o ser humano desempenha em uma sociedade. A palavra *pessoa* caracteriza, originariamente, uma máscara de teatro romana, por meio da qual ressoa a voz de alguém[70]. A nossa pessoa é o nosso papel publicamente visível, o nosso comportamento visível para outros seres humanos e perceptível por eles. Em toda pessoa, segundo Kant, se esconde a humanidade, a saber, a propriedade universal, compartilhada por todos nós, de ser um ser humano.

Realizamos nossa humanidade de diferentes maneiras. Uma maneira específica de ser um ser humano é chamada por Kant de uma máxima. Uma **máxima** é a representação de valor que dirige a ação, representação que um ser humano considera em sua vida ou em sua situação dada como aquilo que ele quer ser ou como o que ele, a seus olhos, deveria ser. Apenas máximas que são conciliáveis com o

---
[70] GABRIEL, M. *Der Sinn des Denkens* [O sentido do pensar], p. 178-187.

fato de que outros seres humanos também formulam máximas são moralmente permissíveis. Assim, Kant desenvolveu pelo menos um critério de exclusão para ações moralmente inadmissíveis, critério que foi o fundamento de seu ambicioso projeto de sociedade.

2.8 "A?" Não se contradiga!

Por trás do imperativo categórico e deste livro que você está lendo se esconde um argumento lógico consideravelmente complicado, no qual Kant trabalhou por muitos anos. O resultado desse argumento pode ser exposto de maneira inteiramente compreensível, sem entrar nas ramificações sutis aos quais ele leva e de que gostaria de poupá-los aqui.

A primeira suposição consiste no fato de que podemos, em geral e de maneira dotada de sentido, refletir e discutir racionalmente sobre temas morais. Questões morais, desse modo, não são apenas imposições arbitrárias, expressão do humor de alguém, de se fazer isso ou aquilo. Em suma: há algo que devemos fazer e algo que não devemos fazer. Se, em vista de uma opção concreta de fazer isso ou aquilo, nos perguntamos se também realmente deveríamos fazê-lo, podemos, por princípio, segundo essa suposição, responder essa pergunta, não importa o quão difícil isso seja nos detalhes.

Imagine que você se encontraria diante de uma importante decisão, embora ela não precise sempre acabar tragicamente. Por exemplo, caso alguém se pergunte se deve subir em um trem ICE, por mais que não se tenha uma passagem. Em certo aspecto, trata-se de uma enganação, quando se faz isso; todavia, se perderia, de outra forma, por causa das panes típicas do Deutsche Bahn, uma conexão. Seria permitido, então, nesse caso, enganar, por uns poucos euros? Chamemos isso da questão do trem:

> Devo enganar a Deutsche Bahn por uns poucos euros?

Para compreender o argumento de Kant a esse respeito, de que não se pode enganar a Deutsche Bahn de modo algum – do que não se segue que a DB pode, por sua vez, nos enganar e poupar sistematicamente dinheiro às nossas custas, a fim de conseguir lucros maiores –, temos de empregar mais uma abstração. Para tanto, caracterizemos uma ação da qual deve-se provar o seu valor moral, como A. Perguntamo-nos então: "A?" Se a pergunta "A?" tem uma resposta, a resposta enuncia ou "A" ou "não A".

Isso corresponde ao mandamento lógico supremo, que é válido para todo desenvolvimento de pensamento em alguma passagem – **o princípio da contradição a ser evitada**, que diz: não se contradiga! Formulado um pouco mais formalmente, ele enuncia: Não (A e não A)! Menos formalmente: não é possível que eu tanto faça A quanto não faça, pois simplesmente não dá.

Se "A", no caso do trem, é:

>Devo enganar a Deutsche Bahn por uns poucos euros?

Então, a resposta é inteiramente clara: não. Mas, ao menos a essa altura, alguns de vocês descobrirão que não poderia ser tão simples assim em questões morais. Afinal, a companhia de trem aumenta o valor da passagem, mas não cumpre sua promessa de transporte pontual de pessoas, de modo que se estaria inteiramente justificado de entrar em um trem ICE sem uma passagem, se, assim, se pudesse, ao menos, chegar quase pontualmente ao seu destino. O oposto de Não é, como se sabe, Sim. Quem pensa, então, que se poderia, em certas circunstâncias, enganar a Deutsche Bahn por uns poucos euros, responde à pergunta:

>Devo enganar a Deutsche Bahn por uns poucos euros?

com Sim.

Aqui, naturalmente, se oferece, novamente, cuidado com as suas objeções, já que muitos de vocês que resmungam sobre a Deutsche

Bahn pensarão agora que não se pode simplesmente enganar a companhia de trem por alguns euros, mas apenas em certas circunstâncias. Encontremo-nos, então, no meio do caminho, e coloquemos uma pergunta aparentemente menos rígida:

> É moralmente permissível enganar a companhia de trem sob certas circunstâncias por uns poucos euros?

Não se pode responder essa pergunta se não se sabe quais são as circunstâncias sob as quais se considera a enganação. Preenchamos essa lacuna e coloquemos uma pergunta aparentemente respondível:

> É moralmente permissível enganar a companhia de trem por uns poucos euros, se ela está constantemente atrasada e se eu, caso contrário, perderia minha conexão?

Nesse caso é novamente claro que a resposta é não. As circunstâncias não podem mudar nada no que é moralmente permissível ou não, mas apenas a ação que é para ser avaliada. Disso se segue que não se deve enganar a companhia de trem, que era, afinal, o ponto da primeira pergunta. Se não se pode enganar a companhia de trem, também não se pode enganá-la porque ela está atrasada.

Isso se vê em um caso análogo: se não devo bater em crianças, também não devo bater nelas porque elas chegam muito tarde em casa. Que a companhia de trem frequentemente não satisfaça nossas expectativas não nos justifica a agir de modo moralmente abjeto. Já que não se deve enganar a companhia de trem, as circunstâncias não mudam nada nisso. Enganar continua a ser enganar.

A pergunta é, porém, se entrar no trem ICE sem uma passagem é, de algum modo, uma enganação. É, por isso, necessário formular uma *questão de trem* inteiramente diferente:

> É moralmente permissível, sem a posse de uma passagem inteiramente válida segundo as regras da companhia de trem, entrar e se sentar em um trem ICE,

se a companhia de trem está constantemente atrasada e eu, de outro modo, perderia a minha conexão?

A resposta a essa pergunta poderia ser Sim, já que se pode imaginar que, nesse caso, não se trata de uma enganação, mas da única possibilidade de receber, do parceiro de contrato, a Deutsche Bahn, o produto (uma chegada mais ou menos pontual) pelo qual se pagou.

O ponto dessa consideração é que, de fato, não se pode, sob nenhuma circunstância, enganar a companhia de trem, mas nem tudo que parece, à primeira vista, com uma enganação, é também uma. A companhia de trem também deve algo a seus clientes; aqui, não há apenas uma obrigação unilateral de fazer tudo para agir de acordo com as regras desejadas pela companhia de trem, se essas regras se mostraram, elas mesmas, ineficientes para organizar adequadamente a relação contratual entre companhia de trem e clientes.

Com essa consideração, também pode se afastar a objeção que frequentemente está ligada com a famosa proibição rigorosa da mentira por Kant. Em seu pequeno escrito, *Sobre um suposto direito de mentir por amor à humanidade*, Kant argumenta de que não é permitido mentir em nenhuma circunstância, também não quando se tem de ajudar urgentemente um amigo. Vale, então, incondicionalmente, sob todas as circunstâncias: não deves mentir![71]

Contra isso, se faz valer com gosto o seguinte cenário, que parece plausível: Esconde-se no porão, em uma ditadura totalitária, uma família perseguida, e mente-se para o policial do Estado injusto, se ele bate na porta e pergunta se se viu a dita família. Nesse caso, todos nós diríamos que seria moralmente exigido mentir, a

---

71 KANT, I. *Über ein vermeintes Recht aus Menschenliebe zu lügen* [Sobre um suposto direito de mentir por amor à humanidade] – Werkausgabe [Obras completas]. Vol. VIII. Ed. por Wilhelm Weischedel. Frankfurt a. M., 1991, p. 635-643.

fim de proteger a família. Isso é, frequentemente, tomado como caso paradigmático de uma refutação da doutrina moral de Kant, demasiado rigorosa.

Mas essa objeção falha. A pergunta:

> Devo mentir para o policial?

tem, a saber, claramente a resposta não. Se vale universalmente que não se deve mentir para ninguém, isso também vale para policiais.

Porém, não se esclarece, assim, se se mente para o policial de um Estado injusto, quando não se responde a sua pergunta como ele gostaria. Isso porque a pergunta:

> Devo salvar a família em meu porão de um Estado injusto?

tem uma resposta igualmente clara: Sim!

Desse modo, parece surgir um **dilema ético**, que consiste em que dois requisitos de ação inconciliáveis um com o outro, que se contradizem, devem ser seguidos ao mesmo tempo – o que é impossível. Não se pode evitar mentir para o policial, e, ao mesmo tempo, proteger a família. De nada serve aqui atenuar a pergunta sobre se posso mentir para o policial e admitir, por exemplo, que se pode mentir para policiais sob certas circunstâncias. Isso porque, desse modo, se embaralha o sistema moral como um todo, pois se renuncia à proposição de que não se deve mentir. Para cada proposição moral superior – e, assim, também para proposições como "Não deves matar!", "Não deves torturar crianças!" etc. – pode-se inventar facilmente um aparente dilema moral, de modo que, com base nesse fato, se poderia, em última instância, fazer qualquer coisa. Isso porque com qualquer ação imoral se poderia, afinal, produzir as condições para alcançar um fim bom, de modo que, segundo a regra de que os meios justificam os fins, o sistema moral como um todo se deixa destruir. Por isso, simplesmente não é correta a afirmação de que os meios justificam os fins.

O que é, afinal, uma mentira? Uma **mentira** consiste no fato de que alguém apresente consciente e intencionalmente algo que é falso como se fosse algo verdadeiro (ou inversamente), a fim de obter uma vantagem própria em relação à pessoa para a qual se mente. O objetivo da mentira é o engano de uma pessoa para a obtenção de vantagens. Caso se diga uma inverdade para proteger a família que se esconde no porão de um Estado injusto cruel, isso não é uma mentira, pois não se trata de conseguir uma vantagem, mas de assegurar a integridade de uma família.

Poder-se-ia objetar que, ainda assim, se busca uma vantagem estratégica em relação ao policial a fim de proteger a família, de modo que se prejudica o policial, pois ele não pode alcançar o seu objetivo. Mas o objetivo do policial é um objetivo que não deve ser realizado, pois é mau. Impedir o mal é, por si mesmo, algo bom, de modo que a vantagem estratégica que se visa por meio do não dizer a verdade – ou do dizer a inverdade – é, nesse caso, uma vantagem moral.

É permitido, então, também sob a condição restrita do imperativo categórico, sob condições determinadas, dizer a inverdade, a fim de impedir o mal e alcançar o bem. A condição mencionada consiste em que, nesse caso, não se mente, pois não se visa uma vantagem à custa de um outro que direciona a nós uma reivindicação digna de ser protegida.

Pode-se provar com um simples experimento mental que, por fim, não pode haver nenhum dilema ético. Imagine-se que se tem uma máquina do tempo e se poderia matar o pequeno, recém-nascido Wilhelm II, o último (até então) imperador alemão. Além disso, se sabe que, desse modo, se evita as atrocidades do século XX, ao, por exemplo, se substituir o pequeno Wilhelm II pelo pequeno, pacífico Robert Habeck, que transforma o Império Alemão em florescente e verdejante oásis progressivo que se vincula a todos os povos da comunidade mundial, de onde surge um movimento mundial de paz e uma democracia mundial sem fronteiras etc. Quando se formula a questão desta forma é difícil para muitos deixarem que o pequeno Wilhelm II viva – se você é nazista ou outro tipo de defensor de Wilhelm II, inverta o cenário, o que leva ao mesmo resultado.

Disso se segue que há dilemas demais – a saber, infinitos –, caso se possa encontrar apenas um, de modo que para cada proposição moral há incontáveis exceções. Se, porém, há incontáveis exceções para uma instrução de ação como um mandamento supremo, ele não tem mais valor. O inteiro sistema de reflexão, portanto, simplesmente desmorona.

Por essa razão, temos de supor que a ordem moral, o reino dos fins, é coerentemente pensável: não pode ser exigido de nós tanto fazer uma ação quanto deixar de fazê-la. Se algo é moralmente exigido, nenhuma outra coisa oposta pode ser demandada com a mesma força.

2.9 Obviedades morais e o problema de descrição da ética

O argumento lógico que acabei de esboçar, e que se esconde por trás do imperativo categórico, traz, em certa medida, uma fileira de questionamentos. Em particular, resulta, nesse contexto, um problema que temos de nos colocar: como reconhecemos o que devemos fazer em uma situação concreta, se quase tudo depende de quão exatamente descrevemos a situação concreta? Seria todo dizer uma inverdade uma mentira? Entrar no trem ICE sem passagem seria uma enganação? Flertar no local de trabalho já seria assédio sexual? Seria o temor diante do Coronavírus um racismo velado em relação a chineses? (Como, no início da pandemia viral, o filósofo esloveno supôs[72].)

---

[72] ŽIŽEK, S. Mein Traum von Wuhan [Meu sonho de Wuhan]. *Die Welt*, 05/02/2010 [Disponível em www.welt.de/kultur/plus205617755/Corona-Virus-Slavoj-Zizeks-Traum-von-Wuhan.html].

A maior parte das questões morais sentidas por nós como urgentes surgem de situações concretas e, por isso, não podem ser resolvidas na prancheta, por meio da mera reflexão. Para julgar se um pensamento moral é verdadeiro ou falso, temos de, primeiramente, obter clareza sobre em que categoria de valor uma opção da ação cai. Em situações de decisão difíceis, nos queixamos e lutamos por clareza, pois as circunstâncias são complexas demais para se emitir um juízo simples.

Por isso, uma ressalva amplamente disseminada contra o realismo moral e o universalismo enuncia que seus defensores seriam moralmente arrogantes. Como se deveria saber, afinal, o que se deve fazer em cada situação de ação complexa? Quem determina, afinal, quem tem razão?

Já que nos enganamos frequentemente no passado sobre questões morais, e até mesmo criamos sistemas do mal radical para o extermínio em massa de seres humanos, é, hoje, rude, e mesmo moralmente questionável, se alguém defende a tese de que, mesmo em questões morais complexas, haveria respostas e verdades claras. Alguns podem tomar algo assim por um tipo de fundamentalismo ou de terror da virtude e pensar que deveríamos manter a ética a serviço da vida conjunta de preferência vaga, e sugerir, antes, que haveria uma aproximação (*Ungefähr*) moral (p. ex., nossos valores europeus, o que quer que eles sejam...), que se prefere não esclarecer e explicitar.

Que mesmo esse pensamento vago, mas amplamente disseminado, seja insustentável se vê ao descrever situações morais unívocas. Quem pensa que não devemos emitir, em juízos morais, nenhum juízo unívoco, pois não haveria verdade e falsidade moral, está pronto para questionar se a seguinte proposição é verdadeira:

Torturar crianças é mau.

Chamemos proposições como essa: obviedades morais. **Obviedades morais** são proposições que descrevem fatos morais e cujo valor de verdade (quase) todos compreendem sem grande reflexão.

Há muitas obviedades morais; aqui está uma lista arbitrária:
- Derrubar cadeirantes da escada do metrô é mau.
- Passar manteiga vegana em pão de milho é moralmente neutro.
- Servir a um vegano intencionalmente um pão de trigo com *foie gras* é mau.
- Ajudar voluntariamente pela integração de famílias de refugiados prejudicadas pela guerra é bom.
- Investir dinheiro para impulsionar a proteção do meio ambiente é bom.
- Destruir o planeta hoje, de modo que gerações futuras tenham de sofrer, é mau.
- Folhear um livro de imagens com as pernas cruzadas é moralmente neutro.
- O intercurso sexual consensual homossexual é moralmente neutro.

E assim por diante. Algumas das entradas em minha lista serão, talvez, colocadas em questão por alguns dos leitores destas linhas, e avaliadas de outra forma. Uma lista interessante de obviedades morais verificáveis em tradições filosóficas africanas, especialmente entre aderentes do sistema de pensamento ético conhecido como "Ubuntu", foi reunida pelo filósofo sul-africano Thaddeus Metz. Segundo essa lista, é moralmente impermissível:

A) Matar pessoas inocentes por dinheiro.
B) Ter sexo com outra pessoa sem seu consentimento.
C) Enganar outros, pelo menos na medida em que isso tenha por finalidade a autodefesa ou a defesa de uma outra pessoa.
D) Roubar bens que não são necessários para a sobrevivência; ou seja, roubar o possuidor de direito.

E) Fazer mau uso da confiança de outros. Por exemplo, quebrando uma promessa a fim de conseguir para si uma vantagem pessoal insignificante.

F) Discriminar seres humanos em questões de distribuição de oportunidades, por causa de sua raça.

G) Tomar decisões políticas em dissenso aberto, em vez de buscar uma solução consensual.

H) Elevar a vingança a um objetivo fundamental e central da justiça penal, em vez de promover a reconciliação.

I) Acumular riqueza com base na competição, em vez de se basear em trabalho conjunto.

J) Distribuir o bem-estar primariamente com base em direitos individuais, em vez de segundo a necessidade[73].

Algo que alguém (eu, p. ex.) considera e compreende como moralmente óbvio não é, só por causa disso, igualmente verdadeiro. É

---

73 METZ, T. Auf dem Weg zu einer Afrikanischen Moraltheorie [A caminho de uma teoria moral africana]. In: DÜBGEN, F.; SKUPIEN, S. (eds.). *Afrikanische politische Philosophie – Postkoloniale Positionen* [Filosofia política africana – Posições pós-coloniais]. 2. ed. Berlim, 2016, p. 295-329; aqui, p. 300-303. Metz conta, ainda, outras reivindicações morais, que, todavia, expressam antes normatividades sociais locais do que princípios universais, como ele mesmo concede. A fraqueza dessa proposta está, como um todo, em apresentar juízos morais locais, "africanos", em vez de argumentar que essas formas de pensamento verificáveis na África são bem fundamentadas e, assim, moralmente universais. Na ética, não se trata de jogar a África contra a Europa ou inversamente, mas de transmitir o universalmente correto. Certamente podem ser encontradas com frequência fora da Europa e do assim chamado "Ocidente" algumas intelecções morais que são, em relação aos nossos equívocos morais, superiores, entre as quais estão especialmente os princípios I) e J) do catálogo de Metz, mas também a ética ambiental de muitas tribos que vivem há milênios na Amazônia. O avanço científico-natural-tecnológico moderno leva, justamente, também a retrocessos morais, e não garante, de modo algum, que os habitantes dos territórios de bem-estar sejam, automaticamente, moralmente superiores. Nós, europeus, podemos, evidentemente, aprender muito com os africanos, latino-americanos e asiáticos. Trata-se, no século XXI, de desenvolvermos os fundamentos de uma cosmopolítica moralmente sustentável. A treva nacionalista e a representação da superioridade moral de algum continente são evidentes males morais e, desse modo, não contribuem em nada para a fundamentação ética de juízos morais.

possível se enganar em questões morais. Por isso, nenhum catálogo derivado de um questionário ou de uma pesquisa literária científico-cultural de juízos morais amplamente aceitos é, automaticamente, um indicador de que esses juízos estão corretos. As obviedades morais podem, infelizmente, ser sobrescritas por equívocos sobre fatos não morais, por propaganda, mentiras, manipulação, autoengano, pensamento esperançoso etc., na mente de indivíduos e de sociedades inteiras.

Há sistemas de enganação complexos que nos ofuscam em questões morais. Um exemplo simples é uma sociedade organizada de modo abertamente racista como a dos Estados Unidos na década de 1950 ou como a Índia atual, com seu sistema de castas apoiado por um governo hindu nacionalista. Em uma sociedade como essa, vale, para muitos (mas, evidentemente, não para todos!) como moralmente óbvio que um grupo de seres humanos, por causa de características fisionômicas exteriores, seja sistematicamente considerado pior do que outros grupos e sofra restrição em seu campo de ação em benefício de grupos opressores. Como já dito (cf. p. 116ss.), tratamos nossas crianças na Alemanha segundo esse modelo, quando as excluímos de muitas atividades injustamente reservadas para adultos. Isso não significa que não há nenhuma diferença moralmente relevante entre crianças e adultos, mas apenas que os sistemas que distinguem crianças de adultos atuam de maneira em parte moralmente negativa e podam as crianças em seus direitos.

Quando nos encontramos em uma situação de ação moralmente complexa, por exemplo, como gerentes de uma empresa de médio porte que faz negócios com empresas em estados que não aceitam padrões morais que nos parecem óbvios, frequentemente, não vemos as árvores na floresta: não se pode, afinal, julgar a partir de fora, como a ditadura chinesa intervém no cotidiano das pessoas, de modo que os negociantes europeus não conseguem enxergar o quão profundamente eles estão ligados a violações chinesas dos direitos humanos. Por causa da complexidade de situações de ação, surge a impressão de que questões morais não seriam objetivas, ou seja, não seriam respondíveis segundo critérios de verdade. Mas isso só se deve ao fato de que as perguntas não são formuladas de modo suficientemente preciso para levar a problemas moralmente solucionáveis.

Tomemos uma situação moralmente polêmica e difícil: o tema do aborto. Até que altura de uma gravidez é moralmente permissível realizar um aborto? Muitos de nós conhecemos uma pessoa que já esteve diante da decisão de fazer ou não um aborto. Os afetados, especialmente a própria grávida, vivenciam frequentemente (não automaticamente) uma oscilação de sentimentos; eles vão e voltam em relação a se eles querem trazer uma criança – a qual se imagina e em relação à qual presumivelmente já se desenvolvem sentimentos – ao mundo ou não. As circunstâncias da gravidez podem ser tão pavorosas, que a grávida se sente moralmente dividida entre a proteção de sua própria alma e de seu corpo e a proteção daquela vida ainda não nascida.

Inimigos vocais do aborto argumentam, geralmente, que um óvulo fecundado já seria uma forma de vida humana e que não se pode matar nenhuma forma de vida humana, do que se deduz que se deveria classificar o aborto como um assassinato e que ele seria, assim, claramente moralmente abjeto, sim, mau.

Certamente é o caso que, a partir de algum momento, um aborto é, de fato, um assassinato – a não ser quando se trata de salvar a vida da parturiente, se, caso contrário, a mãe com certeza morreria com a criança. Eu não gostaria, aqui, de emitir um juízo sobre a partir de que semana um aborto é assassinato. Basta, para nossa reflexão, que haja algum intervalo de tempo no qual o feto está desenvolvido o suficiente para contar claramente como ser humano, cuja vida não se pode interromper.

Todavia, parece-me evidente que nós, graças à biologia molecular moderna, sabemos que um óvulo fecundado e, igualmente, um amontoado de células organizadas, que surge rapidamente depois da fecundação do óvulo, ainda não é um ser humano, mas um ser humano em potencial. Nem todo amontoado de células já é um ser humano. Não é em si imoral impedir amontoados de células em seu desenvolvimento em um sistema de células, caso contrário, já seria imoral remover pintas. A pergunta é, então, se devemos respeito moral a um amontoado de células que pode se tornar um ser humano e que já se encontra no caminho para tal, respeito que pese mais do que os interesses morais da mãe que devem igualmente ser levados em conta.

A resposta enuncia que há, em todo o caso, algum intervalo de tempo – digamos, as primeiras semanas depois da concepção – no qual um amontoado de células fecundado ainda não é um ser humano, de modo que um aborto, nesse intervalo de tempo, não seria um assassinato e, assim, não cairia moralmente na categoria do mal. Já que os interesses de uma mãe sob certas circunstâncias são moralmente mais importantes do que os interesses ainda não existentes de um ser humano em potencial que se desenvolverá a partir de um amontoado de células – caso se permita –, há um espectro de situações nas quais o aborto é moralmente inofensivo.

O legislativo definiu por muitas décadas de nossa jovem época com mais de duzentos anos da Modernidade um espectro socialmente aceitável, democraticamente legitimado de casos nos quais o aborto não é um assassinato. Esse é um caso de progresso moral, que anda, nesse caso, lado a lado com progresso científico-tecnológico-natural, nesse caso, o progresso medicinal. Não é minha intenção aqui colocar em questão as decisões tomadas, mas, justamente, apontar para o fato de que, em vista do conhecimento médico atual, há um intervalo de tempo no qual um aborto não é um assassinato, de modo que se deve dar às grávidas afetadas todo apoio moral, psicológico e médico pensável na realização de um aborto – o que, na Alemanha, ocorre amplamente.

Isso era diferente, por exemplo, na Antiguidade, entre os gregos, que desenvolveram teorias biológicas sobre o surgimento de espécies e de seres vivos individuais, sem poderem saber que animais humanos se desenvolvem por meio da divisão celular que é essencialmente conduzida por códigos genéticos que vieram à existência em sua forma atual por através de milhões de anos de evolução. Por isso, pensou-se por milênios que seres humanos, já no primeiro minuto de uma fecundação, acocorassem-se, como pequenos seres humanos, no corpo da mãe e, então, fosse como fosse, crescessem. Se isso fosse verdade, a situação moral de um aborto seria muito mais complexa, pois se mataria, então, em todos os casos e a qualquer momento, um ser humano. Mas esse não é o caso, de modo que podemos nos basear nos fatos biológicos descobertos pelas ciências naturais.

Isso levou a uma desoneração moral de abortos. Naturalmente, eles não são, por isso, de modo algum descomplicados e sem conflito. Há, por fim, uma tradição de pensamento milenar que considera toda vida humana potencial já como uma vida humana, assim como estados emocionais e situações psicológicas complexas dos afetados.

Quem emite um juízo moral a fim de poder avaliar uma ação e escolher entre opções de ação tem de saber, primeiramente, em que consiste uma ação. Há um problema que não é fácil de solucionar vinculado a isso. Esse **problema difícil de descrição da ética** consiste em que só podemos descobrir o que devemos fazer em uma situação concreta se encontrarmos a descrição correta das circunstâncias que nos permitem possibilitar a intelecção moral.

Isso leva às profundezas da teoria filosófica moral e da psicologia moral, que tem de lutar com um problema formulado particularmente pela filósofa britânica Elisabeth Anscombe[74]. Isso resulta

---

74 ANSCOMBE, G.E.M. *Absicht* [Intenção]. Berlim, 2011.

do fato de que toda ação pode ser descrita a partir de diferentes perspectivas. Quando se faz algo, se faz, afinal, sempre muito. Quem assa um bolo separa a gema da clara, mistura ingredientes em uma tigela, abre o fogão, telefona enquanto isso, consulta um livro de receitas etc. O que alguém faz afinal, *realmente* (*eigentlich*), ao cozinhar? Se não sabemos *exatamente* o que alguém faz, também não podemos avaliá-lo moralmente.

Em qual categoria moral cai algo que alguém faz depende, evidentemente, de como descrevemos uma ação. A avaliação segue-se da descrição, assim que tivermos esclarecido suficientemente o que ocorre. A impressão de que haveria dilemas morais, assim como a opinião amplamente disseminada de que, em questões morais, não haveria, na realidade, nenhuma inequivocidade (*Eindeutigkeit*), se baseia no fato de que é difícil e, às vezes, até mesmo impossível, constatar o que alguém realmente fez e que intenção ele tinha ao fazê-lo.

Por essa razão, o arabista Thomas Bauer e o historiador Andreas Rödder têm razão quando insistem no fato de que a desequivocação (*Vereindeutigung*) pode, em certas circunstâncias, levar à violência, se ela leva a querer condenar precipitadamente[75]. É, frequentemen-

---

[75] Cf. RÖDDER, A. *Konservativ 21.0 – Eine Agenda für Deutschland* [Conservador 21.0 – Uma pauta para a Alemanha]. Munique, 2019. • BAUER, T. *Die Vereindeutigung der Welt – Über den Verlust na Mehrdeutigkeit und Vielfalt* [A desequivocação do mundo – Sobre a perda de polissemia e da multiplicidade]. 12. ed. Stuttgart, 2018. Infelizmente, a argumentação de Bauer se apoia em uma série de erros pós-modernos sobre a verdade, que ele comete às p. 26-30. Também o seguinte resultado de suas reflexões contra a verdade é inaceitável: "Uma reivindicação de verdade, pureza e validade atemporal não pode ser feita por decisões democráticas" (p. 84). Essa concepção não é conciliável com os fundamentos do Estado democrático de direito, em particular com o reconhecimento de direitos humanos universais e inequívocos. A autocontradição da proposta de Bauer se torna clara: ele é, afinal, inteira e inequivocamente contra a desequivocação e faz, até mesmo, reivindicações de verdade consideravelmente disputáveis quando, p. ex., afirma (nessa passagem sem indicações de fontes e evidências): "Por mais de 1.000 anos antes do fim do século XX, praticamente não havia [em sistemas jurídicos que usam o direito islâmico, M.G.] apedrejamento de adúlteros e nenhuma execução por causa de ações sexuais homossexuais consensuais" (p. 37). Isso traz muitas dúvidas, já que, de todo modo,

te, importante avaliar uma situação cuidadosamente e sem pressa, antes de emitir um juízo moral complexo, o que é uma das razões para que processos jurídicos nos quais muito está em jogo para os envolvidos corram, frequentemente, em uma lentidão difícil de suportar. É, como se sabe, sábio adiar uma decisão por uma ou mesmo mais noites de sono, já que tentativas de resolução geradas muito diretamente podem levar a uma desequivocação perigosa. Todavia, vale: não se pode inferir, a partir do princípio de tolerância e da desaceleração, que não haveria inequivocidade moral.

2.10 Por que a ex-chanceler não é o Führer

Ações têm consequências que ninguém pode enxergar inteiramente. Toda ação, não importa quão boa, pode trazer consigo consequências catastróficas inimagináveis.

Tomemos um exemplo de nossos dias. A política de refugiados vinculada com o nome de Angela Merkel, sobretudo no ano de 2015, levou, aparentemente, indiretamente a um aumento da violência de extrema-direita, à disseminação da hostilidade a estrangeiros, assim como a todo tipo de dificuldades estruturais que acompanham o fato de que um grande número de refugiados tem de ser integrado à Alemanha, o que não agrada, por diversas razões, muitas pessoas. Na medida em que a intenção de Merkel foi amortecer a situação em parte desumana de pessoas que tiveram de fugir de sua pátria como refugiados para proteger as suas famílias e empregar, para tanto, o bem-estar e as forças estruturais da Alemanha, as suas decisões e ações referentes a isso estavam, inequivocamente, ao lado do bem.

Indiretamente, porém, suas decisões e ações nesse contexto levaram a um aumento da tendência à violência e da crueldade, que

---

me surpreenderia muito se houvessem fortes estatísticas de tais execuções e punições de morte, que documentam essa prática nos últimos 1.000 anos.

se voltou especialmente, também em mídias sociais e em protestos, à chanceler. Mas seria absurdo deduzir disso (como fez, p. ex., o político da AfD Georg Pazderski, em alguns tweets no âmbito do atentado de Hanau) que as ações de Merkel teriam gerado o terror de extrema-direita de nossos dias, a fim de afirmar, ao mesmo tempo, que sua decisão de ajudar milhões de pessoas por meio da sua recepção e integração teria sido moralmente abjeta. Moralmente abjeto, sim, mau, é o terror de extrema-direita, não, porém, o uso de nosso direito de asilo para pessoas em necessidade de ajuda.

Pode-se, agora, descrever a assim chamada "crise dos refugiados" e a atuação administrativa da presidente de muitas perspectivas, entre as quais estão as estratégias políticas para a rota dos Bálcãs, processos de negociação com outros estados da União Europeia, considerações político-partidárias, mas também, naturalmente, características e convicções pessoais de Angela Merkel. É impossível uma análise total dos processos caracterizados como "crise dos refugiados", já que muitos fatores têm de permanecer ocultos e podem permanecer ocultos, pois, entre outras coisas, há um direito à privacidade a segredos do Estado. Nossa ex-chanceler não precisou tomar parte em um processo de exame público para o esclarecimento de seu caráter. As suas decisões, com frequência extremamente objetivas e ponderadas, foram de uma grandeza exemplar nos dias de pandemia, como uma bem-sucedida administradora de crises. Isso não fez dela uma santa nem uma heroína, mas apenas uma boa chanceler (não importa o quanto nos afastamos dela, em questões individuais, em seu julgamento político ou moral). Merkel não foi nossa *Führerin*, mas uma pessoa conduzida a seu cargo por meio de complexos processos de eleição – e de suas manobras táticas de poder legítimas, como política profissional –, que, felizmente, chamaram a atenção não apenas pela consciência de seu poder, mas também pela sua astúcia e objetividade.

Também em um Estado democrático de direito, o objetivo não pode ser o de apresentar explicitamente todas as condições prévias de ações e decisões – isso, por uma questão de princípio, não é possível. Isso porque nem os seus mais íntimos confidentes – sim, nem mesmo a própria Merkel – conheciam suas intenções com tanta clareza que possamos realmente saber o que ela tinha em mente com as suas muitas pequenas e grandes decisões. Ninguém conhece a si mesmo inteiramente, nem mesmo a ex-chanceler, que, por sua vez, evidentemente, não sabia, nem de modo incipiente, tudo o que ocorria na Alemanha, pois ninguém pode saber. Agimos, todos nós, sob condições de incerteza – pelo que não podemos ser responsabilizados, já que realizamos ações sempre, parcialmente, em incerteza.

Isso, ademais, não foi, de modo algum, ignorado por Kant. Antes, ele até mesmo argumentou que não podemos saber com certeza, nem no nosso próprio caso, se a nossa motivação levou a que tivéssemos, em nossa ação, apenas intenções que nós mesmos – ou outros – percebem até mesmo como exemplo do bem.

> A verdadeira moralidade das ações (mérito e culpa) permanece então, mesmo a moralidade de nosso próprio comportamento, inteiramente oculta para nós. Nossas atribuições só podem ser referidas ao caráter empírico. O quanto disso, porém, pode ser atribuído à pura atuação da liberdade, o quanto à mera natureza e ao erro inocente do temperamento, ou à sua fortuita constituição (*mérito fortunae*) não pode ser averiguado por ninguém, e, por isso, não pode ser julgado com inteira justiça por ninguém[76].

---

76 KANT, I. *Kritik der Reinen Vernunft* [Crítica da razão pura] – Werkausgabe [Obras completas]. Vol. IV. Ed. por Wilhelm Weischedel. Frankfurt a. M., 1992, B 579, p. 501, nota.

O próprio Kant defende, nesse contexto, uma tese desnecessariamente radical. Ele pensa que a moralidade de nossas ações permaneceria "inteiramente oculta" para nós. Isso se deve ao fato de que ele considera como portador da moralidade exclusivamente a nossa autodeterminação, independente de todos os motivos imorais, a nossa pura vontade. Para Kant, tudo depende de por quais motivos alguém fez algo, e apenas uma motivação corresponde realmente ao que deveríamos fazer: que se faça o que se faz apenas porque se deve fazê-lo, sem nenhuma outra intenção.

Mas, como se deve constatar em uma dada situação, por que se toma uma certa decisão? E como se constata isso em retrospecto? Aqui, Kant não nos leva adiante. Em situações de ação concretas e complexas age-se sempre em condições de incerteza, o que é parte da grande responsabilidade portada por, por exemplo, um chefe de Estado ou uma chefa de governo. Uma diferença decisiva entre a chanceler e o autoproclamado *Führer* é que aquela, diferentemente desse, não reivindica nenhuma onisciência moral, mas age como cidadã do Estado do qual ela se encontra à frente do governo por causa de determinadas regras de jogo democráticas. Não temos nenhum *Führer* e nenhum partido que tenha sempre razão, e é bom que seja assim, pois isso corresponde melhor aos fatos.

2.11 O juízo final, ou como podemos conhecer fatos morais

Podemos conhecer muitos fatos morais. Há até mesmo obviedades morais, que seres humanos de todas as culturas podem inserir na categoria de valor correta. Sabemos inteiramente, a maior parte das vezes, o que é moralmente exigido de nós.

Todavia, isso, infelizmente, não significa que podemos encarar a Ética simplesmente com nosso entendimento cotidiano. Isso porque, em muitos casos, é difícil indicar e constatar de modo exato o que alguém realmente faz ou fez. Se, porém, não se sabe o que, afinal, alguém faz, aquilo que ele faz não pode ser julgado moralmente de maneira apropriada.

Desse modo, surge a impressão de que, em última instância, nunca saberíamos com certeza o que devemos fazer em situações nas quais se trata de ficar de olhos abertos responsavelmente pelo moralmente correto. Mas, se esse fosse o caso, isso significaria que a nossa reflexão moral nos deixaria na mão quando ela é necessária.

Para obter mais clareza e escapar desse beco sem saída, pode-se, primeiramente, distinguir a ontologia da epistemologia dos valores. A **ontologia de valores** se ocupa com a questão sobre como são valores morais, ou seja, o que significa que eles existam de algum modo. Trata-se do modo de ser de valores. A **epistemologia de valores** investiga, diversamente, como podemos conhecer fatos morais em referência a valores universais em situações complexas de ação.

No primeiro capítulo defendi que valores têm uma ontologia universal e realista: eles valem em todo lugar – ao menos para seres humanos – e existem de modo parcialmente independente de nossas representações de valores, de modo que haveriam opiniões morais verdadeiras e falsas sobre o que se deve fazer em uma situação concreta.

Mesmo se você não estiver convencido disso, poderá conceder que há algumas coisas que deveríamos fazer, tendo em vista considerações morais, e outras coisas que devemos deixar de fazer, também devido a esse tipo de considerações. O que devemos ou não devemos fazer não é, segundo o universalismo, resultado da opinião de alguém, mesmo que seja de uma gigantesca maioria democrática. Maiorias podem cometer erros morais exatamente como minorias. Nem a maioria democrática, nem a minoria democrática é moralmente privilegiada.

Mas essa combinação de teses – do universalismo e do realismo na ontologia de valores – aparentemente ainda não dissolve o problema de como podemos *conhecer* fatos morais. Por isso, temos de introduzir um componente adicional. Aqui, entra em jogo um outro sentido da expressão técnica filosófica, "realismo". Isso porque realismo significa, ao menos, duas coisas, o que é indicado logo de entrada pelo filósofo britânico Crispin Wright em seu significativo livro *Verdade e objetividade*[77].

Em primeiro lugar, é-se realista em relação a um âmbito determinado de reflexão, caso se pense que opiniões sobre objetos no dito âmbito não são verdadeiras simplesmente pelo fato de que se as tem. Os objetos são parcialmente independentes de nossas opiniões, depende decisivamente deles se temos razão com nossas opiniões. Chamemos isso de **realismo ôntico.** Fatos morais são onticamente objetivos, a sua existência não se dá primeiramente por força de que nós, como seres humanos, fazemos algo, por exemplo produzir sistemas de representações de valores ou usar nossa razão para produzir um consenso que seja aceitável para todos os envolvidos. Há, realmente, fatos morais, e eles são fatores atuantes na vida de seres vivos livres e espirituais.

Em segundo lugar, frequentemente faz parte do realismo a concepção de que alguns fatos que existem independentemente de nossas opiniões são conhecíveis por nós, que, então, temos boas razões para acreditar que também teríamos apreendido alguns dos fatos parcialmente independentes de nós tal como eles realmente são. Chamemos isso de **realismo epistêmico.**

Agora gostaria de lhes oferecer um argumento para um realismo epistêmico de valores; ou seja, para o fato de que podemos apreender fatos morais que existem de maneira parcialmente inde-

---

[77] WRIGHT, C. *Wahrheit und Objektivität* [Verdade e objetividade]. Frankfurt a. M., 2001, p. 12s.

pendentemente de nós, tal como eles realmente são. Não importa o quão obscuros sejam os tempos, nunca pode imperar a completa escuridão moral, enquanto houver seres humanos que têm de coordenar as suas ações a fim de viver conjuntamente.

Meu argumento se baseia em um experimento de pensamento que caracterizo como o **juízo final**. Imagine que você acorda um dia e constata que morreu e está diante de uma porta (como na série da NBC bem-informada filosoficamente, *The Good Place*). A porta se abre e (agora, me afasto do *The Good Place*), Deus está sentado diante de você. Algo atônito, pois você foi ateísta por sua vida toda, você observa como Deus folheia um livro grosso e cálido, antes de encontrar o seu nome e pronunciar um temível juízo de condenação. A verdadeira surpresa do juízo de condenação é que Deus te acusa apenas por coisas que, na Terra, eram tomadas, por praticamente todos que você conhecia, como especialmente dignas de reconhecimento moral e como nobres. Assim, você é acusado de ter dirigido uma creche inclusiva, cuidado altruisticamente de pessoas com lepra, ter sido um bom pai para os seus filhos, ter lutado contra o aquecimento global, ter salvado coalas de incêndios na Austrália etc. Em contrapartida, você é elogiado por Deus por artigos de jornal blasfemos, por uma rixa que você teve quando jovem, por suas grandes e pequenas mentiras etc. Em suma: o juízo de condenação é absolutamente incompreensível, pois Ele julga como alguém na Terra esperaria que o diabo ou um louco perigoso julgaria.

Nessa situação, se estaria justificado em perguntar a Deus por que, afinal, Ele julga segundo critérios que se afastam do que valia inequivocamente como moralmente bom na Terra segundo a leitura dos escritos sagrados, o exame da consciência e a opinião geral. Como é possível que as nossas ações sejam medidas segundo critérios morais que simplesmente não podemos conhecer? Todavia, seria exatamente assim, se Deus pudesse emitir juízos morais que se afastassem inteiramente daqueles que nós, pobres mortais, podemos emitir. Se o juízo de Deus pudesse ser inteiramente incompreensível para nós, Deus também poderia, no juízo final, classificar ações moralmente irrelevantes a nossos olhos (como, ao beber café, segurá-lo do lado esquerdo) como um grande crime, e classificar aquilo que consideramos ter peso moral como moralmente indiferente.

Esse experimento moral deve mostrar que fatos morais são, no essencial, evidentes (*offensichtlich*); é, portanto, por princípio, mesmo que muitas vezes não sem grandes dificuldades, possível conhecer o que devemos fazer. Isso não significa que não podemos nos enganar.

Um Deus onipotente que, segundo seus próprios critérios morais, inteiramente estranhos para nós e impossível de serem conhecidos por nós, julgasse-nos, examinasse-nos e punisse-nos depois da morte de modo correspondente, seria um pavoroso demônio. Por isso, todas as religiões mundiais são religiões da revelação, que partem do princípio de que Deus (ou os deuses) nos envia mensagens e profetas – não importa o quão confusos esses possam parecer – que nos comunicam o que devemos fazer. Deus não pode passar por debaixo de nosso nariz em questões morais, pois, caso contrário, Ele não seria um deus, mas um demônio arbitrário. Isso é uma das considerações que dá suporte ao pensamento sobre a bondade de Deus.

Disso não se segue, naturalmente, que Deus exista, e que Ele seja todo benevolente. O experimento do juízo final deve mostrar apenas que seria um absurdo acreditar que haveria fatos morais que nós, simplesmente, não poderíamos conhecer. Além disso, ele mostra como é absurda a suposição de que a validade de juízos morais proviria de uma fonte divina.

Desse modo, não fica decidido se Deus existe, e não se emite nenhum juízo sobre como Deus, os deuses ou o divino se relacionariam com a ordem mundial universal. Todavia, está excluído que Deus, os deuses e o divino sejam subversores da verdade e do saber humano dos valores. Não há, então, nenhum conflito entre ética e religião. Se houvesse, a religião sairia na pior, pois teríamos de recusá-la como um erro, por razões morais. A nossa reflexão compartilhada eticamente, ou seja, a nossa intelecção moral, está além de tradições religiosas, pois avaliamos esses últimos por meio de critérios éticos. Isso vale, em nosso Estado democrático de direito, para todas as religiões, motivo pelo qual também o cristianismo não tem mais o mesmo campo de ação que ele ainda tinha há alguns séculos. A queima de bruxas e o exorcismo, felizmente, não estão mais na ordem do dia; eles são moralmente abjetos, faziam parte, porém, por muito tempo, da tradição religiosa.

O universo moral do que devemos fazer e do que devemos deixar de fazer tem de ser parcialmente transparente para nós. Por isso, não é possível que estejamos, em algum momento, em uma situação em que não sabemos de modo algum o que deve, por razões morais, ser feito. Apenas não sabemos nunca *tudo*. Falibilidade não significa, justamente: completo desconhecimento do estado de coisas – isso seria fatal para a ética. Falibilidade significa que podemos nos enganar em questões morais complexas. Eticamente, isso tem por consequência que temos de lidar tolerantemente com nós mesmos e com outros seres humanos, ou seja, que não devemos condenar precipitadamente as decisões de outros. Mas essa tolerância eticamente exigida não significa que não há fatos morais objetivos, mas constata exatamente o contrário: como há fatos morais, que são da maior importância em situações de ação complexas, devemos lidar tolerante e cuidadosamente com os juízos e modos de vida de outros.

2.12 Com e sem Deus no reino dos fins

A essa altura, muitos de vocês já devem se perguntar quem "define" os valores universais, se não for Deus. Essa pergunta se apoia, porém, em falsas suposições. Perguntar quem "define" ou "estipula" valores universais se assemelha à pergunta sobre quem "define" ou "estabelece" que a Terra tenha uma Lua.

> *Se não houvesse seres vivos livres espirituais, não haveria, então, ética. Se não houvesse nenhum ser vivo no universo, valores não desempenhariam nenhum papel. Isso não significa que não haja valores, justamente porque não nos encontramos em um universo sem seres vivos livres, espirituais. Como, em representações de valores, trata-se essencialmente de nós como seres humanos, assim como de outros seres vivos, valores se referem sempre, justamente, também a nós, de modo que eles se distinguem de constantes da natureza. Mas disso não se segue, de modo algum, que valores não são fatos, apenas que não são meros fatos naturais que podem ser descobertos por meio das ciências naturais.*

Fatos não são, em geral, "definidos" ou "estipulados", mas são o critério para que nossos posicionamentos estejam certos ou errados. De fato, pode-se contestar os fatos (e enganar-se assim), mas nem por isso eles desaparecem. Se há, de algum modo, fatos morais, se, então, está estabelecido o que devemos incondicionalmente fazer e o que devemos incondicionalmente deixar de fazer, ninguém "define" esses fatos, e também não Deus.

Todavia, surgem, no curso da história humana, recorrentemente novos tipos de ação, sobre os quais não tínhamos, até então, refletido moralmente de modo abundante. Um importante exemplo de nossos dias é o surgimento de redes sociais e o emprego da inteligência artificial no âmbito da digitalização. Não há, até o momento, nenhuma ética plenamente elaborada da inteligência artificial. Isso não significa que temos agora de inventar um novo catálogo de valores, mas, antes, que temos de reconhecer quais novos tipos de ação caem sob quais categorias morais[78].

Sigamos novamente a terminologia de Kant e designemos o universo moral, ou seja, o campo dos fatos morais, como o **reino dos fins**[79]. O reino dos fins nunca pode estar, por princípio, inteiramente oculto a nós. Ele consiste fundamentalmente no fato de que as nossas ações ocorrem intencionalmente ao nos propormos a reconfigurar a realidade pelo estabelecimento de fins (*Zwecksetzung*). Se vou comprar morangos, sigo um plano complexo: pego a chave de minha bicicleta, aciono o pedal, respeito as regras de trânsito, estaciono minha bicicleta, encontro os morangos, levo-os ao caixa e pago. Esse plano só não nos parece tão complexo como ele é porque frequentemente ensaiamos esses processos. Ele não poderia ser realizado sem o estabelecimento de fins que conduzem nosso agir e, assim estruturam a realidade.

Se Deus existe ou não como a autoridade suprema no reino dos fins não desempenha, para a estrutura dos fatos morais, nenhum papel. Isso porque se devemos fazer ou deixar de fazer algo, isso não pode depender, em última instância, de que um deus impõe sanções. Que não se deva torturar crianças não é apenas uma decisão de Deus a qual se deveria seguir por temor da punição divina, ou seja, por astúcia tática, mas um fato moral que tem existência com ou sem Deus. Quem se afasta de uma religião e se torna ateísta não muda, por causa disso, todas as suas convicções morais, mas pode se ater ao fato de que a maior parte de seus juízos morais resistem a esse afastamento.

Sem Deus, se torna, de certa maneira, ainda mais improvável que não se conheça o reino dos fins. Isso porque como deveria haver, em um universo sem Deus, reivindicações morais que são com-

---

78 Para um panorama, cf. a introdução de COECKELBERGH. *AI Ethics* [Ética da IA].
79 KANT. *Grundlegung*, p. 66.

pletamente separadas de nosso conhecimento? Seria como se houvesse uma camada de partículas elementares morais até então não descobertas, que explicariam por que se faz algo e se deixa de fazer outras coisas, e que, porém, nunca poderíamos ver.

O influente filósofo americano do direito, Ronald Dworkin, brincou com esse cenário com a indicação de que não haveria "Morônios", ou seja, partículas elementares morais que uma física futura poderia vir a medir[80]. Seria igualmente absurdo se houvesse um reino dos fins que não pudesse ser investigado nem pelas ciências naturais, nem pelas ciências humanas, no qual existiriam fatos morais que nos concernem, sem que eles pudessem jamais vir a ser conhecidos por nós.

Fatos morais só podem, por essa razão, ser apenas parcialmente independentes de nós, já que eles, por princípio e amplamente, têm de ser conhecíveis. A moral tem de ser acessível para mortais, quer ela seja, além disso, fundamentada em um Deus, quer não. Ateístas e politeístas reconhecem, essencialmente, os mesmos valores morais que teístas.

Essa observação pode ser filosoficamente revestida por meio de uma reflexão muito discutida, que remonta a ninguém menos do que Platão, o fundador da ética filosófica sistemática. Em seu pequeno, mas elegante diálogo de juventude, *Eutífron*, Platão faz com que seu protagonista, Sócrates, encontre Eutífron, um concidadão ateniense devoto, em Atenas, diante de um tribunal. Nesse momento do diálogo, Sócrates mesmo foi levado ao tribunal, pois um certo Meleto o acusou. Como se sabe, Sócrates será mais tarde, por causa de uma suposta deficiência teológica (ele teria introduzido novos deuses e corrompido a juventude), condenado à morte.

---

[80] DWORKIN, R. Objectivity and Truth – You'd Better Believe it [Objetividade e verdade – É melhor você acreditar]. *Philosophy & Public Affairs* [Filosofia e relações públicas], 25/2, 1996, p. 87-139; aqui, p. 104s.

Como é do estilo de Sócrates, ele emaranha Eutífron rapidamente em um diálogo filosófico, cujo objetivo é esclarecer a relação entre piedade e justiça. Assim, ambos discutem, sob as condições do antigo politeísmo, a questão até hoje obscura de como a crença religiosa se relaciona com valores morais. Nesse contexto, se introduz o assim chamado contraste de Eutífron, recorrentemente mencionado na metaética contemporânea. O **contraste de Eutífron** distingue entre duas concepções aparentemente inteiramente opostas da relação entre Deus e valores morais. A essência (*Inbegriff*) dos valores morais, positivos no uso linguístico de Platão, é a justiça (*dikaiosynê*) ou, como ele a chama de modo ainda mais universal, o bem (*to agathon*).

As duas concepções concorrentes no contraste de Eutífron enunciam o seguinte:

> Deus considera certas ações boas, pois Ele tem uma intelecção do bem (realismo).

> Certas ações são boas, pois Deus estabelece isso (antirrealismo).

Que opção se escolhe tem consequências para a concepção de justiça e piedade. O realista pensa que a crença em Deus (piedade) contribui, na melhor das hipóteses, indiretamente para a intelecção moral. A faculdade de conhecimento superior de Deus garante, aí, ao menos, que Ele não comete erros morais, de modo que todo fato oral que nós conhecemos é, automaticamente, um fato moral que Deus conhece, motivo pelo qual, no exercício do juízo moral, nos aproximamos parcialmente de Deus. Essa era a concepção do próprio Platão, que via o sentido da vida em que tentemos nos aproximar o máximo possível de Deus, para nos assemelharmos a Ele.

O antirrealista, em contrapartida, defende a concepção oposta: ele considera a piedade como a única possibilidade de fundamentar de algum modo a moral. Uma ação é, então, boa apenas pelo fato de que Deus estabelece o padrão da bondade moral, de modo que é decisivo descobrir o que Deus estabeleceu. A vontade de Deus é, nesse cenário, muito mais importante do que os detalhes de uma ação, já que Ele determina por decreto (ou seja como for) o que vale como bom e o que vale como mau. Na ética contemporânea, simplesmente entra, no lugar de Deus, a razão humana ou as nossas valorações subjetivas, mas a argumentação permanece aproximadamente a mesma, o que o filósofo Ernst Tugendhat mostrou de maneira convincente e bastante compreensível em suas *Preleções sobre ética*[81].

> Por que se deveria ainda derivar de outro lugar algo que esclarece, em vez de simplesmente se deixar claro para si sobre o suporte sobre o qual se apoia essa plausibilidade? Tendemos, por causa de nossa origem em morais tradicionais [que fundamentam a moral com a invocação de tradições, M.G.] e porque nós, como crianças, crescemos em uma compreensão da moral ao menos parcialmente compreendida de modo autoritário, a esperar uma fundamentação a partir de outro lugar (a Razão etc.), analogamente ao suporte por meio de uma autoridade[82].

Já Platão se volta contra o antirrealismo, de modo que ele considera Deus implícita ou mesmo explicitamente como um tipo de vilão. Se Deus, a saber, estabelecesse por meio de sua mera vontade o que vale como bom e o que vale como mau, sem que pudéssemos alcançar uma intelecção do bem e do mal independente da decisão de Deus, estaríamos, em última instância, condenados a nos submeter, sem fundamentação, à vontade de Deus. O antirrealismo leva, visto assim, a uma veneração cega de um ser superpoderoso, o qual deve ser obedecido, não importa o que ele comande. Deus é, des-

---

[81] TUGENDHAT, E. *Vorlesungen über Ethik* [Preleções sobre ética]. 2. ed. Frankfurt a. M., 1994.
[82] Ibid., p. 87.

sa maneira, concebido como um tipo de ditador celeste inatacável, como um tirano metafísico.

O realismo moral é, portanto, mais conciliável com a suposição de que Deus – se Ele existir – não seria apenas um ser onipotente e, assim, perigoso, mas, além disso, de completa bondade. Deus não pode cometer um erro moral; tudo o que Ele faz deve corresponder à intelecção do bem, pois, caso contrário, poderíamos fazer objeções justificadas a Ele. Se Deus, em contrapartida, estabelecesse sem razão o padrão do moralmente bom, isso se poderia tornar uma objeção a Ele, pois, assim, seria levantada a pergunta sobre por que Ele compartilha o seu padrão de um modo tão complicado, por exemplo, em algum momento no curso da história da humanidade: aparecer em uma montanha na forma de uma árvore em chamas e comunicar os Dez Mandamentos.

Já que se é frequentemente instruído, em discussões, sobre o fato de que os Dez Mandamentos seriam um catálogo sensato de orientações morais, que eles sejam relembrados aqui. Estes são – segundo as informações da homepage da Igreja Evangélica na Alemanha –, na seguinte ordem e disposição, os "fundamentos da ética cristã":

> O primeiro mandamento: Eu sou o Senhor, teu Deus. Tu não deves ter nenhum outro Deus fora eu.
>
> O segundo mandamento: Não usarás o nome do Senhor, teu Deus, em vão.
>
> O terceiro mandamento: Deves santificar o feriado (*Feiertag*).
>
> O quarto mandamento: Deves honrar teu pai e tua mãe.
>
> O quinto mandamento: Não deves matar.
>
> O sexto mandamento: Não deves cometer adultério.

O sétimo mandamento: Não deves roubar.

O oitavo mandamento: Não deves dar falso testemunho contra teu próximo.

O nono mandamento: Não deves cobiçar a casa de teu próximo.

O décimo mandamento: Não deves cobiçar a mulher, o servo, a criada, o gado e tudo ainda que teu próximo tenha[83].

Nessa forma, os Dez Mandamentos certamente não servem como fundamento de alguma ética – também não de uma ética cristã, que, ademais, não pode existir, pois uma ética que fosse cristã perderia, assim, sua validade universal. Vale para nós, por exemplo, como moralmente repulsivo que se conte "a mulher, o servo, a criada" como algo que alguém possui – o décimo mandamento viola, já nessa formulação, a nossa concepção da igualdade de direitos dos gêneros. Se o seguíssemos, isso seria um retrocesso moral. Além disso, parece ter ocorrido a poucos que a servidão – ou seja, uma forma de escravidão, da qual se trata aqui – como tal já é moralmente abjeta, de modo que, inversamente, é moralmente recomendável libertar o servo e a criada da vida de escravidão a que o nosso próximo os obrigou, e da qual se fala no mandamento. Sabe-se, de modo geral, que o texto da Bíblia não levanta qualquer objeção contra a escravidão, o que é um problema de muitos dos padrões morais que são invocados em parte implicitamente, em parte explicitamente, nos textos múltiplos e extremamente heterogêneos da Bíblia.

A isso se acresce que Jesus, no Novo Testamento, anuncia uma hierarquia dos mandamentos e destaca dois como os mais elevados, embora o segundo não se encontre no decálogo; ou seja, na lista original.

---

83 Disponível em www.ekd.de/Zehn-Gebote-10802.htm – Acesso em 09/02/2020.

> O primeiro de todos os mandamentos é este: Ouve, Israel, o Senhor nosso Deus é o único Senhor, e amarás o Senhor teu Deus de todo o coração, com toda a alma, com toda a mente e com todas as forças. O segundo é este: Amarás o próximo como a ti mesmo. Não há mandamento maior do que estes (Mc 12,29-31).

Aqui, não se trata, para mim, de entrar em questões de detalhe teológicas sobre o texto sagrado e sua interpretação, ou sobre a relação entre judaísmo e cristianismo (sem falar do Islã), assim como entre o Antigo e o Novo testamentos. O ponto da lembrança dos textos sagrados das religiões mundiais monoteístas consiste em que, lá, Deus é, às vezes, apresentado como se Ele promulgasse leis consideravelmente arbitrárias (*grundlose*), sim, até mesmo infundadas (*unbegründete*), que, ademais, não são conciliáveis com nossas representações de valores atuais e (espero) também com as dos oficiais da Igreja Evangélica na Alemanha.

O amor a Deus e ao próximo são posicionamentos mais plausíveis do que a obediência aos Dez Mandamentos em sua forma originária, embora as exigências de Jesus Cristo certamente sejam ignoradas pela esmagadora maioria dos cristãos diante de determinados conselhos universalmente aceitáveis. No Evangelho de Lucas, Jesus aconselha a abandonar a própria família para se dedicar inteiramente ao serviço de Deus.

> Jesus respondeu: "Eu vos asseguro: Ninguém que deixou casa, mulher ou irmãos, pais ou filhos por amor do Reino de Deus, deixará de receber muito mais neste mundo e, no mundo futuro, a vida eterna" (Lc 18,29-30).

De uma forma geral, o Novo Testamento se lê como o anúncio de uma religião do fim dos tempos: Como o retorno de Jesus depois de sua crucificação, assim como o dia do juízo final, estão próximos, não vale a pena investir em obrigações terrenas; à qual também poderiam pertencer os deveres morais em relação à própria família, mas também projetos para o aprimoramento moral do sistema jurídico. E, de fato, caso realmente se espere que logo o Messias retorne ou que a totalidade da história humana culmine em um fim de jogo encenado por Deus no qual nos encontramos no momento, as reivindicações morais mudam massivamente. Quem entende a onipotência de Deus de modo que Ele estabeleça valores morais como bem entender e, possivelmente, possa até mesmo mudá-los, envolve-se com uma concepção de moralidade inteiramente diferente daquela que é tomada pela nossa comunidade política atual, que se constrói sobre a constituição e sobre o pensamento da dignidade humana.

Com isso, não se quer dizer, de modo algum, que o judaísmo, o cristianismo ou o Islã são, em todas as suas variantes institucionais e existenciais, desfavoráveis à constituição; para não dizer hostis a ela. As religiões mundiais se adequaram amplamente, por milhares de anos, às condições histórico-reais da constituição dos estados e da organização do poder terreno, embora não se deva esquecer que a Igreja Católico-romana seja conduzida pelo Estado do Vaticano, que não é, de modo algum, um Estado democrático de direito moderno, mas uma monarquia absoluta, na qual, segundo o artigo 1 da constituição do Estado do Vaticano, por exemplo, não há nenhuma divisão dos poderes, pois "o papa tem, como autoridade suprema do Estado do Vaticano, a totalidade do poder legislativo, executivo e jurídico"[84].

As religiões mundiais são como um todo, em sua forma clássica, muito mais velhas do que a ideia moderna de que o progresso moral poderia, deveria e até mesmo teria de ser promovido na forma de uma estrutura estatal apropriada de instituições. Não se

---

[84] Libreria Editrice Vaticana. La legge fondamentale dello Stato della Città del Vaticano. *Acta Apostolicae Sedis*. Ergänzungsband, 2001 [Disponível em www.vatican.va/news_services/press/documentazione/documents/sp_ss_scv/informazione_generale/legge-fondamentale_ge.html].

pode abdicar dessa ideia, caso se queira preservar o pensamento do Esclarecimento. Sem o pensamento do Esclarecimento não haveria Estado democrático de direito, que, por meio de sua complexa diferenciação de subsistemas – de que faz parte, em primeiro lugar, a divisão dos poderes –, assegura que não haja nenhuma central a partir da qual alguém possa restringir e conduzir todos os outros seres humanos. Entre nós, nada e ninguém é *legibus absolutus*, independente das leis. A chanceler, o presidente, o ministro, os parlamentares desfrutam, de fato, de uma forma limitada de imunidade, mas a vigilância de controle recíproca de tribunais, legisladores, juristas, sociedade civil, mídia etc. leva a que, atualmente, ninguém possa obter, na Alemanha, o poder absoluto. Para isso, seria necessário virar do avesso toda a república, o que, de fato, é, a princípio, possível, todavia, pressupõe dispêndios e acordos estratégicos de uma medida atualmente imensurável.

É decisivo que o realismo, ou seja, a ideia de que Deus – se Ele existir – prefere e premia o bem, precisamente porque é bom, é conciliável com todas as formas racionalmente defensáveis de monoteísmo. Todavia, o realismo não depende do teísmo. Os fatos morais consistem no reino dos fins, quer ele tenha um tipo de seta indicadora (Deus), quer não. A existência de valores universais nem implica Deus, nem é inconciliável com Ele.

Por isso, Deus não desempenha, para a fundamentação moral, nenhum papel relevante. Se Deus desempenhasse um papel relevante para a fundamentação moral (como o antirrealista, p. ex., imagina), então isso contradiria a representação de um deus bondoso. Um deus a que tenhamos de nos submeter como a um tirano seria, certamente, um estado de coisas terrível, e seria urgente recomendar taticamente fazer exatamente aquilo que um tal imperador celeste demandasse de nós. Todavia, a existência desse imperador celeste colocaria em questão tudo o que se acredita, quando se é a favor da continuidade do Estado democrático de direito e do Esclarecimento do qual ele procede.

Em suma: se quisermos nos posicionar a favor de convicções morais em geral de modo racional, com razões boas e universalmente válidas que, em princípio, podem ser expressas de modo compreensível por todos os seres humanos, temos de orientar a nossa representação de Deus pela representação da moralidade, e não inversamente. Isso não é problemático teologicamente, na medida em que Deus é, afinal, a própria bondade, e, por isso, coincide com as representações de valores mais bem fundamentadas. (Todavia, Deus é infalível em questões morais, e se distingue por esta, entre outras razões, de nós mortais.) Isso é conciliável com muitas interpretações dos escritos sagrados do judaísmo, do cristianismo e do Islã, que, por isso, são, como tais, conciliáveis com o Estado democrático de direito.

Todavia, isso também vale, sem dúvida, para o ateísmo, que, no que concerne à moral, é tão aceitável quanto as religiões mundiais, contanto que ele não seja tão convoluto, que se volte automaticamente contra o reconhecimento de fatos morais, contra o reino dos fins. Isso porque alguns ateístas acreditam que não há reino dos fins, mas, na melhor das hipóteses, um comportamento altruísta evolutivamente inato. Isso, porém, não é um fundamento para valores universais, mas apenas uma recomendação não compulsória de aderir aos desejos do "gene egoísta" supostamente onipresente[85]. A teoria da evolução seria, então, inconciliável com valores universais, já que ela teria assumido o papel da fundamentação da moral. Mas, felizmente, isso não é necessário, pois valores universais não carecem de nenhum suporte pela porta dos fundos.

---

85 Cf. sobre essa posição, que contesta a existência de uma moralidade superior, ou seja, acima de nossas representações de clã, DAWKINS, R. *Das egoistische Gen* [O gene egoísta]. 2. ed. Heidelberg, 2007.

2.13 Bater em crianças nunca foi bom, também não em 1880

Fatos morais dizem respeito diretamente a nós, seres humanos, e indiretamente a outros seres vivos, como a natureza inanimada. Trata-se, na ética, da questão do que *nós* devemos fazer, trata-se de *nós* e de nossa relação uns com os outros. O ser humano é, aí, um ser vivo espiritual. **Espírito** é a circunstância de que realizamos muito do que fazemos à luz de uma representação de quem somos e de quem queremos ser[86]. Todos temos um retrato pintado de maneira mais ou menos detalhada do ser humano, assim como opiniões sobre como seres humanos se relacionam com outros seres vivos e sobre o que toda a configuração do universo, da qual nós fazemos parte, significa, afinal.

Fatos apresentam uma forma de objetividade dependente do espírito: porque eles são essencialmente conhecíveis, eles se dirigem diretamente a nós, seres humanos, como seres vivos livres e espirituais. Por causa de nosso espírito, podemos conhecer fatos moralmente atuantes, os quais sempre tratam também de nós.

> *Nós, seres humanos, podemos compreender que a criação industrial de animais é moralmente abjeta, que um modo de vida vegetariano poderia, em vista do sofrimento dos animais, ser moralmente exigido, que temos, em relação a outros seres vivos, obrigações morais, e muito mais. Nenhum outro animal conhecido por nós tem a menor ideia de estados de coisas morais, o que não significa que podemos tratar mal animais cuja faculdade de conhecimento moral está abaixo daquela de seres humanos adultos esclarecidos.*

---

[86] Cf. sobre esse conceito de espírito, GABRIEL, M. *Ich ist nicht Gehirn – Philosophie des Geistes für das 21. Jahrhundert* [Eu não sou meu cérebro – Filosofia do espírito para o século XXI]. 2. ed. Berlim, 2016. • GABRIEL, M. *Neo-existenzialismus* [Neoexistencialismo]. Friburgo, 2020. • GABRIEL, M. *Fiktionen* [Ficções], segunda parte.

> *Pelo contrário: faz parte da intelecção moral que haja uma ética dos animais e uma ética ambiental. Mas, disso não se segue que outras espécies animais têm de ter elas próprias intelecções morais, para que mereçam a nossa proteção.*

Aí desempenha um papel que nós, seres humanos, avancemos com o tempo e continuemos a nos desenvolver de modo correspondente, de modo que surgem novos campos de ação. Os problemas do século XXI, que resultaram, por exemplo, da globalização, da digitalização e da mudança climática, ainda não existiam quando os primeiros sistemas da ética filosófica foram desenvolvidos há alguns milhares de anos.

Todavia, fatos morais não são exatamente tão historicamente variáveis como alguns gostariam de pensar atualmente. Isso porque eles, de fato, dizem respeito a nós, como seres vivos espirituais, e são, por isso, dependentes de espírito; existem, todavia, objetivamente. Isso tem uma séria consequência, que desempenha um papel fundamental para o realismo e o universalismo morais. Essa consequência pode ser designada como a **robustez modal**[87]. Se, em uma situação S, A é moralmente exigida (ou permissível, proibida etc.), A também seria moralmente demandada (ou permissível, proibida etc.), caso se estivesse na situação S no passado.

Isso significa que também nos cruéis tempos primevos, quando os primeiros seres humanos viviam em comunidades em cavernas, ninguém deveria assediar sexualmente a outros. Do mesmo modo, já era moralmente inadmissível em 1880 bater em crianças a fim

---

[87] Cf., sobre os aspectos filosóficos um tanto técnicos, em continuidade sobretudo à filosofia de Robert Brandom: GABRIEL, M. *An den Grenzen der Erkenntnistheorie – Die notwendige Endlichkeit des objektiven Wissens als Lektion des Skeptizismus* [Nos limites da teoria do conhecimento – A finitude necessária do conhecimento objetivo como lição do ceticismo]. 2. ed. Friburgo/Munique, 2014. • GABRIEL, M. *Die Erkenntnis der Welt* [O conhecimento do mundo].

de educá-las. Pode ser que fosse muito mais difícil em 1880 para muitos compreenderem que crianças são seres humanos no mesmo sentido que eles eram; assim, é uma violência bater nelas, a fim de que se tornem adultos obedientes; mas disso não se segue, todavia, que aqueles que puniam corporalmente suas crianças em 1880 não tenham cometido nenhum erro moral. O erro no passado consistia, entre outras coisas, em que os fatos não morais, psicossociais da punição corporal estavam parcialmente ocultos, de modo que a capacidade de julgamento moral dos agentes era em parte limitada, pois eles partiam de convicções falsas, em parte de origem religiosa – embora muitos pais que puniam seus filhos certamente tivessem uma má consciência, já que ela só podia ser parcialmente reprimida por meio de uma tradição inquestionada.

Alguns erros morais são cometidos pois os agentes não conhecem os fatos não morais. Seres humanos não tiveram, pela maior parte de sua existência, nenhuma ideia de como a reprodução funciona no âmbito biomolecular, e, por isso, tinham representações de todo tipo (em parte absurdas) de como um ser humano gera outro ser humano. Essas representações falsas tiveram consequências morais, pois, por exemplo, era possível ter a opinião de que um aborto espontâneo tinha causas morais, e a mãe poderia, por causa disso, ser levada a um acerto de contas moral.

O mesmo vale para doenças. Atualmente muitos tratam de doenças meramente somáticas como resultado de fatores objetivamente constatáveis, que têm pouco a ver com o mundo de seus pensamentos. Um tumor cerebral surge, por exemplo, por meio de um envenenamento ambiental, e não pelo fato de que o afligido tinha muitos sonhos sexuais com a vizinha. Infelizmente, ocorre ainda em todo lugar ainda hoje, mesmo em estados industriais ricos e modernos, que doenças puramente somáticas sejam classificadas como deficiências morais, e sejam castigadas de modo parcialmente dracônico. O hinduísmo de hoje é, por exemplo (diferentemente de alguns de seus antepassados), como resultado da colonização dos britânicos e de outros, uma religião que tende a ser hostil ao corpo e ao prazer, motivo pelo qual alguns hindus ortodoxos punem sua prole feminina (que já são, de todo modo, tratadas como metafisicamente menos valorosas), de modo parcialmente corporal, quando ocorre a primeira menstruação. Em muitas culturas surgidas no período pré-moderno e ainda existentes, a menstruação é vista como impura e como sinal de uma mácula moral.

Isso, naturalmente, é, segundo o estado do saber médico atual, absurdo – o que, por sua vez, também vale para glóbulos e outros meios homeopáticos, a que alguns em nossa sociedade esclarecida ocidental recorrem, pois acreditam nos poderes autocurativos da natureza que são assim oferecidos. Nisso, eles ignoram que a indústria farmacêutica, assim como a medicina acadêmica em seu fundamento, é, para o bem e para o mal (de ambas se faz também, certamente, um mal-uso perigoso e abjeto), tão natural como o desfrute de uma maçã (potencialmente manipulada) ou o se banhar em uma suposta fonte natural.

Fatos morais não são fatos naturais. Eles também não são antinaturais ou inaturais, mas são aqueles fatos que classificam opções de ação segundo os critérios do bom, do neutro e do mal. Essa classificação não está no olho de quem vê, não é uma questão de gosto, mas é, em todo sentido relevante, objetiva.

3
Identidade social
Por que racismo, xenofobia e misoginia são maus

Seres humanos são sempre parte de diferentes grupos: somos, por exemplo, membros de família, empregados, cidadãos, refugiados, lobistas, bebedores de vinho, vizinhos ou caminhantes. A lista de nosso pertencimento a grupos é consideravelmente longa, e nenhum de nós é realmente capaz de ver todas as suas conexões sociais. A sociedade, como o tecido total dos processos individuais socioeconômicos que organizam os seres humanos em grupos e na configuração dos quais os seres humanos, por sua vez, participam ativa e conscientemente, é complexa demais para que alguém possa vê-la como um todo. De fato, alguns sistemas parciais conduzem outros sistemas parciais (p. ex., a política conduz a economia e a economia, inversamente, a política), mas ninguém conduz tudo, pois ninguém pode saber, de algum modo, como isso seria possível.

Como indivíduos, reagíamos a essa complexidade inapreensível. Uma reação da qual se trata neste capítulo consiste em que fazemos retratos simplificados de nossas circunstâncias sociais. Esses retratos são, no essencial, falsos, mas, acertam, em alguns pontos, os fatos. Desse modo, surgem identidades sociais que hoje, no âmbito de uma política identitária radical, se tornam influentes, fortalecidas pelas mídias sociais.

Argumentarei, a seguir, que, na realidade, não existem as identidades sociais e culturais que são tão importantes para alguns. Elas são representações distorcidas de nossas próprias ações, uma forma de autoengano que está conectada com sistemas de engano que resultam do fato de que nossa vida moderna é perpassada por comerciais, propagandas e ideologia.

Como autorretratos falsos e distorcidos obscurecem os fatos morais, tem de se remover o véu do pensamento sobre as identidades. O universalismo do novo Esclarecimento defende, por isso, uma superação da política identitária – sem querer contestar que devemos inteiramente a ela, indiretamente, progresso moral. Isso porque, no passado como no presente, seres humanos se voltaram e se voltam contra sua discriminação negativa, que frequentemente é acompanhada por violência e repressão sistêmica. Mas, temos de entender essas lutas e essas reivindicações de modo que, nelas, não se trate, em última instância, da preservação de identidades, mas de superar identidades, na medida em que elas desumanizam seres humanos.

> *A organização de seres humanos em grupos identitários não tem nenhum valor de explicação, mas engana aqueles que representam identidades locais, sobre o fato de que eles são comprometidos com valores universais. Quem se dedica, em nome de uma suposta ou de uma verdadeira minoria oprimida, à batalha conta uma maioria real ou imaginária, ignora o fato de que perpetua, assim, o mesmo tipo de engano que leva à repressão da minoria. Quem luta contra a repressão injusta não pode ter como objetivo oprimir injustamente os opressores.*

3.1 *Habitus* e estereótipo – Todos os recursos são escassos

Situações de crise como a pandemia da Covid-19 colocam dramaticamente diante de nossos olhos o fato de que todos os recursos são limitados. Não há infinitas máscaras de proteção, equipes de enfermagem, camas de UTI e aparelhos respiratórios. Também não há fontes inesgotáveis de energia (isso já sabemos há muito tempo), e também não há infinitos smartphones, não há lugares infinitos no trem, não há lugares infinitos no restaurante etc. Recursos são, então, escassos – o que, em vista do desenvolvimento dinâmico de populações, leva, frequentemente, a crises.

Quanto mais valorosos são os recursos, mais disputados eles são. O valor econômico exato de recursos materiais não é, naturalmente, conhecido por todos. Faz parte da escassez de recursos que nem todos saibam como se conseguem cada um deles. Caso contrário, a caça pelos recursos mais valiosos seria grande demais e se chegaria, assim, ao colapso do sistema de distribuição.

Nem todos os recursos são material ou financeiramente mensuráveis como o ouro, smartphones ou fontes de energia. Como mostrou o sociólogo francês Pierre Bourdieu, pode-se distinguir, desses recursos materiais ou financeiros, os **recursos simbólicos**, de que fazem parte uma boa reputação (*guter Leumund*), reputação científica (*wissenschaftlich Reputation*), mas também beleza corporal, partes inatas de nossa inteligência, uma boa criação e formação, estilo de roupa e coisas semelhantes, sim, até mesmo um bom gosto artístico.

Recursos simbólicos se correlacionam com recursos materiais. Só se pode obter alguns deles quando já se alcançou um determinado nível financeiro (do que faz parte, p. ex., um conhecimento profundo enológico – vinhos excepcionais são caros). Outros recursos simbólicos são a base pela qual se obtém recursos materiais, do que faz parte, por exemplo, uma boa formação ou beleza corporal (que é um pressuposto de acesso implícito ou explícito de certas profissões).

Cada um de nós encarna, por meio de seu comportamento cotidiano, um feixe complexo de recursos simbólicos obtidos de maneira mais ou menos contingente ou intencional. Gostaria de chamar esse feixe, com uma expressão de Bourdieu, como **habitus**.

Recursos materiais e não materiais estão complexamente entrelaçados uns com os outros. É notável que seres humanos com um certo *habitus* têm, frequentemente, certos empregos, o que depende, por um lado, do fato de que um certo tipo de trabalhador é escolhido pelos empregadores, e, por outro lado, de que o papel que se desempenha em um trabalho influencia o *habitus*. Nosso *habitus* muda constantemente no curso de nossas vidas. Temos, por assim dizer, um depósito de *habitus*, onde se encontram os nossos recursos simbólicos, que se desenvolvem segundo uma complexa lógica própria. Para investigar essa lógica própria, cientistas do espírito e sociais (*Geistes- und Sozialwissenchaftler*)[88] modernos desenvolvem métodos que, naturalmente, fornecem, por sua vez, uma contribuição ao *habitus*, podendo levar a vantagens. O cientista econômico entende mais da bolsa do que um leigo qualquer que se deixa convencer por um banco local a comprar um pacote questionável de ações, e ele sabe como se emprega socialmente esse conhecimento. O literato tem, por causa de sua formação, uma melhor compreensão da literatura, o que, em certas circunstâncias, leva, no mínimo, a um juízo de gosto mais bem formulado.

Em geral, pode-se entender **política** como um sistema que conduz a distribuição de recursos necessariamente deficiente e sempre também injusta. De acordo com o sistema econômico e a organização dos sistemas parciais e atribuições de uma sociedade, essa condução será diferente nos detalhes. Políticos dependem, por isso, de um time de especialistas em recursos, que dispõem de dados por meio dos

---

88 Uma vez que o conceito de *Geist*, traduzido aqui por espírito, desempenha um papel central na filosofia de Gabriel e tem um sentido bastante específico, optamos por traduzir *Geisteswissenschaften* como "ciências do espírito" e, de modo correspondente, *Geisteswissenschaftler* como "cientista do espírito", apesar de se traduzir correntemente *Geisteswissenschaften* como "ciências humanas" [N.T.]

quais a atual distribuição de recursos é mensurável e pelos quais a lógica própria da distribuição futura deve ser prevista de maneira mais ou menos eficaz e conduzida segundo diretrizes políticas.

A assim chamada **política identitária** consiste em produzir uma interconexão entre certos paradigmas sociais, chamados "identidades", e a distribuição de recursos materiais e simbólicos, a fim de derivar diretrizes políticas daí. A crise da política identitária atual consiste, todavia, no fato de que uma suposta identidade que se coloca em jogo não existe realmente senão como um *habitus*. Um *habitus* pode ser pesquisado sociologicamente, uma identidade, todavia, não. Por traz do conceito vago de identidade se oculta uma disseminação de estereótipos que não são, fundamentalmente, os reais portadores das lutas e negociações de recursos ocorrentes.

Um **estereótipo** é uma descrição de ação que distorce a realidade, por meio da qual se busca explicar o modo de comportamento de um ser humano pela referência ao seu pertencimento a um grupo. Estereótipos influenciam as nossas disposições, e, assim, nossas ações em relação às pessoas que são percebidas por meio do filtro do estereótipo. Não há alemães típicos, bávaros típicos, berlinenses típicos, árabes típicos, católicos, transexuais, homens, mulheres, alemães ocidentais e orientais, brancos e negros cujas forças e fraquezas devessem ser comparadas. Esse é um dos principais resultados dos desenvolvimentos da Filosofia, assim como de outras ciências do espírito e sociais que surgiram primeiramente na Modernidade; ou seja, a partir do meio do século XVIII[89].

---

89 Cf., p. ex., para uma argumentação atual, APPIAH, K.A. *Identitäten – Die Fiktionen der Zugerhörigkeit* [Identidades – As ficções de pertencimento]. Berlim, 2019. Sobre o surgimento da compreensão de que o conceito de raça é sociologicamente insustentável, cf. KAUBE, J. *Max Weber – Ein Leben zwischen den Epochen* [Max Weber – Uma vida entre as épocas]. 4. ed. Berlim, 2015, p. 190-224.

Chegou-se gradualmente ao conhecimento de que as nossas representações do normal e do típico são simplificações inadmissíveis da realidade social. Todos conhecemos o fenômeno de que classificamos imediatamente pessoas com que nos encontramos pela primeira vez (o que ocorre diariamente na rua). Isso ajuda a fazer previsões bastante banais sobre o curso provável das cenas do dia a dia. A velha senhora no supermercado que se deixa passar na frente, porque ela comprou apenas algumas bananas, o ciclista impetuoso que visivelmente não segue as leis de trânsito, a pizzaria italiana com uma oferta adaptada ao paladar alemão – nosso dia a dia é cheio de posturas de expectativa tipificadas, que simplificam nossas vidas. Elas nos permitem fazer previsões mais ou menos boas sobre o que ocorrerá a seguir, o que apenas funciona porque todos nós confiamos em um sistema de estereótipos e, em certo sentido, participamos dele. Por isso confiamos, por exemplo, em motoristas de táxi e de ônibus, pois partíamos do princípio de que eles realizam o seu papel de nos levar o mais rápido e seguramente possível para nosso destino de modo tão responsável quanto esperamos que eles o façam.

A organização de nossa vida cotidiana depende de fios sedosos de cenas típicas a que nos acostumamos por meio da habituação e da criação. Como seres humanos adultos, podemos mal imaginar ainda, em algum momento, como alguns processos poderiam ser diferentes, o que leva a que nosso mundo da vida cotidiano apareça como um pedaço da natureza, que funciona segundo leis imutáveis. Se esses processos são perturbados ou, como na crise da Covid-19, até mesmo inteiramente virados do avesso, surge insegurança. Essa insegurança nos ensina visivelmente algo sobre a construção de nosso mundo da vida cotidiano tal como essa construção foi exposta pelo fundador da escola de pensamento da fenomenologia, o filósofo e matemático Edmund Husserl. Essa construção é contingente – ela é a expressão de posturas de expectativa surgidas historicamente e, em parte, inteiramente irracionais, que porém nos parecem, dependendo de nossa criação, óbvias[90].

Identidades sociais fazem parte das posturas de expectativa irracionais de nosso cotidiano: sentimo-nos como bávaros ou norte-italianos, como católica, hindu, homossexual urbano, como defensora de ideias de liberdade de justiça social de esquerda, ou (p. ex., em contextos racialmente carregados) como brancos ou negros. Todas essas identidades sociais são simplificações cientificamente inadmissíveis, que não são fundamentadas nas próprias coisas, de nossa complexa situação social e natural como seres vivos sobre o Planeta Terra.

Seres humanos racializados como "negros" têm, nos Estados Unidos, uma probabilidade elevada de serem mortos por policiais. Esse é um de muitos desequilíbrios racistas e abjetos. Há racismo, mas não aquele que o racista imagina. Isso não torna a vida do afligido mais fácil; significa, porém, que é possível se defender contra o racismo ao se referir ao fato: não há, na realidade, raças humanas. *Aqui* é necessário convocar à crítica e à resistência.

Não compreendemos nem as condições socioeconômicas da distribuição de recursos nem o nosso nicho ecológico bem o suficiente para prever o futuro. De fato, crises financeiras e pandemias são, em geral, de se esperar, mas ninguém poderia prever concretamente a crise financeira de 2008 ou a irrupção da pandemia da Covid-19. Já em condições inteiramente cotidianas não somos ca-

---

90 Cf. a famosa análise da contingência de nosso mundo cotidiano em BERGER, P.L.; LUCKMANN, T. *Die gesellschaftliche Konstruktion der Wirklichkeit – Eine Theorie der Wissenssoziologie* [A construção social da realidade – Uma teoria da sociologia do saber]. 27 ed. Frankfurt a. M., 2018. Tanto Husserl quanto Berger/Luckmann apostam excessivamente em suas cartas, pois não deixam espaço para a compreensão de que nosso mundo da vida cotidiana está acoplado à nossa forma de vida biológica e, por isso, não é, de modo algum, inteiramente construído socialmente. Mas isso é outra história. Para aprofundar, cf. GABRIEL, M. *Fiktionen* [Ficções].

pazes de fazer previsões precisas, o que todos nós conhecemos da experiência com a Deutsche Bahn, cujo plano de viagem é mesmo uma previsão da chegada de trens do que uma diretriz imprecisa.

As posturas de expectativa típicas de nosso dia a dia não passam a existir por causa da construção de teorias das ciências naturais, do espírito ou sociais, mas por meio de modelos históricos tradicionais malfundamentados que nós incorporamos para entender a nós e a nossos semelhantes. Isso funciona mais ou menos bem enquanto nenhum fator de perturbação surgir e nos mostrar que o sistema é cheio de furos.

> *Todo medo diante do estranho é, em última instância, expressão de uma angústia profunda sobre o fato de que nosso sistema de expectativas pode fracassar, sobretudo porque ele se encontra em constante mudança. Não há sociedade normal em que tudo funciona como deveria, pois a experiência da normalidade social é sempre expressão de múltiplos mecanismos de engano e de repressão.*

As atribuições hoje comuns de identidades sociais na era digital, que se dão por causa da lógica de disseminação de notícias em conjunto com *fake news* em mídias sociais, são insustentáveis do ponto de vista das ciências do espírito e sociais. Isso diz respeito especialmente ao nosso tema, o agir moral. Ninguém age bem ou mal porque é um homem, uma mulher, um alemão oriental, um muçulmano, um cristão ou um social-democrata. Na melhor das hipóteses, atribuições alheias e próprias de tais identidades determinam nosso comportamento indiretamente, ao nos deixarmos influenciar, em nossas decisões, por opiniões equivocadas de que nosso comportamento seria a expressão de identidades sociais. Quando, por exemplo, um brasileiro que se considera um típico brasileiro encontra um alemão que se considera um típico alemão, eles vestiram primeiramente, no contato social, as suas máscaras, e confirmaram um para o outro os seus preconceitos: o brasileiro se apresentará como latino passional, o alemão como frio homem da razão: um dança, o outro organiza tudo à sua volta de maneira precisa – e assim por diante. Pode-se provar facilmente que tais estereótipos realmente faltem com a realidade ao comparar um dançarino alemão de samba apaixonadamente dedicado com um brasileiro introvertido. Para cada brasileiro que confirma um estereótipo é possível encontrar um que o refuta. Nenhum brasileiro incorpora todos os estereótipos, pois os estereótipos variam: nos Estados Unidos, imagina-se um brasileiro típico de uma maneira diferente do que no Japão.

Estereótipos são perigosos porque eles facilmente nos levam a classificar as ações de outros seres humanos, assim como nossas próprias ações, de modo moralmente errado, e, assim, reagirmos igualmente de modo errado. Se, por exemplo, a eleitora de 20 anos do Partido Verde que viveu em Berlim e em Nova York encontra, depois de uma mudança para Munique, um eleitor de 80 anos do CSU, cuja família vive há gerações em Miesbach, ela, provavelmente, julga erroneamente, se ela deriva, daí, expectativas de ação. De fato, o eleitor do CSU votará no CSU, mas disso não se segue muita coisa. Talvez ele tenha se engajado na crise de refugiados de 2015 especialmente na cultura de boas-vindas, e doado dinheiro para refugiados; talvez ele tenha reformado sua casa segundo critérios ecológicos, a fim de frear o aquecimento global. Inversamente, pode ser que a eleitora de 30 anos do Partido Verde, que, orgulhosa de seu cosmopolitismo, pensa não julgar nenhum ser humano segundo critérios superficiais e racistas, condene moralmente, exatamente por isso, o eleitor do CSU, e já em um primeiro encontro demonstre resistência a ele. A sua tentativa de desconstruir preconceitos se dirige de modo demasiado unilateral a preconceitos contra estrangeiros (*Fremden*) que ela reconhece como estrangeiros, e ignora que o eleitor do CSU é, em relação a ela, igualmente um estranho (*Fremder*), que merece o seu respeito moral. Quem, por desejar o bem a estrangeiros e imigrantes muito distantes que conseguem chegar até a Alemanha, alimenta preconceitos contra eleitores do CSU, comete, assim, exatamente o mesmo erro que gostaria, na verdade, de evitar, pois condena moralmente automaticamente quem é estranho (*fremd*) a ele.

Ignora-se, frequentemente, quantos estereótipos negativos estão disseminados nos Estados Unidos contra europeus, o que ocorreu pessoalmente comigo durante a minha atividade de ensino e de pesquisa. Encontrei-me por alguns anos, na cidade de Nova York, como jovem professor da New School for Social Research, em um bairro polonês de nome Greenpoint, que se encontra no Brooklin. Os aluguéis eram mais baratos do que em muitas outras partes careiras de Nova York, e, além disso, havia pessoas amigáveis, restaurantes bons e baratos e muitas vantagens que levavam, como um todo, a que, de fato, muitos europeus de todas as nações possíveis vivessem em Greenpoint, cujo mercado imobiliário estava firme na mão de imigrantes poloneses.

Há, nos Estados Unidos, um número especialmente grande de estereótipos e piadas sobre poloneses e gregos, de modo que alguns amigos americanos frequentemente olhavam feio e me perguntavam por que eu morava por vontade própria "com os poloneses". Aí, o poder dos estereótipos ficou claro para mim, assim como o fato de que também meus amigos amplamente formados academicamente não estavam automaticamente livres do pensamento estereotípico. Deve-se ter uma sensação parecida – apenas muito pior – quando se vem de um "bairro problemático" alemão, por exemplo Duisburg--Marxloh, pois há a opinião de que, em certas partes da cidade, se reúne um problema estereotipicamente identificável que prende, em certa medida, as pessoas lá. Caso se viva apenas provisoriamente em tal região e se consiga pagar a saída de lá, isso não é problemático; crescer em uma parte da cidade percebida como "bairro problemático", todavia, leva a que se torne, mais cedo ou mais tarde, vítima do classismo, ou seja, de uma discriminação negativa.

Todavia, geralmente ocorre, na realidade, exatamente o oposto das opiniões dos classistas: porque impera, contra um certo grupo de seres humanos que se identifica por meio de estereótipos, certos preconceitos, esses seres humanos são privados tanto de recursos materiais quanto de recursos simbólicos. Quem indica, com um sobrenome que soa turco, que vem de Marxloh, tem, em muitos setores da vida profissional, desvantagens mensuráveis, não importa quais habilidades ele mostre independentemente de identificação social.

Um dos mais elevados objetivos do progresso moral consiste na explosão do sistema de estereótipos, a fim de que possamos conhecer e reconhecer todo ser humano como ser humano. Isso nos é demonstrado dramaticamente na forma de uma pandemia global. A maior parte das pessoas na Alemanha nunca tinham experimentado na própria pele uma situação como a crise da Covid-19 e uma parada, inimaginável para eles, da vida pública. Nem mesmo a crise climática conseguiu (até agora) interromper as cadeias de produção da globalização entendida de modo puramente econômico. Se torna de uma vez claro que uma infecção viral que se dissemina rapidamente liga a todos nós, seres humanos, uns com os outros – de modo inteiramente independente de gênero, "raça", origem, aparência, idade, opinião política, renda, fé religiosa etc. Graças à Covid-19, a humanidade se uniu repentina e involuntariamente sob a pressão de uma ameaça invisível.

Com a crise da Covid-19, abriu-se a possibilidade do progresso moral em tempos obscuros. "Crise" tem sua origem, como "crítica", na palavra do grego antigo *krinein* ("distinguir", "escolher"). Uma crise tão gigantesca revela quais são nossos valores centrais, e revela interconexões sistemáticas que não eram antes visíveis com tal clareza. E toda crise contém tanto chances como riscos, o que é ilustrado maravilhosamente pela palavra chinesa para crise, 危机 (wēijī). Ela consiste em dois ideogramas: o primeiro significa, isoladamente, "perigo", o segundo, "chance".

Em situações extremas é preciso tomar decisões que correspondam aos nossos valores. Trump, Johnson, Bolsonaro, Orbán e Xi Jinping já eram conhecidos como moralmente questionáveis antes da crise, e suas decisões políticas no estado de exceção da Covid-19 foram amorais e associais de modo correspondente. Em contrapartida, na Alemanha durante a crise da Covid-19, ao menos no início, uma visível solidariedade da sociedade como um todo resultou também do fato de que os membros do governo não apenas queriam se promover politicamente como administradores de crises – o que está inteiramente em seu direito –, como também de que eles assumiram a responsabilidade moral por suas decisões, o que levou, ao menos temporariamente, a haver confiança em relação ao governo. As questões que se tornaram publicamente visíveis enunciavam, afinal: Queremos agir como comunidade e proteger os idosos e os fracos a praticamente todo custo, ou preferimos aceitar a consequência de centenas de milhares de mortes a fim de alcançar uma imunidade de rebanho? Queremos advogar a segurança de corpo e de vida de nossos próximos afligidos especialmente pelo vírus, ou preferimos atender aos interesses de lucro do mercado e suspender o mais rapidamente possível a quarentena? E como queremos viver no futuro, quando tudo isso tiver em algum momento passado? O que será mais importante para nós: manter a taxa de infecção o mais baixa possível, ou, aceitando a consequência do risco de infecção, tomar os cuidados para que todas as crianças e jovens tenham as mesmas oportunidades de serem escolarizados? Como lidamos com o fato de que seres humanos idosos pertencem a um grupo de risco especialmente ameaçado e têm de ser protegidos, enquanto jovens famílias sofrem com o fato de que as crianças ficam sozinhas em casa e os pais não podem trabalhar ou só podem trabalhar pouco?

De uma ou de outra maneira, tem de ser apresentados projetos éticos bem pensados que nos permitam manter nossas reivindicações morais por justiça balanceadas – o que significa que não podemos construir nossa sociedade como um todo apenas com base em estatísticas da Covid-19. Em suma: a crise da Covid-19 nos coloca diante da pergunta eticamente mais decisiva de todas, sobre quem somos e quem queremos ser. Os populistas de direita de nada servirão aí. Eles, que chegaram ao poder em muitos países não menos por meio de mentiras gigantescas e de racismo, mostraram, nos tempos de Covid-19, o seu potencial de ameaçar a toda a humanidade. Isso é especialmente visível nos Estados Unidos, onde Donald Trump mostrou sua verdadeira face.

Uma pandemia, as mudanças climáticas, a injustiça social e a exploração em muitas partes do mundo, o potencial ainda muito manifesto de aniquilação por meio de arsenais de armas atômicas etc. não podem ser vencidos por iniciativas nacionais e de modo algum de maneira nacionalista. O retorno temporário ao modo do Estado nacional também na Europa foi necessário para o controle da primeira onda do Coronavírus, pois os estados individuais precisavam dos direitos de acesso ao tráfego de mercadorias e da generosidade de seres humanos a fim de interromper as infecções, e o direito em vigor necessário para tanto é, em larga medida, ligado às constituições de estados nacionais.

Não podemos voltar atrás no comércio nacional que já trouxe consigo, no passado, a peste para a Europa – esse seria um desejo irreal. Só podemos desenvolver vacinas e remédios efetivos, assim como projetos sensatos para a contenção e observação da pandemia, se cooperarmos internacionalmente. As regras de jogo dessa cooperação internacional têm de se orientar, no futuro, por critérios morais universais, pois nós, como seres humanos, não podemos nos entregar a uma competição uns contra os outros e contra a natureza.

O Estado nacional se baseia em fronteiras que não detêm nem o vírus, nem o clima. Vírus não distinguem entre diferentes tipos de seres humanos, mas sim nos mostram que, no âmbito biomolecular, pertencemos a uma única espécie, a saber, a humanidade, que está, no momento, infectada por um destino comum.

Estados nacionais são formas de organizar a distribuição de recursos. Eles nos permitem sustentar processos burocráticos no interior de fronteiras. Mas é moralmente abjeto se pensamos em fronteiras nacional-estatais, com o que quero dizer especialmente o emprego de estereótipos que nos enganam com a ideia de que haveria algumas identidades culturais como ser alemão, francês, bávaro ou renano. Esses estereótipos levam a que as pessoas também se comportem, então, de modo correspondente. Trata-se de ilusões, que sempre levam a excluir e discriminar negativamente grupos de seres humanos.

3.2 Removendo o véu da desumanização – Da identidade para a política da diferença

Antes de podermos nos comportar de maneira moralmente correta uns com os outros, temos de remover o véu dos estereótipos por trás do qual se oculta o rosto do outro, a fim de livrá-lo de nossos preconceitos. Essa demanda vale para todos os seres humanos, também para aqueles que são, eles mesmos, atingidos por preconceitos e discriminação. Grupos de seres humanos atingidos por estereótipos não são automaticamente santos, mas disseminam por sua vez, via de regra, estereótipos. Quem caracteriza outros grupos de seres humanos na Alemanha como "batatas" e vê a si mesmo apenas como vítima que não pode ser integrada contribui zelosamente para o muro espiritual que separa seres humanos uns dos outros. Mas são concidadãos de origem turca e árabe na Alemanha que são, sobretudo, vítimas de discriminação e estereótipos; Kanake[91] é, infelizmente, ainda um insulto corrente. Já é uma discriminação estereotípica negativa caracterizar essas pessoas como "de origem turca e árabe", pois destaca algo que, em primeiro lugar, não deveria desempenhar nenhum papel, e, em segundo lugar, não explica, em última instância, muita coisa. De fato, alguns assim chamados "bioalemães" (*Biodeutsche*), ou seja, alemães cujos antepassados já tinham há muitas gerações a nacionalidade alemã (ou algum predecessor dela), desfrutam, infelizmente, certos privilégios na Alemanha – isso é uma vergonha moral e socioeconômica. Mas, naturalmente, também há advogados "de origem turca" que vêm de famílias abastadas. Ninguém age como age porque *é* "de origem turca" ou "bioalemão", mas, no máximo, porque é tratado como se a sua origem tivesse um significado social. O significado social da origem está nos olhos de quem vê, não corresponde a ela nenhuma realidade existente independentemente de nossos preconceitos.

Isso torna a discriminação negativa especialmente perigosa. Ela se fundamenta em falsas representações do estranho/estrangeiro (*Fremden*), que são aparentemente confirmadas por meio de seu comportamento. Essa aparência surge do fato de que essas representações se tornam socialmente efetivas e levam a contrarreações que, no fim de uma longa história de distorções recíprocas (sem falar da violência atrelada a isso), não são mais facilmente desveláveis.

O antídoto contra a política da identidade é a **política da diferença**, que reconhece que todo mundo é o outro de um outro. Todo mundo é estrangeiro (*fremd*) em algum lugar e para alguém. Não

---

[91] Designação ofensiva para estrangeiros na Alemanha [N.T.].

há pátria absoluta, nenhuma identidade superior a todas as outras a partir da qual se pudesse derivar uma diferença absoluta.

> *Ser-outro (Anderssein) é uma relação simétrica: Se uma pessoa B é diferente (anders) de uma pessoa A, então, justamente, também a pessoa A é diferente (anders) de uma pessoa B. Compartilhamos o ser-estranho (Fremd-sein) com aqueles que nos parecem estranhos (fremd).*

Mas não podemos parar na política da diferença. Ela assume, de fato, o papel de nos proteger contra as unilateralidades perigosas da política da identidade, mas não explode a esfera das identidades. Ela é apenas um convite necessário ao diálogo, que acompanha um princípio de tolerância e consideração. Mas tolerância e consideração não bastam, em última instância, porque elas sempre apenas asseguram que as identidades continuem a existir, por mais que, na realidade, elas existam apenas como falsas representações na cabeça das pessoas, assim como bruxas, feiticeiros e demônios. Nenhuma pessoa, que já queimou em uma fogueira, era realmente uma bruxa, um feiticeiro ou possuído por um demônio. Toda a caça às bruxas foi uma gigantesca fantasia que se baseava do desconhecimento dos fatos.

Ocorre, atualmente, uma batalha sociopolítica em parte intensa por identidades. Entre essas identidades contam, especialmente, a origem, raça, orientação sexual, assim como religião. Entre nós, na Alemanha, desempenham igualmente um papel a opinião política, assim como um sentimento de origem vinculado a norte e sul, Oriente e Ocidente, que distingue hanseáticos de bávaros ou renanos de turinguenses. Dependendo de como se vê exatamente, nós encontraremos, certamente, no interior dessas categorias divisões cheias de conflito: habitantes de Düsseldorf contra habitantes de Colônia, carnívoros contra veganos, hipsters contra yuppies, fãs de Bayern-Munique contra fãs de Dortmund etc. Não se pode questionar seriamente que muito do que consideramos importante e do que dá consistência e sentido às nossas vidas individuais está entrelaçado com a vivência da identidade. As culturas de estados individuais, ou até mesmo de regiões (Baden contra Württemberg, Nordrhein contra Westfalen), sim, mesmo diferenças entre bairros (Friedrischain contra Grunewald) são, em parte, tão profundas, que todos nós temos, às vezes, a necessidade de retornarmos a essas identidades vividas e, possivelmente, reivindicar sua superioridade em relação a alternativas fronteiriças.

Mas essa incontestável realidade psicossocial é eticamente suspeita, dito amenamente. Tomada mais exatamente, ela é cheia de erros sociais e autoenganos, que temos urgentemente de desvelar e superar. Há, certamente, uma carência humana por pertencimento. Mas não é possível se definir consistentemente como vegana de Schöneberg, sem condenar implícita ou explicitamente a forma de vida do carnívoro de Wilmersdorf. Quem é vegano apenas porque essa forma de vida lhe agrada não leva realmente a sério o problema do consumo de carne.

Para superar o pensamento enganoso da identidade, temos de começar com a **pergunta central da identidade: O que é, afinal, a identidade?** Esta pergunta leva a abismos filosóficos, já que ela determina, em diferentes variantes, a história da filosofia como um todo há mais de 2.500 anos.

Em geral, a **identidade** é uma relação que liga algo ou alguém apenas consigo mesmo. É impossível ser idêntico com alguma outra pessoa. Eu sou eu, você é você – ponto. Mas, naturalmente, em questões de política identitária, não se trata se alguém é ele ou ela mesmo, pois a resposta a isso é – pelo menos à primeira vista – fácil. A política identitária se ocupa, antes, com questões aparentemente extremamente urgentes e moralmente relevantes: deveríamos introduzir uma cota para alemães orientais, a fim de termos mais administradores da Alemanha Oriental na liderança de empresas? Deveríamos tratar refugiados não cristãos diferentemente de refugiados cristãos? Deveríamos abrir todos os banheiros públicos a todos os gêneros, ou a prática atual de distinguir entre banheiro masculino e feminino é o suficiente para levar em conta o espectro da autodeterminação sexual? Podemos servir carne de porco em creches e escolas, por mais que muitas crianças tenham um histórico judeu ou muçulmano?

Para trazer clareza a essa confusão, podemos distinguir, primeiramente, entre quatro formas de identidade.

1 Identidade ontológica

O que significa, afinal, que cada um de nós seja alguém? Como é possível que eu seja eu e não outra pessoa? Eu poderia ter sido outra pessoa, se minha vida tivesse sido diferente? Se eu, por exemplo, tivesse aceitado uma oferta de trabalho em outra cidade, em vez de recusado?

2 Identidade metafísica

Com qual objeto realmente existente que se encontra na realidade eu sou idêntico, como ser humano? Sou um animal refinado, dotado de linguagem? Uma alma imortal que se encontra em um corpo humano? Um modelo de atividade neuronal? Um cérebro que se esconde, como uma central de controle, em um corpo? Um sonho? Um pensamento no espírito de Deus? Ou algo inteiramente diferente?

Não se pode escapar desse problema se considerando isso apenas um "problema de definição", ou seja, como algo mais ou menos arbitrário. Isso porque somos, afinal, idênticos a alguma coisa na realidade. Se somos almas imortais, cuja virtude será testada por Deus nesta vida, essa, certamente, seria a informação mais importante! Se fôssemos, em contrapartida, apenas um curto lampejo de processos neuronais, isso teria, igualmente, consequências decisivas para uma vida bem-sucedida, pois, então, poderíamos ter certeza de que temos, por assim dizer, apenas uma rodada – exatamente esta uma vez. Essas questões não estão devidamente esclarecidas, o que não as torna sem importância, já que nada menos do que o sentido da vida depende delas.

3 Identidade pessoal

Sou o mesmo durante toda a minha vida? Sou o mesmo de 30 anos atrás? Serei o mesmo quando eu morrer, ou morrerá, então, uma outra pessoa, a que eu me tornei e que se esconde sob minha pele? Ou talvez eu morra a cada instante, de modo que a minha identidade é, simplesmente, apenas um lampejo instantâneo?

4 Identidade social

O que significa, para mim, que eu seja pai, autor destas linhas, professor de ensino superior, alemão, renano, bebedor de vinho, vizinho, marido, filósofo, diretor de uma instituição de pesquisa etc.? Cada um desses papéis está ligado a direitos e deveres que são fixados, em parte, pelo fato de que elas são investigadas de modo sociocientífico e são conectadas com instituições do Estado democrático de direito, que determina campos de ação no interior dos quais eu posso ser pai, autor, alemão, vizinho, bebedor de vinho etc.

Esses quatro tipos de identidade (assim como outros que podemos deixar de lado) se fundem no calor do debate público sobre políticas identitárias. Por isso, a identidade social é metafisicamente carregada – ela serve, para muitos, como um substituto da religião.

Há uma razão para a agitação político-identitária, que está interligada com a origem da política identitária. A justificativa para que aspectos racistas, religiosos, sexuais e de origem estejam no centro da política identitária se apoia em uma injustiça passada, em parte severa, que foi cometida contra certos grupos de seres humanos em função de tais divisões. No passado de modo algum distante, e ainda no presente, foram e são feitas monstruosidades e crueldades com seres humanos de pele escura, com judeus, cristãos, muçulmanos, mulheres, transexuais e também alemães, franceses, russos, chineses etc.

Para justificar e motivar crimes em parte severos contra a humanidade se introduz desde sempre estereótipos, com o que chegamos ao centro do problema. Você pode constatar facilmente o quanto o nosso pensamento é marcado por estereótipos colocando-se agora a pergunta sobre o que faz, a seu ver, um típico espanhol. Talvez lhe ocorra aí que espanhóis têm um sangue muito quente, falam alto, comem *paella*, bebem vinhos tintos intensos, têm a pele queimada etc. Se você, todavia, esteve alguma vez por mais tempo na Espanha, ou conhece espanhóis, perceberá rapidamente que os conhece de maneira insuficiente, se procura neles o "típico" espanhol. O mesmo vale, evidentemente, para o típico bávaro, do qual supomos que ele tende a usar certos trajes típicos, beber vinho branco e comer linguiças brancas, xingar em um barítono profundo e com forte sotaque e ser católico.

Naturalmente, estereótipos também estão ligados com retratos de papéis. Para muitos, não é difícil imaginar o que uma esposa faz e pensa, ou explicar o que saxões querem ao fazer um retrato deles como alemães orientais especialmente rebeldes. Além disso, todo país tem os seus próprios estereótipos de outros países. Portugueses têm um outro estereótipo dos espanhóis do que nós, chineses têm um outro estereótipo dos alemães do que, por exemplo, norte-americanos, italianos têm um outro estereótipo de libaneses que se distingue daquele mantido por franceses.

Mas agora, eu já induzi você um pouco ao erro – porque aquilo que acabei de dizer sobre países e seus estereótipos já consiste, ele mesmo, em estereótipos. A representação de que haveria países em que imperam certos estereótipos leva, automaticamente, à constituição de novos estereótipos. E isso é parte do problema.

Devemos a primeira teoria sobre a ligação entre clichês estereotipados e opinião pública ao jornalista estadunidense e crítico de mídia, Walter Lippmann. Em sua obra de 1922, ainda atual hoje, *A opinião pública – Como ela surge e é manipulada*, ele mostra que a invocação da "cultura, tradição e mentalidade de grupo"[92] é, na melhor das hipóteses, expressão de paradigmas de estereótipos que marcam nossas posturas de expectativa e, desse modo, nossas percepções. Como exemplo de estereótipos nacionais, ele introduz as hoje estranhas descrições

> dos irlandeses em que não se pode confiar, dos lógicos franceses, dos disciplinados alemães, dos ignorantes eslavos, dos honrados chineses, dos japoneses em que não se pode confiar, e assim por diante. Todos esses juízos são casos individuais de generalizações, em que casos individuais são escolhidos por um método que é estatisticamente inteiramente inconfiável. [...] O espírito superficial tem a tendência de tomar arbitrariamente um exemplo, ou esbarrar de maneira puramente contingente em um exemplo que dá suporte ao seu preconceito ou o refuta, e, então, considerá-lo representativo para um grupo inteiro (LIPPMANN, 2018, p. 117).

Todavia, não nos livramos facilmente desse tipo de preconceitos. Isso porque preconceitos se baseiam sempre parcialmente em verdades, que são, todavia, interpretadas de maneira distorcida e filtrada. De fato, na Espanha há suposta e proporcionalmente mais bebedores de vinho tinto e pessoas que gostam de abraçar do que na Alemanha, onde se bebe mais cerveja e as pessoas não se aproximam tanto

---

92 LIPPMANN, W. *Die öffentliche Meinung – Wie sie entsteht und manipuliert wird* [A opinião pública – Como ela surge e é manipulada]. Frankfurt a. M., 2018, p. 127.

corporalmente. (Motivo pelo qual o *social distancing* (distanciamento social) – em alemão, *Corona-Deutsch* (coronalemão) – seja mais difícil para um grupo maior de espanhóis do que para um grupo alemão correspondente, de modo que na Espanha uma quarentena tem de ser imposta, a fim de interromper esse hábito cultural.)

Mas, um pensamento por preconceitos com base em tais verdades parciais generalizadas é rapidamente refutado pela realidade. Enquanto a pandemia da Covid-19 já havia claramente começado em março de 2020 também na Alemanha, os habitantes de Munique já se sentavam, nos primeiros dias quentes, lado a lado em *Biergärten* e na grama, o que é um fator decisivo para a explicação do número de infectados na Bavária. A proximidade da Itália ou da Áustria não tem, em si, nada a ver com isso, pois na Itália e na Áustria, afinal, não apenas italianos e austríacos, mas também alemães foram infectados. Cadeias de infecção não têm nada a ver com nações, o vírus não discrimina nacionalidade. Na NRW foi o carnaval que acelerou a disseminação do vírus. Os alemães se juntaram uns com os outros, então, muito mais do que se pensa, motivo pelo qual, na Bavária, se apertou o freio de emergência por meio de quarentena e restrições de saída.

Mesmo se fosse parcialmente correto que o Coronavírus surtiu números de mortes especialmente altos na Itália, na Espanha e na França porque muitos italianos, espanhóis e franceses gostam bastante de contato corporal, disso não se segue, de modo algum, que isso seja abjeto. *Social distancing* universal é tão problemático quanto, e deve ser apenas um comportamento de exceção, caso contrário, corremos o risco de uma nova forma de pensamento abjeta, além do racismo, classismo ou misoginia, que eu caracterizei como **higienismo**[93].

---

93 GABRIEL, M. Der Hygienismus kann in eine Gesundheitsdiktatur umschlagen [O higienismo pode se inverter em uma ditadura da saúde. *Die Welt*, 21/04/2020.

"Higiene" tem sua origem na palavra do grego antigo para saúde (*hygieia*). O objetivo e o sentido da vida humana não podem consistir em direcionar a nossa sociedade apenas à promoção e vigilância de nossa saúde. Caso contrário, teríamos de proibir o álcool, sexo sem proteção, beijos de língua e muitas outras formas de ternura, assim como chocolate, chips e pizza. Se julgamos outros segundo critérios higiênicos, então, encontramo-nos em maus bocados, pois não há um único ser humano que viva uma vida dotada de sentido que tente exclusivamente ou predominantemente viver da maneira mais saudável e pelo maior tempo possível. A pura sobrevivência pelo maior tempo possível não é o sentido da vida e de modo algum o objetivo moral de uma ordem social bem-sucedida. Uma sociedade que gire apenas em torno da saúde é impiedosa e totalitária. O protagonista interpretado por Ricky Gervais da série *After Life* expressa isso adequadamente, quando se chama a atenção para o seu consumo exagerado de álcool: uma vida saudável é apenas uma vida em que se morre mais lentamente.

Consequentemente, as medidas tomadas para a contenção da disseminação do Coronavírus levaram a casos de morte: suicídios, mortes evitáveis por meio de medidas de prevenção que foram adiadas, práticas médicas que se encontram em jornada reduzida; as consequências econômicas, que ainda se abaterão negativamente, ainda não são, de modo algum, previsíveis. Aceitamos as consequências, então, de uma triagem da sociedade como um todo, sem controle e não planejada, o que não nos ocorre porque é moralmente exigido proteger a vida dos seres humanos ameaçados pelo Novo Coronavírus.

No ponto alto da pandemia da Covid-19 no início de 2020 chegou-se ao ponto da **triagem** (da palavra francesa para "selecionar") em alguns hospitais da Europa, um método que foi desenvolvido em hospitais militares para decidir quais pacientes devem ser tratados primeiro. Para tanto, seres humanos são divididos em diferentes categorias, que são estabelecidas com as cores vermelho, amarelo, verde, azul e preto. Apenas quem recebe vermelho é imediatamente atendido. Quem não tem nenhuma chance de sobrevivência é designado pelo azul e recebe um acompanhamento de morte. As outras cores são tratadas depois dos pacientes marcados com vermelho. Situações de triagem levam a decisões médicas difíceis, que sobrecarregam rapidamente qualquer médico consciente e responsável. Isso porque é moralmente abjeto pesar vidas humanas umas em relação às outras e, todavia, inevitável em situações de emergência, nas quais se trata de coordenar, de algum modo, ações para salvar seres humanos, de modo que nem todos morram e que o maior número possível sobreviva. A triagem é empregada, por isso, também em terremotos ou em grandes acidentes, assim como em situações de emergência por todo o mundo.

As medidas tomadas para a contenção do Coronavírus são parte de uma triagem da sociedade como um todo, que, por razões compreensíveis, colocou a saúde e a segurança dos cidadãos – ao menos por um determinado tempo –, como o valor mais importante para a distribuição de recursos. Mas isso não pode ser uma condição permanente, pois, caso contrário, disseminamos um novo e muito perigoso modelo de estereótipo, o higienismo.

Lippmann dirige suas considerações sobre estereótipos também para o esclarecimento do surgimento e manipulação da opinião pública, motivo pelo qual o seu raciocínio é ainda hoje tão relevante. A dinâmica da opinião pública, que, em nossos dias, é medida em parte em *likes*, cliques e, em parte, por manipulações de comportamento subjacentes no espaço digital, se apoia na fabricação e disseminação de estereótipos, que asseguram que empreguemos, em nossas múltiplas microinterações cotidianas do saudar, passar um por outro e fazer trocas (dinheiro por pão etc.), modelos de percepção pré-formados online e digitalmente disseminados. A internet é também, e sobretudo, uma máquina por meio da qual se pode medir e controlar a disseminação de estereótipos; esse é o ponto de ferramentas de busca, mídias sociais e sistemas de recomendação controlados por algoritmos que são empregados por todas as grandes plataformas. Elas fizeram de nossa gigantesca suscetibilidade a estereótipos um dos mais bem-sucedidos modelos de negócio da Modernidade.

3.3 Coronavírus – A realidade contra-ataca

Especialmente identidades nacionais têm o mesmo *status* ontológico e o mesmo tipo de ser de bruxas. Elas não existem realmente, mas, certamente, se as imagina. As bruxas imaginadas (e, nesse sentido, existentes) naturalmente não são idênticas com as pessoas que são acusadas de bruxaria. Mas isso não significa que fantasias não são efetivas, ou seja, demasiado reais[94].

Identidades de gênero como homem e mulher se comportam de modo apenas aparentemente diferente. Há, de fato, fatos não morais (geneticamente determináveis) que codeterminam qual gênero biológico é mostrado por um ser vivo humano e como isso está ligado com a reprodução biológica. Disso se seguem certos fatos sociais, do que faz parte o fato de que (até agora) apenas mulheres biológicas possam ter filhos. Mas disso não se segue, de nenhum modo, que mães desempenhem um determinado papel social a partir do qual se deixa deduzir uma identidade que contrasta com a identidade do pai. Os papéis sociais de mães e pais não se seguem da contribuição biológica e genética que contribuiu para a sua reprodução biológica.

Já apenas pelo fato de que o pensamento por identidades se baseia em múltiplos equívocos ele é abjeto. Ele confunde nossa refle-

---

[94] A ontologia de objetos não existente é consideravelmente complicada nos detalhes. Para quem se interessar por detalhes, cf. GABRIEL, M. *Fiktionen*, § 1-5.

xão sobre nós mesmos e o outro, já que ele simplesmente não condiz suficientemente aos fatos.

> *Uma práxis social que se baseia em erros enormes sobre fatos não morais não pode ser moralmente defensável, pois a faculdade de juízo moral de quem está envolvido neles é levada ao engano pelas bombas de fumaça do discurso identitário.*

Diferentemente de identidades, infelizmente o Coronavírus não é uma mera fantasia. Ele existe realmente, e se desenvolve segundo princípios ainda não inteiramente conhecidos medicinalmente. Só podemos contar com modelos em vista da complexidade de cadeias possíveis e reais de disseminação, da incerteza sobre se e quando uma vacina é desenvolvida e disseminada – também de uma situação obscura de dados –, assim como por causa de possibilidades restritas de testar seres humanos.

Os modelos que explicam as propriedades do vírus, sua disseminação, sua letalidade e risco de infecção, são falíveis. Modelos são, em casos de sucesso, aproximações muito boas e úteis de uma realidade que não é, ela mesma, um modelo. Todavia, é da realidade, e não do modelo, que depende se os parâmetros de nosso modelo e, assim, de nossas simulações de computador, são corretos. Se as suposições de nosso modelo se afastam demais da realidade, o modelo fornece resultados ruins e falsos, e recomendações de ação que levam ao engano.

Caracterizei essa realidade em outro lugar como **realidade de base**[95]. Modelos são, eles mesmos, também reais, eles são, eles mesmos, partes da realidade. A realidade de base é, em contrapartida, aquela realidade que não depende do fato de que haja modelos, e

---

95 Cf. mais minuciosamente GABRIEL, M. *Der Sinn des Denkens*, p. 223-241.

que, em particular, não é, ela mesma, um modelo. O Coronavírus se dissemina na realidade de base. Ele não é um modelo.

Vírus são assombrosos. A sua lógica de disseminação estoura todas as fronteiras. Ela ocorre apenas em um âmbito invisível e nós só nos damos conta dela por causa dos sintomas da doença, e, então, por causa das muitas mortes. Podemos investigar a lógica da disseminação em si mesma apenas por meio de modelos e estatísticas complexas, de modo que estamos, agora, expostos a uma pandemia que ocorre em que possamos observá-la diretamente. Nem sequer conhecemos todos os sintomas; muitos adoecidos mostram muito poucos deles ou mesmo não percebem que estão adoecidos pela Covid-19.

O Coronavírus se contrapõe ao absurdo pós-moderno de que a realidade é socialmente construída e depende como um todo de que opiniões temos em relação a ela. A dinâmica própria do Coronavírus não é uma questão de opinião. Podemos tentar contê-lo e desenvolver uma vacina, mas nunca teremos a realidade de base como um todo sob controle. Sempre haverá novos vírus e a humanidade estará sempre exposta a processos naturais que não estão em nossas mãos.

Em tais situações, estereótipos desenvolvem uma efetividade sem precedentes, e provam, assim, que não apenas o vírus, mas também nossas representações falsas sobre sua essência são perigosas, do que faz parte a ideia absurda de que ele teria, por exemplo, sido produzido em laboratórios chineses, ou mesmo colocado em curso por Bill Gates, a fim de que ele possa vender suas vacinas.

A crise da Covid-19 mostra também, de maneira bastante clara, que estereótipos existem e que consequências em parte perigosas e mensuráveis do ponto de vista da economia mundial elas têm. Primeiramente, isso atingiu os chineses, que protegeram, com estereótipos nacionalistas, a suposta superioridade de seu sistema em relação ao Ocidente – que, aliás, também não existe –, e se silenciaram a princípio sobre a epidemia que começava, pois não queriam se expor.

Então, alguns pensaram que certamente os italianos teriam sido especialmente afetados por causa de sua falta de organização. Logo em seguida, se pensou, nos Estados Unidos, que os europeus seriam ainda mais infecciosos do que os chineses, enquanto o próprio Estados Unidos já se via lançado rapidamente a altos números de infecção. O vírus expõe sem misericórdia todas as fraquezas dos sistemas de saúde, e em um país em que não há nenhum seguro universal de saúde e de remuneração contínua em casos de saúde os infectados continuam a trabalhar ou nem mesmo se deixam testar, a fim de não serem tirados de circulação. Não se pode nunca esquecer que é particularmente fácil se tornar sem teto nos Estados Unidos, o que é determinante da paisagem urbana de muitas cidades grandes.

Para o governo atual dos Estados Unidos, assim como para muitos dos líderes de empresas americanas (também no Vale do Silício), a nossa representação de uma economia social de mercado, na qual o dinheiro não pode triunfar definitivamente sobre a humanidade, é um nêmesis. Já por isso, o assim chamado Ocidente é uma fantasia estereotípica, pois, no interior desse construto, há cismas identitários políticos que separam, por exemplo, os Estados Unidos da Europa Continental, mas também da Austrália ou da Nova Zelândia.

Enquanto a pandemia viral seguia seu curso, o governo chinês empregou sua estratégia comum da maquinaria de propaganda, a fim de fazer crescer a suspeita contra a democracia de que ela não seria, no século XXI, suficientemente capaz de agir. O resto do mundo reagiu à força impondo medidas as mais drásticas possíveis como o fechamento de fronteiras, quarentenas e estados de exceção, o que não se pode justificar apenas pela pandemia viral de fato existente. Isso porque nenhuma medida política é instaurada apenas por causa de uma pandemia viral. Poderíamos, afinal, simplesmente ter sido a favor da infestação e da imunidade de rebanho, ou matar nossos idosos para proteger o sistema de saúde. Consideramos algo assim, com razão, como moralmente abjeto, mas esse juízo não pode ser deduzido da pesquisa sobre o vírus. Virologistas, epidemiologistas e outros médicos não são, como tais, nem especialistas em ética, nem políticos, o que se baseia no fato de que eles, justamente, pesquisam as propriedades de vírus e de sua disseminação, o que nada tem a ver com a ética.

O Coronavírus também não tem nada a ver com fronteiras estatais e sistemas de governo. Podemos, de fato, contê-lo por meio de medidas institucionais, assim como colocá-lo sob controle por meio da pesquisa científica e do fortalecimento de nosso sistema de saúde, do que faz parte que os sistemas estatais tenham de ser capazes de agir. Mas eles são capazes disso tanto por aqui quanto também na China, Japão, Itália e nos Estados Unidos. É um mero e perigoso absurdo acreditar que o Coronavírus mostraria uma fraqueza da democracia ou, no caso da Alemanha, do federalismo. O federalismo da República Federal da Alemanha é uma certa maneira de fixar e conduzir instituições e processos decisórios. Os nossos processos são construídos de tal modo que é muito improvável que possa ser construída uma central de controle que leve à transformação da república federal em uma ditadura. O mesmo vale para outros sistemas democráticos como os Estados Unidos, do qual não se pode fazer facilmente uma ditadura.

Junto dos perigos muito reais do vírus pode-se observar, ao mesmo tempo, na crise da Covid-19, um perigo infelizmente igualmente real, que está ligado com o fato de que estados de exceção são declarados. Em geral, um **estado de exceção** é a interrupção de sistemas de valores com o objetivo de colocar sob controle uma situação de perigo que justifica limitar certos direitos historicamente conquistados por um intervalo de tempo o mais breve possível. Todavia, é possível que um estado de exceção libere forças que já lutavam subterraneamente contra o sistema de valor que foi suspenso. Quanto mais essas forças se disseminam no estado de exceção, mais provável é que o sistema de valores legitimamente limitado sofra danos.

Por isso, não é por acaso que, desde a primeira onda de infecções e das medidas que resultaram dela, disseminem-se estereótipos e falsas representações, que são usadas para causar dano à democracia e ao seu fundamento de valores. Faz parte disso a retórica eleitoral de Trump, que aproveitou a oportunidade para causar dano material e simbólico à Europa Continental e, assim, à União Europeia.

Ao mesmo tempo, é reanimador que, também em tempos obscuros da crise da Covid-19, ocorra o progresso moral. É evidente que muitas pessoas que não foram pessoalmente atingidas pelo vírus, porque elas são jovens e não têm nenhuma condição prévia, tentaram manter a distância social e não se infectar, a fim de que seus próximos mais velhos e com baixa imunidade não corressem risco de vida. As cadeias de produção do capitalismo global, que até poucos dias atrás poluíam o planeta, foram repentina e radicalmente interrompidas por razões morais. O estado de exceção é, por isso, também uma chance para a reflexão e um possível desencadeador de uma mudança de tempos. Se ouvirmos o aviso e finalmente cairemos em nós ou se tentaremos retornar aos paradigmas antigos ainda é uma questão em aberto. Está claro, porém, que o retorno para a suposta "normalidade" certamente nos emaranhará em crises ainda muito maiores – entre elas, a crise climática e a desigualdade social que cresce cada vez mais. E não esqueçamos a competição de sistema entra os Estados Unidos, a União Europeia e a China, que adquire traços em parte semelhantes aos de uma guerra e nos coloca diante dos olhos mais uma vez o fato de que a humanidade tem de se esforçar por uma cooperação global com base em valores universais. Os problemas diante dos quais nos encontramos no século XXI não podem ser superados de outro modo.

3.4 Turíngia de um jeito diferente – O racismo é refutado em Jena

O racismo não é apenas como um todo moralmente abjeto, mas também se baseia em muitos enganos científicos sérios. Expor isso pode levar ao progresso moral na batalha contra o racismo. Em Turíngia, por exemplo, se faz pesquisa de alta qualidade, que será útil aqui.

Quando se diz, atualmente, as palavras "Turíngia" e "racismo", infelizmente, muitos pensam, injustamente, que imperaria na Turíngia em geral o absurdo da "ala" da AfD classificada pelo serviço de inteligência como caso suspeito de extrema-direita, que era representada proeminentemente pelo presidente regional da AfD, Björn Höcke (que vem da Renânia do Nordhein-Westfalen, não da Turíngia), antes de ele ser oficialmente desvinculado do partido. Isso joga uma luz lamentável sobre a Turíngia, na qual também se encontra Jena, o lugar de nascimento do idealismo alemão, que desenvolveu um conceito radicalmente universalista de humanidade (*Menschseins*)[96]. Faz parte disso, naturalmente, também a versão de Friedrich Schiller de uma ética radicalmente universalista, que poderia ser realizada por meio de uma educação estética do ser humano.

O progresso moral na Turíngia não está, porém, apenas no passado. Por ocasião do 112º Congresso da Sociedade Zoológica Alemã, que ocorreu em 2019 em Jena, zoólogos e biólogos evolucionistas publicaram, com o apoio da Max-Planck Gesellschaft (Sociedade Max-Planck), um manifesto de Jena[97]. A sua principal mensagem

---

96 Infelizmente, também se encontram em Fichte, Schelling e Hegel (para nomear as cabeças atuantes em Jena mais conhecidas) alguns pensamentos racistas, mas eles também argumentaram contra o racismo de seu tempo; p. ex., contra a frenologia disseminada à época, que tentava atrelar as propriedades do caráter e das raças à forma do crânio.
97 FISCHER, M.S.; HOSSFELD, U.; KRAUSE, J.; RICHTER, S. Jenaer Erklärung – Das Konzept der Rasse ist das Ergebnis von Rassismus und nicht dessen Voraussetzung

já se encontra no título: *O conceito de raça é resultado do racismo, e não seu pressuposto.*

Esse resultado pode ser considerado como provado com essa clareza desde a descoberta biomolecular visionária de que, em seres humanos,

> de longe a maior parte da diferença genética existe não entre populações geográficas [p. ex., um grupo de africanos de pele negra diferentemente de um grupo de alemães do norte, brancos, M. G.], mas no interior de tais grupos. [...] Em vez de fronteiras definíveis, correm, entre grupos humanos, gradações genéticas. Não há no genoma humano, entre os 3,2 bilhões de pares de base, nem uma única diferença fixa que separe, por exemplo, o africano do não africano. Não há – para dizer explicitamente – não apenas nem um único gene que fundamente diferenças "raciais", mas também nem mesmo um único par de base. Características externas como a cor da pele, que são usadas para classificação tipológica ou no racismo cotidiano, são uma adequação biológica extremamente superficial e facilmente modificável às circunstâncias locais correspondentes. A cor da pele se transformou constantemente no curso das migrações do ser humano, e se tornou mais escura ou mais clara sempre segundo a radiação solar local ou o modo de alimentação[98].

Os autores introduzem ainda outros fatos biológicos e antropológicos e chegam, com base nesse fundamento da ciência do ser humano (*humanwissenschaftlichen*), à conclusão que o conceito de raça humana, que não se refere a nada, também fracassa, em particular, a ideia disseminada nos Estados Unidos de um "etnoplura-

---

[Manifesto de Jena – O conceito de raça é resultado do racismo, e não seu pressuposto]. *Biologie in unserer Zeit* [Biologia em nosso tempo], 49/6, 2019), p. 399-402.
98 Ibid., p. 400s.

lismo". "A não utilizabilidade do conceito de raça deveria, hoje e no futuro, fazer parte das obviedades científicas." Não tem mais, então, nenhum sentido reconhecer várias etnias ou raças em seu direito próprio e organizar o espaço político da justiça distributiva de modo correspondente, já que, simplesmente, não há nenhuma diferença suficientemente clara entre etnias ou raças.

Aqui, alguns teóricos objetarão que haveria, sim, algo como "race", o que não se pode traduzir exatamente como raça, pois não se quer dizer com isso, de modo algum, algo biológico. Mas isso é absurdo: o racismo é sempre biológico (ou seja, fundamentado pseudobiologicamente), e o pensamento de que se poderia configurá-lo espiritualmente é uma ilusão. Naturalmente, há uma realidade de vida e experiência, por exemplo, dos assim chamados "afro-americanos", que está interligada como eles foram, por razões históricas, vistos e tratados por outros e por eles mesmos. Essa é a práxis do racismo.

Essa práxis se concebe, hoje, de modo menos biológico do que antes, porque ninguém pode mais esterilizar ou escravizar afro--americanos por causa de argumentos biológicos que foram utilizados, no passado, para a legitimação da desumanização. O tratamento distinto tem uma origem moralmente abjeta que não podemos esquecer. Mas o objetivo não deveria ser criar agora, a partir de disparates racistas, estereótipos culturais, e continuá-los sob a bandeira de culturas que não existem de fato.

A impressão de que se seria distinto de seus semelhantes e de estranhos pode ser explicada de modo inteiramente distinto pelo fato de que se renova teoricamente o autoengano dos afetados. Também me sinto, às vezes, como "renano", e acho divertido e às vezes engraçado o papo cotidiano entre amigos, porque ele desperta sentimentos de pertencimento (*Heimatgefühle*). Mas, desse modo, expressa-se apenas experiências de vida autobiográficas, não, porém, a essência do renano, que poderia ser definida. Renanos são vistos exatamente muito mais ricos em variedade do que o estereótipo sugere.

Em suma, de uma perspectiva sociofilosófica, há, de fato, autoenganos sobre o próprio percurso de vida e sobre características de personalidade que são experimentadas como sentimentos de pertencimento a um grupo. Mas esses sentimentos de pertencimento – não importa o quanto se desfrute deles – estão sempre, em algum lugar, ancorados em práticas moralmente abjetas. Se eu me visse, por exemplo, como o estereótipo de renano, como seria para aquele cujos pais se mudaram do exterior para a Renânia há uma geração? Estereótipos, não importa quão divertidos e carregados de sentimentos eles possam ser, levam sempre a exclusões e a formas de pensamento moralmente abjetas. Eles não são conciliáveis com o progresso moral. Faz parte do exercício da reflexão moral que nos tornemos conscientes de nossos próprios estereótipos e tentemos não deixar que eles influenciem nossas ações.

Assim, é desnecessário o modelo disseminado particularmente nos Estados Unidos de uma, por assim dizer, *guetoização amigável*. Em cidades como Nova York, como sempre, partes da cidade são marcadas pelo fato de abrigarem predominantemente chineses, indianos, coreanos, poloneses, russos, judeus ortodoxos ou protestantes brancos e ricos. Em locais correspondentes, pratos étnicos e eventos culturais são oferecidos, de modo que se pode, a cada dia da semana, "beliscar", por assim dizer, diferentes culturas.

Isso é um modelo problemático de civilização, pois pressupõe que as etnias, raças e filiações religiosas individuais se fixam espacialmente, a fim de colocar à exposição para os outros a sua alteridade correspondente e se sentir, entre os supostos semelhantes, melhor e mais seguro. A carência humana por pertencimento não deve ser desvalorizada por isso. É, todavia, abjeto querer satisfazer essa carência ao definir o pertencimento por meio de etnia, raça ou também por meio de pensamentos igualmente vagos de uma cultura, pois esses objetos não existem realmente. Comunidades que são mantidas unidas por meio de enganos e autoenganos são moralmente questionáveis na medida em que existe a tendência de constituir identidades ilusórias que se veem em uma competição umas com as outras. Isso porque uma estrutura social assim leva, inevitavelmente, a deficiências morais.

Não existe algo como a cultura alemã, o que se vê imediatamente quando se tenta indicar o que pertence a ela. Caso se diga Lutero, Bach, Beethoven, Goethe, se deixou de lado Franz Kafka, Mario Adorf, Hannah Arendt, Cem Özdemir e Hadnet Tesfai. Se ela existisse, faria parte da cultura alemã tanto os berlinenses da cena *techno* como também o *Punk* e o *Hip-Hop* do Vale do Ruhr, assim como as pinturas de Albrecht Dürer e Simon Rattle. Simplesmente, não há um conjunto bem-definido de casos exemplares da cultura alemã, dos quais se poderia extrair um sentimento de pertencimento que não seja distorcido. O mesmo vale para a cultura chinesa, árabe e qualquer outra cultura que se possa imaginar. O que existe são formações de grupos que são parcialmente reportáveis a um gosto estético comum e a preferências compartilháveis, mas, parcialmente, a outros fatores, dos quais fazem parte, nas estruturas étnicas dos Estados Unidos, sobretudo as ondas migratórias.

De fato, o modelo de guetoização étnica em parte autoescolhida é moralmente (e estrategicamente) melhor do que a tentativa de isolar tais grupos espacialmente por meio de muros e arames farpados. Todavia, ele ainda sofre do fato de que ele decide a favor do agrupamento de seres humanos por meio de critérios aos quais a vida humana, na realidade, simplesmente não corresponde. O sentimento de "pátria" que se traz consigo como imigrante para se reunir, no estrangeiro, com outros de mesma inclinação, é um engano, que é problemático, pois ele nos cinde moralmente: os indivíduos ligados uns com os outros por meio de uma pátria ilusória apenas fantasiam as pátrias estranhas dos outros, e os tratam de modo correspondente.

Como visto, simplesmente não há, na realidade, raças. Há certamente, porém, racismo. Ele começa já lá, onde se tem a falsa ideia de que existiriam raças. O racismo é, como tal, moralmente abjeto (mal), pois ele separa os seres humanos em grupos e atribui a indivíduos modelos de ação que não existem na realidade. Racistas explicam o comportamento de seres humanos por meio de propriedades que influenciam apenas indiretamente na ação. Quem é vítima de um ataque racista tem de se proteger, o que motiva ações que, aos olhos dos racistas, confirmam o seu estereótipo. Tudo que um grupo discriminado negativamente pelo racismo faz, a fim de se proteger de ataques, é visto, pelos racistas, como confirmação de suas características ruins.

A solidariedade vista por todo lugar na primeira fase da crise da Covid-19, por exemplo, levou a que a maior parte das pessoas na Alemanha percebesse que elas estavam no mesmo barco; que elas podiam sentir na própria pele que todos seres humanos estão expostos a um perigo comum – o que nos conecta. Infelizmente, essa solidariedade não atravessou fronteiras, pois nós, por causa de estereótipos e sentimentos enganosos de pertencimento, não estamos habituados a pensar moralmente para além de nosso horizonte traçado estreitamente. Vista mais exatamente, essa nova solidariedade não ocorreu nem mesmo no interior de nossas fronteiras, pois estados, distritos, cidades e grupos de povoamento estavam (e estão) em uma competição por recursos, e muitas pessoas na Alemanha caíram e ainda cairão em situações socioeconômicas difíceis. Moradores de rua, pobres, crianças trancafiadas, a que se recusou o contato público com outras crianças de mesma idade de maneira vigiada estatalmente, pais solteiros, idosos que moram sozinhos, vestibulandos em condição de insegurança e muitos outros que tiveram de sofrer sob nossa administração da crise e ainda sofrerão por mais tempo – quem fala por eles? E de que isso adiantaria?

Uma ampliação de nossa consideração moral para todas as pessoas que se encontram no mesmo território já seria um grande progresso, mas não podemos perder de vista o objetivo maior. Esse objetivo consiste no reconhecimento da circunstância moral decisiva de que nós, como seres humanos, estamos *todos*, em última instância, no mesmo barco – embora o assento da maior parte dos alemães na crise da Covid-19 tenha sido, certamente, mais confortável do que o de trabalhadores migrantes indianos, sem os quais, por sua vez, as coisas não teriam sido tão confortáveis para nós. Em vista dos desafios o século XXI e de uma população mundial de mais de 7 bilhões de seres humanos, cujas formas de vida estão entrelaçadas umas com as outras, é um absurdo acreditar que poderíamos nos remeter a sentimentos de pertencimento como fonte de valores. Esses sentimentos de pertencimento levam, antes, a longo prazo, à inflamação de cenários de guerra e à autoextinção da humanidade, pois eles motivam os seres humanos a se aninharem e enganos e autoenganos extremamente perigosos.

A *identidade universal do ser-humano* (*Menschseins*) se expressa na insuperável diferença sem a qual não poderíamos ser ninguém. Seres humanos determinam seus cursos concretos de ação, seus desejos, suas preferências etc. sempre se demarcando em relação a outros seres humanos. Seria um erro acreditar que haveria uma demarcação correta, objetivamente existente, que dividiria os seres humanos em diferentes identidades sociais por meio das quais seria possível nos orientarmos de uma maneira sensata. Identidades sociais são expressões passíveis de serem sentidas e economicamente mensuráveis. Isso quer dizer que os seres humanos já avaliam uns aos outros à primeira vista com base em seus preconceitos; ou seja, com base em suas opiniões sobre os outros, que eles formaram ao observá-los de maneira mais atenta. Essas opiniões têm uma longa história prévia, da qual fazem parte muitos enganos. Além disso, muitas pessoas lucram com o fato de que preconceitos são disseminados: sem preconceitos e estereótipos em parte moralmente abjetos, a nossa indústria de propaganda cairia, por exemplo, em sérios dificuldades, já que, como se sabe, ela nos ilude com formas de vida e promessas de felicidade que não são reais.

Um bom exemplo disso são as imagens de supostos solteiros em anúncios para portais de encontros. Pode-se ter certeza de que o portal de encontro não é povoado por tais pessoas de aparência deslumbrante, economicamente bem-sucedidas e descontraídas, mas por pessoas inteiramente normais que buscam por uma relação amorosa.

A disseminação e produção de tais representações ideais de uma vida bem-sucedida que devem inflamar o desejo de consumo contêm, infelizmente, na maior parte das vezes, mentiras, enganos e autoenganos desse tipo. Um de meus professores de Filosofia, o filósofo político Rüdiger Bubner, introduzia, em seus seminários em Heidelberg, como exemplo para esses pensamentos, sempre o sonho de uma praia isolada, na qual se passeia com o parceiro idealizado como perfeito, depois de se ter ganhado na loteria. Assim que se chega a essa praia, ocorre que, lá, há mosquitos perigosos, que bate um vento muito forte, que se tem uma intoxicação alimentar por causa das ostras em um restaurante à beira do mar e que o parceiro idealizado como perfeito tem, em questões essenciais, opiniões insuportáveis para nós.

Nisso, vê-se que as representações de uma vida luxuriosa depois de ganhar na loteria são ilusórias, pois a felicidade que nos é prometida por ganhar na loteria é apenas uma felicidade ilusória. Ansiamos por liberdade, a confundimos, porém, de bom grado, com certos lugares, ou com possuir alguma coisa que sempre quisemos ter.

Projetamos nossos sonhos de uma vida bem-sucedida, assim como nossos pesadelos de uma vida fracassada, sempre em outros lugares e outras pessoas. Desse modo, surgem mecanismos de fantasia que estruturam a nossa vida cotidiana e nos mantêm caminhando. Essa é a origem da metafórica roda do hamster, em que corremos sem objetivo.

O problema não é que que sonhemos e nos entreguemos a ilusões – sem ilusões, sonhos, obras de arte e coisas semelhante, a vida seria sem alegria. O problema são as representações moralmente abjetas de qual papel pessoas estranhas e desconhecidas desempenham quando se trata de nossos sonhos. Acreditar que um concidadão bávaro "bioalemão" está mais próximo de mim, como alemão, do que o garçom espanhol que nos serve no mesmo hotel de férias é uma ilusão moralmente problemática quando se trata de quais opiniões temos sobre *eurobonds* ou sobre outros auxílios econômicos de crise.

Em suma: em última instância, fantasiamos que os outros e que nós mesmos sejamos tal como parecemos ser uns aos outros no dia a dia. Mas essa fantasia corresponde apenas de maneira muito parcial à realidade, o que se pode explicar pelo fato de que as nossas ilusões têm influência porque nós nos orientamos por elas. As coisas ficam difíceis, porém, quando encontramos outras pessoas, que têm outras ilusões e contam para si mesmas histórias inteiramente diferentes de uma vida bem-sucedida. Nesses pontos de contato se revela a nossa capacidade para o pensamento moral, e tudo depende de se conseguimos, em pessoas aparentemente muito diferentes, ver o direito a sonhar de outra maneira. A representação de objetivos de uma comunidade humana moralmente bem-sucedida consiste em que produzimos ilusões moralmente defensáveis que não levam a que cindamos as pessoas em etnias, culturas e grupos que se contrapõem umas às outras como corpos estranhos.

Os processos morais do século XXI giram em torno do fato de que as práticas de atribuição de identidades sociais se baseiam em estereótipos perigosos (porque sempre implícita ou explicitamente violentos), que são fortalecidos sistematicamente pelas mídias sociais. A era digital produz, por causa de sua economia medial de atenção, formas de política identitária que separam os seres humanos em grupos aos quais eles não pertencem por causa de sua natureza. Isso porque, no que diz respeito à natureza, somos todos, de fato, iguais na medida em que estamos submetidos aos mesmos processos de preservação de espécie de adequação ao ambiente que asseguram que nós somos animais humanos, ou seja, animais de uma determinada espécie biológica.

O racismo não está limitado ao fato de que de que seres humanos de pele escura foram e são discriminados, perseguidos, violados e mortos. Não existe nenhuma forma suficientemente justa de discriminação, apenas uma compensação momentânea por uma injustiça passada, por meio da qual se tenta compensar certos seres humanos pelo fato de que eles foram, para seu malefício, sistematicamente discriminados. Não podemos perder isso de vista quando tomamos medidas apropriadas para a superação do racismo. A política identitária não faz parte disso, pois ela solidifica estereótipos em identidades e dirige o olhar àquilo que, na verdade, deveríamos superar.

3.5 O valor da verdade, sem casa de espelhos

Em ambas as alas do espectro político radical, na direita como na esquerda, encontra-se uma destruição do valor da verdade. O ativismo precipitado de esquerda é fundamentado pelo fato de que as (supostas) minorias dignas de defesa, pelas quais se pode, finalmente, lutar depois de séculos de opressão, já tiveram de esperar por muito tempo pelo seu direito moral e legal. O ativismo radical de direita, por sua vez, afirma, por exemplo, nos Estados Unidos, que teria de se proteger os homens brancos das forças de esquerda que querem colocar no poder as mulheres, os negros etc. Ele evoca o valor democrático da proteção de minorais, embora afirme, sem razão, que justo os homens brancos pertenceriam às minorias dignas de serem protegidas. Essa impressão equivocada se baseia no fato de que, nas últimas décadas, chegou-se ao progresso moral no âmbito do reconhecimento de minorias realmente dignas de proteção e, desse modo, a uma nova distribuição de recursos.

Isso é, até mesmo, usado como pretexto para o emprego de violência discursiva e concreta, como pude presenciar mais recentemente em um congresso sobre as perspectivas de uma futura ordem social justa. A filósofa britânica que se considera como uma feminista radical, Nina Power, que publicou um livro muito respeitado, *A mulher unidimensional*, foi atacada, em um congresso, por uma outra participante, a ativista antifacista e jornalista Natasha Lennard[99]. Ela objetou a Power que ela seria uma *Terf*, uma *trans-exclusionary radical feminist* (feminista radical transexcluidora): uma feminista que se volta contra os direitos da mulher de transexuais que se sentem como mulheres, por mais que mostrem características de gênero externas que muitos classificariam como "masculinas".

Não se trata aqui, para mim, de propor uma opinião fundamentada sobre o tema da transexualidade e da justiça em relação a seres humanos que nós, felizmente, abarcamos na Alemanha, também juridicamente, como "diversos" (um progresso moral) – um primeiro e grande passo bem-vindo no sentido de um reconhecimento definitivo, assegurado humano-cientificamente (*humanwissenschaftlich*), da circunstância de que nem todos os seres humanos são univocamente femininos ou masculinos (como quer que se defina ambas essas categorias).

---

99 POWER, N. *Die eindimensionale Frau* [A mulher unidimensional]. Berlim, 2011.

O que chamou a atenção e foi inquietante na discussão entre Power e Lennard foi a circunstância de que esta, em sua palestra, argumentou expressamente a favor da ideia de que não haveria verdade e de que não se poderia definir "fascismo". O que contaria como "fascismo" dependeria, antes, do movimento, por ela representada, do antifascismo. Como única razão para o fato de que, para ela, Power já caía no espectro fascista, ela evocou, sem mais, dados de uma campanha online contra Power, que, como ela não parecia saber, consistia predominantemente de *fake news* e classificava Power até mesmo como satanista (contra o que ela tomou ação judicial na Inglaterra). Lennard queria garantir previamente ao congresso online (o que de modo algum foi tornado conhecido para os participantes, assim como para os organizadores) que Power fosse desconvidada; não estava, porém, pronta, no momento do evento, a apresentar alguma razão para isso. Ela argumentou, por fim, até mesmo a favor de que não haveria uma razão objetivamente melhor e nenhuma verdade, mas apenas ativismo contra o "fascismo" assim chamado por ela, sem que ela pudesse dizer em que ele consistia e por que ela considerava Power uma fascista. Aqui, uma pessoa, Power, que defende a igualdade de direitos (não importa como se classifique a sua contribuição teórica), se confrontou com uma ativista que queria excluí-la discursivamente, sem dizer o porquê.

Tanto a política identitária de direita como a de esquerda fracassam frequentemente pelo fato de que suas reivindicações morais não correspondem aos fatos, o que é deixado de lado pelo fato de que tanto direita quanto esquerda ora questionam a verdade claramente comprovada, ora apresentam uma inverdade como verdade, sem que processos de descoberta da verdade sejam empregados, a fim de alcançar um veredicto universalmente válido. No pano de fundo se encontra, aqui, o ataque à verdade, aos fatos, ao realismo e ao universalismo em nome de teorias incoerentes, que, frequentemente, surgiram do espectro do pós-moderno. Isso efetua o contrário do progresso moral, por mais que ocorra, frequentemente, sob o clamor do progresso social, político e científico.

Um caso exemplar da manobra pós-moderna de se despedir da verdade por causa de uma política supostamente progressista é o trabalho teórico do filósofo americano Richard Rorty, que, em alguns de seus livros muito proeminentes, defendeu que se desista da ideia de que nossos sistemas de crenças simbolicamente codificados (linguisticamente, literariamente, narrativamente, culturalmente) seriam, em algum sentido, a representação de uma realidade independente deles. Nosso pensar e nosso agir, assim diz Rorty, não seriam um "espelho do mundo", e não haveria, então, nenhuma verdade[100]. Em vez de falarmos ainda de algum modo sobre verdade, Rorty recomendava que deveríamos produzir uma comunidade da solidariedade, que consiste em "irônicos" (como ele os chama). Os irônicos não acreditam na verdade, mas apenas em que podem partilhar com outros irônicos a "compreensão" de que não haveria verdade, de modo que os processos de negociação social e política não estão ligados com o objetivo da descoberta do caminho correto ou do sistema de valores correto, mas são processos de decisão contingentes, ou seja, que ocorrem às vezes de um jeito, às vezes de outro, e nos quais se trata apenas da manutenção da comunidade.

Aquilo de que muitos, infelizmente, ainda não tomaram suficientemente conhecimento é que os "argumentos" introduzidos por Rorty a favor de sua tese foram refutados em diversas ondas críticas de filósofos. Como exemplo, indiquemos apenas o livro muito discutido de Paul Boghossian, *Medo da verdade*, que prova de maneira

---

100 Cf. em particular RORTY, R. *Der Spiegel der Natur – Eine Kritik der Philosophie* [O espelho da natureza – Uma crítica da filosofia]. Frankfurt a. M., 1987. • RORTY, R. *Kontigenz, Ironie und Solidarität* [Contingência, ironia e solidariedade]. Frankfurt a. M., 1991.

cuidadosa e detalhada que a versão de Rorty de um relativismo e de um construtivismo é profundamente incoerente e indefensável.

Não precisamos, aqui, todavia, entrar na teoria filosófica da verdade, a fim de ver aonde a versão de Rorty da Pós-modernidade leva, pois vemos isso diariamente em mídias sociais e no palco da política mundial. Como Rorty não reconhece nenhum critério de sucesso para constituição de comunidades que seja independente de nossos sentimentos de pertencimento, não há nada que impeça de ligar a Pós-modernidade assim compreendida (e, desse modo, em última instância, malcompreendida) com a nova direita. "Fatos alternativos", "era pós-fática" ou "pós-verdade" são palavras-chave politicamente carregadas de direita, por meio das quais os seus mundos de sentimentos irracionais e incoerentes são postos no lugar da busca racional, institucional e publicamente tratável da verdade. A Pós-modernidade não é mais, hoje, defendida por intelectuais franceses ou americanos progressistas, mas por pessoas como Donald Trump, Nigel Farage, Viktor Orbán, Vladimir Putin e também instrumentalizada por muitos políticos da AfD, que, com um ato de *metaironia*, se atribuíram o *slogan* "coragem para a verdade", para, sob essa bandeira, disputar fatos evidentes e disseminar narrativas conspiratórias. Essas ideologias usam e promovem um retrato simplificado da ideia pós-moderna de que a verdade se apoia no pertencimento a grupos, o que, em última instância, apenas promove o direito do mais forte.

Não nos encontramos, porém, em uma casa de espelhos da opinião e da crença sem fundamentos, mas na realidade. Nosso pensar e nosso agir estão inseparavelmente enredados com a realidade (*Wirklichkeit*), simplesmente porque eles dois são, eles mesmos, efetivos (*wirksam*) e ocorrem na realidade (*Wirklichkeit*). Não é possível escapar da realidade. Nosso pensar e nosso agir não se opõem à realidade como uma tela mental na qual surgem imagens e histórias mentais que têm pouco ou nada a ver com o mundo "lá fora", como diz uma interpretação, em última instância deficiente, dos teóricos defensores da Pós-modernidade.

A Pós-modernidade há muito tempo já não se limita a departamentos progressivos da teoria literária americana, a partir dos quais se disseminou socialmente. Em vez disso, você pode ouvir argumentos "pós-modernos" agora regularmente por parte de biólogos evolucionistas, físicos, neurocientistas, e sobretudo também de economistas, o que é um desdobramento pavoroso. Se também alguns cientistas naturais partem do princípio de que não podemos conhecer a realidade, pois nos fixamos em modelos e teorias que sempre apenas distorcem, mas nunca apreendem a realidade tal como ela é, então perdeu-se todas as esperanças. Então, nada mais fala contra (e também não a favor) o projeto de Trump de pôr o desempenho econômico americano no topo de todas as prioridades; sim, não se sabe mais, na verdade, por que deveríamos ainda nos atermos a um Estado social e democrático de direito.

Não podemos esquecer que o Estado social e democrático de direito surgiu de revoluções e lutas políticas em parte muito sangrentas nos últimos dois séculos, nos quais seres humanos que sofriam sob a rápida industrialização defenderam que deveria haver uma sociedade mais justa. A democracia moderna, que é um projeto muito jovem do ponto de vista da história global, e que, entre nós, só produziu formas de governo estáveis depois da Segunda Guerra Mundial, se baseia no Esclarecimento. O projeto do Esclarecimento não é possível sem verdade, realismo moral e universalismo. É um grande erro acreditar que se poderia dar continuidade ao projeto de um Estado democrático de direito sem comprometimento com o cânone de valores do Esclarecimento que está registrado em nossa constituição.

A Pós-modernidade leva a um novo tipo de "menoridade de responsabilidade própria"[101]. Em vez de nos servimos de nosso "entendimento" (*Verstand*) "sem a condução de um outro", aposta-se na mentalidade de grupo (Rorty chama isso, de modo enganoso, de "Solidariedade"), pois se acredita que seria possível substituir a verdade pelo pensamento de grupo.

Aqui, é útil uma famosa metáfora de Ludwig Wittgenstein, que via a tarefa da filosofia em "mostrar à mosca o caminho para fora da garrafa"[102]. Ele reconhecia que é uma ideia muito disseminada que nosso pensamento seria um tipo de processo interior que não podemos comparar com o mundo externo "lá fora". A partir dessa suposição absurda, que foi recorrentemente refutada na filosofia moderna, mais recentemente e em detalhe pelo grande discípulo de Rorty, Robert Boyce Brandom, muitos deduzem que não poderia haver verdade, pois não poderíamos constatar nenhuma concordância de nossos sistemas simbólicos de pensamento com a realidade[103]. Wittgenstein se volta contra essa ideia no seu estilo tipicamente breve, constatando:

> Quando dizemos, *pensamos* (*meinen*), que as coisas são assim e assim, então não nos mantemos, com o que pensamos, em algum lugar diante do fato: mas pensamos (*meinen*) que *isso e isso é – assim e assim*. Pode-se, porém, expressar esse paradoxo (que tem,

---

101 KANT, I. Beantwortung der Frage: Was ist Aufklärung? (1784) [Resposta à pergunta: O que é Esclarecimento?]. In: STOLLBERG-RILINGER, B. (ed.). *Was ist Aufklärung? – Thesen, Definitionen, Dokumente* [O que é Esclarecimento? – Teses, definições, documentos]. Stuttgart, 2010, p. 9-17.

102 WITTGENSTEIN, L. *Philosophische Untersuchungen* [Investigações filosóficas]. Frankfurt a. M., 1971, § 309, p. 131.

103 Cf. sua obra-prima *A Spirit of Trust* [Um espírito de confiança], que, todavia, não é recomendável para leigos. A título de introdução, cf. *Begründen und Begreifen – Eine Einführung in den Inferentialismus* [Fundamentar e compreender – Uma introdução ao inferencialismo]. Frankfurt a. M., 2001.

afinal, a forma de uma obviedade) assim: pode-se *pensar* (*denken*) o que não é o caso[104].

Nosso pensar não se encontra em nossa cabeça, onde nenhuma realidade poderia penetrar. Isso já se vê pelo fato de que nossa própria cabeça é algo inteiramente real e parte do suposto mundo externo. A verdade consiste, de fato, não no fato de que algo interior está ligado com algo exterior, uma imagem representacional espiritual com um acontecimento lá fora, de modo que espelha o mundo "lá fora", mas, antes, no fato de que nós "dizemos, *pensamos,* que as coisas são assim e assim" e de que, além disso, elas são tal como dizemos. Proposições e pensamentos não são retratos enganosos de uma realidade independente, mas os meios apropriados para constatar e comunicar o que é realmente o caso.

> *Que seja possível se enganar não significa que não há realidade. Muito pelo contrário! Quando nos enganamos, erramos a realidade, do que se segue que ela existe. Sem verdade, não há nem engano nem mentira, ideologia, propaganda e manipulação.*

Um fato é uma verdade. Fatos morais são, por isso, verdades morais sobre as quais podemos nos enganar. Para ter uma visão clara dessa circunstância extremamente importante para nossa vida conjunta temos de despedaçar a casa de espelhos ou simplesmente escolher a saída, a fim de não mais espelharmos apenas a nós mesmos, mas, antes, reconhecermos que é nossa tarefa comum tentar, com nosso melhor conhecimento e consciência, fazer o certo e evitar o errado.

---

104 WITTGENSTEIN. *Philosophische Untersuchungen*, § 95, p. 62.

Isso não significa, de modo algum, que seria, em toda situação, fácil descobrir o que devemos fazer. Práticas do perdão, da renúncia, da reconciliação, da tolerância e do diálogo cuidadoso e com tato fazem parte, por isso, do portfólio do progresso moral. Do fato de que há fatos morais não se segue que estamos justificados em impor nossas opiniões morais a outros sem o exame de seus fundamentos.

Aqui, é possível invocar uma regra fundamental da hermenêutica filosófica, ou seja, da doutrina do entendimento do filósofo de Heidelberg, Hans-Georg Gadamer: "que o outro possa ter direito"[105]. Com isso não se quer dizer, naturalmente, que deveríamos levar em consideração qualquer expressão, não importa quão bizarra, de uma recomendação de ação, mas apenas que um diálogo orientado aos fatos entre várias pessoas que, aparentemente, têm uma opinião radicalmente diferente em relação a decisões moralmente relevantes, está sujeito a condições de sucesso. Diálogos podem ser bem-sucedidos ou fracassar, pois eles mesmos são eticamente regulados. Eles produzem novos pontos de vista que, antes, estavam ocultos para os participantes do diálogo.

A condução racional do diálogo é um trabalho da produção ética de convencimento, motivo pelo qual Platão, em quem Gadamer se apoia, tornou o seu pensamento acessível ao público exclusivamente na forma de diálogos, nos quais os parceiros de diálogo de Sócrates, o mestre da condução racional do diálogo, verificam reciprocamente sobre suas opiniões se elas podem, de algum modo, ser verdadeiras, ou seja, se são orientadas pela descoberta de fatos universalmente reconhecíveis e, assim, comunicáveis. Opiniões para as quais isso não é válido são automaticamente excluídas como candidatas de diretrizes éticas, já que a Ética, como disciplina da

---

[105] STURM, T. "Rituale sind wichtig" – Hans-Georg Gadamer über Chancen und Grenzen der Philosophie ["Rituais são importantes" – Hans-Georg Gadamer sobre chances e limites da filosofia]. *Der Spiegel*, 8/2000.

investigação dos fatos morais, visa a aquilo que é o bem, o mal e o neutro para todos os seres humanos sob certas condições.

Quem descarta a norma da verdade como um todo *ad acta* e quer substituí-la por alguma outra coisa, a fim de elevar o pertencimento a grupos acima da busca pelo conhecimento, viola, assim, não apenas as regras fundamentais da lógica (como o princípio de não contradição, que tem de ser válido em toda construção racional de pensamentos), mas também mina, direta ou indiretamente, a ordem de valores morais. Contestar a possibilidade de conhecimento objetivo dos fatos e, assim, a verdade, não é apenas um erro evidente (pois ele é uma falsa reivindicação de conhecimento, que mina a si mesmo), mas, além disso, o ataque à possibilidade de conhecimento objetivo e da verdade é, também, um erro moral.

> *Convicções demonstravelmente falsas sobre os fundamentos da ordem de valores morais são, em alguns casos, elas mesmas erros morais.*

O relativismo de valores, de que se falou e que foi refutado no primeiro capítulo, contém uma série de erros sobre a ordem de valores e leva a sistemas de pensamento e de ação moralmente abjetos.

3.6 Estereótipos, o Brexit e o nacionalismo alemão

Nos últimos anos, pôde-se observar uma produção e reprodução constante de estereótipos que ocorreu midiaticamente em todos os canais na sequência da votação do Brexit e de sua implementação aparentemente caótica. Na Inglaterra, foram construídos e disseminados estereótipos de trabalhadores imigrantes que foram comparados com estereótipos da classe trabalhadora britânica. Na paisagem midiática alemã, em contrapartida, circularam estereótipos dos ingleses que disseminaram o medo e o terror diante das consequências fatais de uma saída da União Europeia.

Certamente, não quero defender nenhuma saída da União Europeia e de modo algum amenizar as estratégias em parte demagógicas dos defensores do Brexit e da elite britânica. Todavia, é importante notar que ninguém sequer tem ideia de quais consequências econômicas e políticas o Brexit trará para todos os envolvidos, ainda mais em tempos de Coronavírus. É possível supor que alguns certamente se beneficiarão do Brexit, embora ainda não foram constatados os efeitos daqueles que dele se enriquecerão sobre os que serão prejudicados.

Independente dessas questões econômicas é preciso dizer que no transcorrer do Brexit houve disseminação de estereótipos – perigosos para alguns grupos – não apenas no Reino Unido, mas também no resto da União Europeia (Alemanha inclusa), levando a uma nova forma de nacionalismo. Para trazer clareza à obscuridade que envolve conceitos como "nacionalismo" e "patriotismo", irei pontuar de modo conceitualmente mais preciso.

Nacionalismo é, em uma forma extrema, a representação equivocada de que se teria nascido no país certo (nas fronteiras do Estado nacional certo), pois o país de sua própria origem é, no momento, superior, em todos os aspectos relevantes, a todos os outros países. Formas mais fracas de nacionalismo se expressam no fato de que se considera pelo menos algum dos pontos fortes do país, do qual se faz parte como cidadão, particularmente excepcional. Poder-se-ia, nesse sentido, ter orgulho da classe média alemã, dos times nacionais de futebol (ao menos no ano de 2014 ou, dependendo do ano de nascimento, também de 1954 ou de 1990) e achar que os pontos fortes da economia e do futebol alemão são inteiramente únicos e asseguram que se tem a felicidade de ter nascido no lugar certo. Um estadunidense semelhantemente polarizado se baseará, preferencialmente, em seu poderio militar, ou na dominância mundial no basquete, embora faça parte dos estereótipos sobre estadunidenses que eles supostamente considerem qualquer conquista alcançada pelos Estados Unidos, não importa o quão insignificante, como algo importante e a vejam como indício de sua posição de liderança como poder mundial.

Uma forma ainda mais amena de nacionalismo é quando se imagina que vivemos, hoje, no país em que o Estado democrático de direito perdura da maneira mais estável, em relação às ameaças à democracia liberal na Europa Oriental, nos Estados Unidos e em outros lugares. Em minhas viagens, sobretudo para os Estados Unidos, ouço frequentemente que nós, alemães, seríamos agora o centro do mundo livre, pois, entre nós, ainda haveria uma ligação da democracia parlamentar com uma representação de valores que se baseia no conceito de dignidade humana. Esse é um estereótipo positivo que, todavia, tem de ser refutado, pois a Alemanha não é, de modo algum, um paraíso sobre a Terra, ou ápice do mundo livre, para todos os alemães.

Visto mais exatamente, nenhum país atualmente existente é o ápice do mundo livre. Cada país tem deficiências morais e legais específicas que se baseiam em sua história. Essas deficiências são disfarçadas pelo nacionalismo. Como exemplo do caso alemão, considere-se o sistema de saúde. Muitos de nós pensam que o sistema de saúde alemão seria superior ao dos Estados Unidos, que nos parece conhecido em sua injustiça por causa de séries como *Breaking Bad*. Quem tem uma doença, por exemplo, uma doença difícil de curar, como o câncer, tem de gastar, nos Estados Unidos, segundo o ponto de vista disseminado, quantias inimagináveis. De modo geral, o sistema americano de saúde seria acessível apenas para poucos, excessivamente caro, ineficiente etc., de modo que ficamos felizes de sermos alemães quando temos diante dos olhos as condições miseráveis nos Estados Unidos – as imagens de lá dos hospitais sobrecarregados com pacientes da Covid-19 fortaleceram essa impressão.

Mas essa impressão engana em alguns aspectos. Em particular, ela engana sobre as condições deploráveis em parte chocantes do sistema de saúde alemão. Quem vive fora de centros eleitorais municipais e não tem um convênio privado é aconselhado medicinalmente de modo extremamente pior do que os moradores de uma cidade de porte médio; as cidades grandes têm, por sua vez, suas próprias dificuldades. Conhece-se a longa espera em consultas importantes, os muitos telefonemas que têm de ser feitos mesmo em situações de emergência a fim de se ver especialistas etc. Naturalmente, há deficiências de todos os tipos no sistema americano, não quero ocultar isso. Mas, em parte, eles não são tão abrangentes e profundos quanto se pensa intuitivamente, quando se fala bem de nosso sistema em comparação com os Estados Unidos.

Por mais racistas que os Estados Unidos sejam, as coisas não são muito melhores na Alemanha. Lembremos do fictício Antje Kleinhaus (cf. p. 31s.). O racismo cotidiano na Alemanha é, infelizmente, muito disseminado, e é simplesmente ignorado pela maior parte das pessoas. Faz parte disso que, em muitas partes da Alemanha, seja mais difícil alugar um apartamento quando se é turco ou se tem um sobrenome que soe estrangeiro, do que quando se é chamado de Schmitz, Müller ou Seehofer.

Trocando em miúdos: a impressão de que o racismo não seria tão amplamente disseminado entre nós engana. Basta perguntar àqueles que são sistemática e em parte violentamente excluídos na Alemanha, o que vale não apenas para "estrangeiros" ou alemães que não vivam demonstravelmente já há vinte gerações na Alemanha. Já o conceito de um "alemão de origem x" (p. ex., "de origem turca") é negativamente discriminador e é frequentemente utilizado para justificar a discriminação das pessoas de que ele diz respeito. Que haja discriminação sistemática, racista na Alemanha em diferentes setores – mesmo que não em todo lugar – é perceptível quando são feitas perguntas desse tipo: Quantos diretores de empresa muçulmanos ou negros existem? Quantas pessoas com pele escura estão na câmara baixa do parlamento alemão ou no parlamento? Isso concerne não apenas a pessoas com pele escura, cujos antepassados vieram da África, mas também a pessoas de países árabes e da Ásia, cujos antepassados em algum momento se mudaram para a Alemanha.

3.7 A efetividade de comunidades acreditadas

É instrutivo, para o nosso próprio presente, recorrermos a uma operação fundamental da sociologia, de que se fala apenas raramente nos debates atuais sobre povo, nação, etnopluralismo, raça, identidade e assim por diante. Essa operação fundamental tem sua origem em um dos fundadores da disciplina da Sociologia, assim como da ciência econômica atual, Max Weber. Ele a introduziu em sua obra-prima publicada postumamente e editada por sua esposa Marianne Weber, *Economia e sociedade*[106]. Aliás, Marianne Weber foi uma extraordinária filósofa e economista nacional (*Nationalökonomin*) (como a disciplina da economia dos povos (*Volkswirtschaftslehre*) era chamada então), que realizou uma contribuição teórica e política extraordinária para a emancipação das mulheres.

Max Weber fornece, em sua principal obra, uma análise impressionante das "relações comunitárias étnicas", que já mostrava então, antes da Primeira e da Segunda Guerra, que "raça", "etnia", "povo" e "nação", de fato, são socialmente efetivos, por mais que, por trás deles, se esconda um "nome de aglomeração inutilizável para qualquer in-

---

[106] WEBER, M. *Wirtschaft und Gesellschaft – Grundriss der verstehenden Soziologie* [Economia e sociedade – Esboço da sociologia compreendedora]. 5. ed. Tübingen: Mohr Siebeck, 1980.

vestigação realmente exata"[107] (do que se deve deduzir, ademais, que a disciplina hoje caracterizada como "economia dos povos" (*Volkwirtschaftslehre*) e que trabalha com métodos matemáticos precisos, deveria mudar a sua designação). Weber indica o fato de que esses nomes de aglomeração são expressão de uma "'comunidade' em si apenas (acreditada)"[108]. "Crenças em comunalidades"[109] étnicas surgem, segundo a análise de Weber, "primeiramente" por meio da "comunidade política, também em suas divisões ainda tão artificiais"[110]. Assim, Weber nos fornece um instrumento para a explicação da tendência atual de um retorno visível a modelos de pensamento nacionalistas, racistas ou, em geral, étnicos, que, de fato, existem apenas como "crenças subjetivas", "de modo inteiramente independente de se há ou não objetivamente uma comunidade de sangue"[111].

A crença equivocada na comunidade surge, de acordo com Weber, de uma falta de **racionalização**. Com isso, deve-se entender o planejamento de processos socioeconômicos por meio de processos em princípio objetivamente compreensíveis e burocraticamente registráveis. A racionalização se distingue particularmente do fato de se transmitir de geração para geração os modos de comportamento e as formas de vida transmissíveis. Em vez disso, ele estabelece que tentemos fundamentar de modo compreensível para outros por que um costume deve continuar ou ser descartado, se nossas razões para isso se mostrarem fracas demais. Sociedades industriais e de bem-estar modernas se baseiam nesse princípio.

Sem uma racionalização constante não se chega, na Modernidade, a um progresso moral. Se um costume moralmente abjeto,

---

107 Ibid., p. 242.
108 Ibid., p. 236.
109 Ibid., p. 237.
110 Ibid.
111 Ibid.

por exemplo, a discriminação violenta de um grupo populacional, se encontra sob pressão de justificação e aqueles que se beneficiam da discriminação têm de se justificar, eles caem em grandes dificuldades e se emaranham em contradições. Por isso, pessoas que se beneficiam de injustiças gigantescas não afirmam, a maior parte das vezes, que teriam razão. Antes, tentam ocultar a injustiça por meio da constituição de mitos e lendas; por exemplo, evocando o *American Dream* (Sonho americano) ou modelos de pensamento tradicionais racistas. Se esses modelos de pensamento são colocados em questão por meio da análise científica, o discurso, via de regra, termina nisso. Geralmente não se convence racistas de extrema-direita, céticos climáticos e teóricos da conspiração pela indicação de conhecimentos existentes ou de argumentos melhores, mas, pelo contrário, isso pode gerar falta de atenção ou violência.

A análise de Weber vai ainda mais fundo, pois ele reconhece que a organização daqueles que se baseiam em mitos e lendas de povo, nação comunidade de sangue etc. se baseia, por sua vez, em princípios racionais, que eles, todavia, reinterpretam, ao fornecerem explicações fracas de seu próprio pertencimento a grupos, que são ruins simplesmente pelo fato de que elas se baseiam em suposições falsas. A parte racional da política identitária como um todo abjeta consiste no fato de que se empreende uma tentativa de fundamentar o pertencimento a grupos como um valor. O erro, aqui, é basear esse valor em identidades que não existem.

Weber expressa isso, em seu estilo caracteristicamente preciso, do seguinte modo:

> Esse modo "artificial" de surgimento de uma crença em uma comunidade étnica corresponde inteiramente ao esquema conhecido por nós da reinterpretação de socializações racionais em relações comunitárias. Em condições de pouca disseminação de um agir social objetivo, quase toda socialização, mesmo uma

criada de modo puramente racional, atrai uma consciência comunitária abrangente na forma de uma fraternização pessoal como base da crença em comunalidades "étnicas"[112].

As palavras de Weber podem ser interpretadas da seguinte maneira: se, por exemplo, imigrantes que se conheceram em uma viagem difícil e falam uma mesma língua chegam a um país estranho cujas leis eles não conhecem, e, com base nisso, formam um grupo, a fim de se ajudarem no estrangeiro, isso é racional. Há, para esse comportamento, uma razão objetiva. Uma vez que se é percebido pelos funcionários e pela população do país que os recebe, de uma ou outra forma, como intruso, é sensato se juntar com pessoas que são ameaçadas de modo semelhante. Daí surge a "crença em uma comunidade étnica", pois seres humanos não compreendem automaticamente a base racional de seu agir. Uma função da sociologia consiste em distinguir a *socialização racional* de tal *consciência comunitária étnica*, ao menos em parte ilusória e, de todo modo, irracional.

Caso se siga essa hipótese de Weber, nacionalismo, racismo, evocações de comunidades de povo, origem ou sangue para a justificação de representações de ordens sociais se propagam, hoje, como resistência contra o projeto da Modernidade, que visa a uma distribuição de bens racionalmente compreensível, ou seja, que quer otimizar processos com o objetivo de se aproximar de uma solução para os problemas globais que afetam a todos os seres humanos. Assim, não é de se admirar que os nacionalistas escolham especialmente como alvos figuras como a ativista climática Greta Thunberg, ou políticos de visibilidade pública do Partido Verde. Nesse caso o mal de sua maneira de proceder consiste não apenas nos ataques específicos, a maior parte das vezes verbais, mas também frequentemente violentos contra pessoas que se dedicam a que superemos falsos modelos de pensa-

---
112 Ibid.

mento a fim de reconhecermos a situação perigosa decisiva para a humanidade como um todo, mas também no fato de eles oferecerem falsas soluções para verdadeiros problemas (p. ex., apresentar o motor a diesel alemão como bom para o meio ambiente, ou querer proteger a "floresta alemã" com motores eólicos).

Naturalmente, não apenas a mudança climática é, hoje, objeto de um esclarecimento racional urgentemente necessário – trata-se, também, da distribuição justa de recursos e bens. Muitos dos problemas morais severos de nosso tempo que afetam a todos nós simplesmente não podem ser resolvidos diretamente no local, mas apenas por meio de atividades que ultrapassam fronteiras. As cadeias de produção de nossos bens de consumo são, sob as condições de uma ordem econômica global que, paradoxalmente, se encontra sob controle regional e nacional-estatal, cheias de medidas moralmente abjetas, das quais nós, consumidores, ainda só nos damos conta muito raramente. Disso faz parte a criação industrial de animais, experimentos com animais pelo puro interesse da pesquisa científico-natural, a produção de roupas baratas, métodos de construção não sustentáveis, e mais algumas coisas. Muito daquilo que fazemos diariamente está ligado sistematicamente ao fato de que seres humanos e outros seres vivos têm de sofrer muito para que isso seja possível.

O recurso a mitos e legendas que estão ligados com nação, raça ou culturas locais serve, em geral, para nos desonerar de nossa própria responsabilidade. Essa desoneração acentua os problemas, pois nos recusamos a nos esforçarmos por uma forma racional de socialização, da qual faria parte examinar mais cuidadosamente não apenas as grandes, mas também, especialmente, as pequenas transações moralmente questionáveis nas quais tomamos parte. Isso porque os grandes problemas são o resultado de muitas ações individuais, que produzem então, como um todo, aqueles sistemas que ameaçam à humanidade como um todo.

3.8 A sociedade do populismo

Como membros de comunidades humanas, nos ocupamos regularmente com a compreensão e, em parte, com a previsão das ações de outros membros. Cada um de nós se coloca constantemente a pergunta sobre o que outra pessoa espera no momento, o que ela pensa, o que está prestes a dizer ou fazer. Ocupamo-nos de bom grado com outros, o que também é útil porque nos distrai da pergunta sobre o que nós realmente esperamos, pensamos, dizemos e fazemos. Já que os outros por sua vez, todavia, se ocupam com nos entender e nos prever, somos, em cada comunicação humana, lançados de volta a nós mesmos, como se o olhar que o outro nos lança fosse uma espécie de espelho.

Coloquemo-nos em uma situação cotidiana e banal. Imagine que você entre em seu correio local com a intenção de adquirir um selo para uma carta que você gostaria de já enviar. Você está na fila e observa como a pessoa de quem é a vez leva uma conversa que avança lentamente com o funcionário sobre as diferentes possibilidades de enviar um pacote. Todos escutam essa conversa, comportam-se, porém, como se não a escutassem. "É preciso manter a discrição!" Você se comporta nessa situação de acordo com seu humor e interesses. Se você estiver particularmente com pressa, aumentará talvez em você o impulso de se irritar e fazer alguma coisa. Pode-se, então, tossir, bater o pé impacientemente ou mesmo tentar avançar na linha ao se dirigir expressamente à pessoa na frente. Pode-se também, porém, primeiramente ficar tranquilo, a fim de provar para si mesmo que se é senhor de seus impulsos e criar empatia pelas necessidades dos concidadãos.

De todo modo, você se faz, agora, um retrato teatral da situação. Os agentes individuais atribuirão, em seu palco espiritual, papéis: a típica senhora idosa, que simplesmente não sabe como prosseguir;

o homem de negócios que se considera importante e que sempre se apressa; o adolescente mastigando chiclete que quer comprar um isqueiro; a mãe com duas crianças pequenas que sinaliza cuidadosamente que a sua situação justifica deixar passá-la na frente; o funcionário excessivamente motivado, que passa detalhes demais sobre possíveis envios de pacote e atrasa o processo.

Dispomos de representações refinadas de papéis e de cursos de ação imaginados e cênicos, que adquirimos no curso de nossas vidas até então por meio da influência de outros (pais, educadores, amigos, colegas, escritores, amantes, cientistas, jornalistas, engenheiros de software etc.) e incorporamos no dia a dia. Os outros fazem o mesmo. Em uma situação de ação que de fato ocorre, trazemos conosco, então, nosso programa de palco, e ele se encontra com o programa do outro. Aí supomos que estamos na mesma peça. O nome para essa suposição é "sociedade". A **sociedade** é o grande todo da troca social, que, aos olhos dos agentes envolvidos, assegura que, em última instância, haja uma única peça para a realização da qual eles contribuem por meio de suas ações correspondentes.

Na sociologia, fala-se de **complexidade**, o que significa que a sociedade só vem a existir e ser mantida pelo fato de que seus agentes individuais, que eu caracterizo como "pessoas", têm uma representação do que a sociedade é. Isso significa, porém, que a sociedade não existe independentemente de nossas representações do que ela é e de como ela funciona. A sociedade existe, vista assim, apenas na cabeça – ou nas representações – dos seus participantes[113].

---

113 Sobre a *pessoa* social, em distinção ao *indivíduo* não social, cf. GABRIEL, M. *Der Sinn des Denkens* [O sentido do pensar], p. 183-187. Sobre a sociedade como espaço imaginário, cf. a grande obra de Cornelius Castoriadis: *Gesellschaft als imaginäre Institution – Entwurf einer politischen Philosophie* [Sociedade como instituição imaginária – Esboço de uma filosofia política]. Frankfurt a. M., 1990. • GABRIEL, M. *Fiktionen* [Ficções], § 12-17.

> *A sociedade é complexa, ela não existe sem um tecido impossível de se abarcar inteiramente de representações que são sempre novamente atreladas a toda situação de ação, não importa o quão banal.*

A sociedade muda constantemente, às vezes mais rapidamente, às vezes mais lentamente. Como ela muda depende essencialmente do que pessoas fazem e de como elas se fazem valer aí, ou seja, como elas se apresentam.

Não há nenhuma possibilidade de trazer a sociedade ao repouso ao se livrar por fim de uma vez dessa complexidade e criar relações unívocas. Pode-se ilustrar isso novamente por meio de situações cotidianas no correio. As diferentes pessoas presentes têm, cada uma, a sua própria representação de quem elas são e de quem elas querem ser, e isso também vale para as representações dos outros. Não há nenhuma possibilidade independente disso de explicar a situação social. Que peça é realizada agora no correio é, por isso, imprevisível.

O laço social pode a cada momento ser atado de um modo novo e inteiramente diferente, o que é caracterizado como **contingência**. É possível, por exemplo, que ocorra um assalto a banco no correio, o que abalaria as expectativas de todos os presentes, mas ocorre em qualquer sociedade, e é, portanto, nesse sentido, normal, mesmo que seja ruim para as vítimas. Além disso, a sociedade não acontece fora da natureza, o que significa que, por exemplo, alguém pode sofrer um infarto, o que abala, igualmente, as regras de jogo no correio. Disso, pode-se deduzir que não há um curso "normal" de uma visita ao correio. Toda **transação social** – tudo que seres humanos fazem que é observável por outros em uma situação partilhada – é previsível e controlável apenas em contornos muito rudimentares.

É decisivo, nessa consideração, que ela mostra que não há normalidade da sociedade como um todo. Não há um *status quo* da sociedade como um todo, nem um que se deva preservar nem que se deva transformar, mas um feixe complexo de transações sociais que é impossível de abranger por cada pessoa. Nem a chanceler nem o parlamento, o serviço secreto, o Google, economistas, sociólogos, maçons, nem mesmo as elites econômicas neoliberais globais e o papa em pessoa estão em condições de ver como um todo, prever e controlar a sociedade.

Um problema manifesto de nosso tempo consiste no fato de que a representação inteiramente absurda de um estado normal da sociedade como um todo é evocada direta e indiretamente por partidos, redes sociais, associações e outros grupos sociopoliticamente ativos, a fim de justificar opções de ação. Caracterizemos esse problema com o nome que se tornou corrente de *populismo*. Há **populismo** especialmente quando o estado normal imaginado, mas não atualmente existente, da sociedade é vinculado ao povo (latim: *populus*). O populismo pensa que haveria um povo normal, de um lado, que se contrapõe a, de outro lado, um fator disruptivo. Deve-se nomear aqui a representação disseminada na Alemanha de uma sociedade de algum modo originariamente alemã, que está ligada em particular, desde a Segunda Guerra, com representações de valores que estão ligadas com o cristianismo e, às vezes, de modo ampliado, com o judaísmo. É alemão então, quando os sinos tocam no domingo, quando se pode comer *Schnitzel*, joelho de porco e *currywurst*, quando o centro da cidade parece com o de Heidelberg ou de Munique, quando se bebe cerveja, faz-se parte de clubes de tiro ao alvo ou de carnaval, se também se veste às vezes trajes típicos etc. Também há espécies de "alta cultura" dessa fantasia, que invocam Goethe, Hölderlin, Wagner, de mau grado Beethoven, mas também Nietzsche, Heidegger e, atualmente, Peter Sloterdijk – que, infelizmente, é citado por alguns "pensadores" da AfD como um dos seus. Às vezes, acresce-se ainda o idealismo alemão – representado paradigmaticamente por nomes como Kant, Fichte, Schelling e Hegel –, a fim de se poder se sentir como membro do povo dos poetas e pensadores. Recentemente, um velho colega que pensa de modo populista nesse sentido me disse que ele honra os grandes físicos alemães, embora ele tenha nomeado Heisenberg e Planck, mas de preferência não o originariamente alemão e nascido em Ulm Einstein. Ao ser questionado, ele disse que Einstein seria judeu e, além disso, suíço.

Não me entendam errado: cada uma das figuras mencionadas – também Nietzsche e Heidegger – realizaram em parte feitos filosóficos, científicos e artísticos extraordinários para a história mundial. Na língua alemã quase não há quem escreva de modo mais sedutor do que Nietzsche; Hölderlin redigiu poemas muito significativos, Wagner era um compositor genial, Sloterdijk se destaca, em alguns de seus escritos, por conquistas estilísticas maestrais. Os pensadores do idealismo alemão simplesmente fazem parte do melhor que a filosofia já produziu[114]. Também não se pode simplesmente deixar de lado o severo nazista Heidegger, pois ele – diferentemente de Alfred Rosenberg, Adolf Hitler ou Joseph Goebbels – deixou importantes escritos filosóficos que influenciaram, entre outros, a teoria política mais importante, a meu ver, do século XX, Hannah Arendt, e muitas outras cabeças progressivas, entre as quais se encontram pensadores tão diferentes como Jürgen Habermas, Hans Jonas e Jacques Derrida.

O problema do populismo é sua produção de um retrato do normal que é imaginário, distorcido. Ele pula passos intermediários e ignora detalhes, dos quais faz parte a pergunta sobre se o Islã faz

---

[114] A quem quiser entender, em condições teóricas filosóficas atuais, em qual ordem de grandeza Hegel filosofa, recomenda-se passar pela obra-prima genial do filósofo americano Robert B. Brandom. Ele conseguiu, em 2019, decifrar analiticamente a *Fenomenologia do Espírito* de Hegel e reconstruí-la à altura do nível teórico atual. Cf. BRANDOM, R.B. *A Spirit of Trust* [Um espírito de confiança].

parte da Alemanha. Há muçulmanos hoje sobre o solo atual do Estado alemão assim como judeus, cristãos e ateístas, e isso há muitos séculos. *Fun fact*: antes de que houvesse o protestantismo, ou seja, antes da reforma, já havia muçulmanos (sobretudo como escravos) na América do Norte. Igualmente, havia, antes dos anglo-americanos, naturalmente, também uma imigração hispânica, pois os espanhóis (e não, p. ex., os anglo-saxões) exploraram a maior parte do "novo mundo" – isso para não falar do fato de que, antes dos espanhóis católicos e seus escravos muçulmanos, já havia seres humanos no continente americano.

Não houve em nenhum momento a Alemanha normal que o populismo quer para si. Ademais, também não há *as* elites que se separam do povo, embora haja, naturalmente, pessoas muito ricas e influentes que usam o seu poder e o seu controle sobre a paisagem midiática para manipular pessoas menos ricas, menos educadas e menos influentes. Não há um verdadeiro alemão normal – ou, mais exatamente: há uma representação confusa do alemão normal, que, todavia, nunca é articulada claramente por aqueles que a defendem, pois, caso contrário, eles teriam de constatar que eles mesmos não formam um grupo homogêneo. Nem mesmo os representantes paradigmaticamente populistas do AfD são homogêneos: Björn Höcke e Alice Weidel estão muito menos ligados do que alguns gostariam que fosse verdade, o que viria ao primeiro plano se o AfD tivesse de apresentar um candidato a presidente ou fizesse parte de um governo. O mesmo vale para o CSU, die Link, o Partido Verde, o SPD[115] e todo outro partido: há, de fato, certos paradigmas fundamentais que caracterizam um partido, mas isso não significa que haja uma opinião homogênea de partido. Thilo Sarrazin (ainda) faz parte do SPD, assim como Gerhard Schröder e Kevin Kühnert; Boris Palmer

---

115 Sozialdemokratische Partei Deutschlands [Partido Social-Democrata da Alemanha), centro-esquerda [N.T.].

ainda faz parte do Partido Verde, assim como Annalena Baerbock. Nem mesmo o NSDAP era homogêneo, mas partido internamente e cindido em grupos que tramaram intrigas uns com os outros, pois a ditadura nazista era tudo menos um Estado normal com o qual a grande maioria pudesse se alegrar. Os partidos espelham, assim, apenas aquilo que constitui a sociedade em geral. Simplesmente não existe o povo como medida de uma normalidade, e nunca existiu. O mesmo vale para o assim chamado povo humilde, a classe trabalhadora e construções semelhantes.

O conceito "populismo" tem, naturalmente, muitos significados, e é inteiramente obscuro o que se quer dizer exatamente a cada vez com a essa palavra-chave política. O que é claro é que alguns são a favor, outros são contra – todavia, todos não sabem exatamente a favor de que ou contra o que eles são. Há uma necessidade gigantesca de esclarecimento dessa palavra, a que, nesse meio-tempo, se responde com uma literatura filosófica, sociológica e científico-política abrangente, que não temos de discutir aqui nos detalhes[116].

> *A ideia de que haveria um Estado normal da sociedade como um todo, que é representado, a maior parte das vezes, como tendo sido realizado no passado próximo ou distante, e no qual cada pessoa desempenha um papel bem delineado, é demonstravelmente equivocada.*

Esses são, a meu ver, os aspectos e deficiências centrais do populismo. O populismo não entende a sociedade. Ele a considera como algo objetivamente existente, que é independente de como agentes individuais se comportam e de como eles transformam e interpre-

---
116 Para uma visão geral e introdução, recomendo JÖRLE, D.; SELK, V. *Theorien des Populismos Zur Einführung* [Teorias do populismo a título de introdução]. Hamburgo, 2017.

tam de modo novo os papéis que o populismo gostaria de fixar. Reconhece-se o populismo no fato de que ele esboça – geralmente de modo desajeitado e vago – e dissemina modelos de papéis que devem nos desonerar de interpretar nossos próprios papéis.

Um exemplo é a família. Um tipo de populismo pensa que haveria um modelo de família normal (mamãe, papai, duas a quatro crianças, casa própria com jardim e garagem), que teria de ser protegido e promovido, pois ele representaria o núcleo da sociedade, a célula da reprodução sexual, ou seja lá o que for. Uma argumentação como essa ignora muitas coisas. Em primeiro lugar, há incontáveis maneiras com as quais famílias como essa podem ser disfuncionais. Cada família pequena tem algum problema. Mas, naturalmente, também há solteiros, homossexuais, solteiros convictos, famílias grandes, famílias-mosaico, órfãos, famílias de refugiados e muitas outras maneiras com as quais seres humanos vivem juntos.

A vida humana, com seus riscos e fases de vida, não se deixa endireitar pelo fato de que se tenta impor alguma estrutura familiar contingente como padrão de medida, pois isso ignora o que sabemos, por exemplo, por meio da psicologia e da sociologia, sobre seres humanos e sua vida conjunta. Simplesmente não há nenhum Estado normal da sociedade como um todo. Isso não significa que não deveríamos proteger e incentivar politicamente certos formatos de família, pois elas precisam de proteção e de incentivo direcionado. Mas isso é uma outra história.

3.9 As contradições da política identitária de esquerda

Em vista dos múltiplos processos do progresso moral que ocorrem atualmente (#MeToo, *Fridays for Future*, a integração em parte muito bem-sucedida de refugiados sírios à Alemanha e muito mais), os perigos reais de um novo extremismo de direita, que é a expressão de um racismo que se alastra, saltam aos olhos.

Por isso, se liga frequentemente a palavra "populismo", injustamente, com programas de partidos de direita e regressivos. Mas as contramedidas de uma política identitária de esquerda e plural, que quer que se dê ouvidos a uma minoria apenas porque ela é uma minoria, são igualmente incoerentes. Como dito (cf. p. 55ss.), nem toda minoria merece nossa atenção moral.

O espectro de esquerda na batalha cultural de identidades se vale, infelizmente, dos mesmos tipos de manobras relativistas que se conhece da contestação populista de direita da realidade: ambos os lados defendem, sem razões suficientes e universalmente válidas, a proteção de identidades. Um protege, por exemplo, predominantemente cidadãos anglo-americanos brancos e abastados; o outro protege todo o arco-íris de identidades que elas consideram importantes, só não os cidadãos brancos anglo-americanos. Ele vê esses últimos como inimigos, os representantes de um perigoso patriarcado.

Mas, em ambos os lados, trata-se, primariamente, da defesa de certas identidades contra outras, não de produzir uma base argumentativa que torne compreensível para todos quais grupos de seres humanos são sistematicamente excluídos, por mais que se devesse dar ouvido a eles. A condição da política identitária americana atual se baseia no relativismo cultural, que se desenvolveu, tanto do lado da direita quanto do da esquerda, a partir do edifício teórico da Pós-modernidade. O discurso político se apresenta como batalha cultural, na qual ou raças são incitadas umas contra as outras (como no caso de Trump, ou classes econômicas (p. ex., Bernie Sanders). A contradição relativista ocorre igualmente em ambos os lados, por exemplo, quando Cornel West argumentou, em um evento de Bernie Sanders em New Hampshire, da seguinte maneira, segundo minha tradução[117]:

---

117 Tradução original de M. Gabriel: "Mir ist es egal, welche Hautfarbe ihr habt. Mir ist egal, was eure nationale Identität ist. Mir ist egal, aus welcher Region ihr

> Não me importa que cor de pele vocês têm. Não me importa qual é a sua identidade nacional. Não me importa de que região vocês são. Vocês são seres humanos. Temos um grande irmão judeu de nome Bernie Sanders, que nos une.

Por que, nos perguntamos, deve desempenhar algum papel que Sanders seja judeu? Essa é uma identificação questionável no qual o neofascismo (de que ele acusava Trump) é jogado contra o universalismo.

West se movimenta na direção de uma autocontradição fatal, quando, em Predigerton, exclama:

> Um neofascista acredita que o domínio de um grande poderio militar e de muito dinheiro divide os seres humanos segundo a cor da pele, classe, orientação sexual, religião e não religião, a fim de assegurar que ataquemos uns aos outros, em vez de confrontar as elites no topo.

Essa argumentação volta atrás em poucos passos no universalismo anunciado, e defende uma luta das supostas classes contra a elite econômica, de modo que West divide os seres humanos em grupos em conflito exatamente como seu adversário acusado de neofascismo, Trump. A diferença entre direita e esquerda consiste, nesse modo de pensar profundamente incoerente, apenas na maneira com que se joga grupos de seres humanos uns contra os outros, de modo que ambos os lados da batalha política incondicional aceitam a regra de jogo do direito do mais forte, em vez de procurar uma solução de nível superior das linhas de conflito no sentido de uma participação estrutural de *todos*.

---

seid. Ihr seid ein Mensch. Wir haben einen tiefen, jüdischen Bruder namens Bernie Sanders, der uns zusammenbringt" [N.T.].

Nesse exemplo, manifesta-se uma assombrosa *coincidentia oppositorum*, em português a coincidência de opostos radicais em um ponto em comum absolutamente decisivo. As políticas identitárias de direita e de esquerda mobilizam grupos uns contra os outros, de modo que elas minam o fundamento do universalismo, a fim de poderem perseguir seus interesses correspondentes na arena política, sem levar em conta os interesses daqueles por eles rejeitados e, em parte, violentamente excluídos. É apenas aparentemente progressivo atacar os ricos ou "as elites no topo" em nome de uma massa em piores condições econômicas, assim como – a exemplo de Trump – se servir os interesses dos Estados Unidos na política mundial ou do interesse de ricos industriais por meio da redução de impostos e de outras medidas. Pessoas ricas merecem tanto respeito moral e consideração no processo do Estado democrático de direito quanto os pobres. As bases universais de liberdade, igualdade e solidariedade não significam que uma maioria que está em desvantagem econômica em relação a uma minoria teria automaticamente direito de estabelecer sistemas de discriminação contra a minoria rica. Que a taxação de pessoas muito ricas seja, até o momento, injusto, e que seja ao menos mais fácil para elas esconderem seu fluxo financeiro das autoridades, é uma outra história, embora não se trate, aí, de uma guerra contra os ricos, mas da distribuição universalmente justa e sustentável de recursos.

Não me entendam mal: a extrema desigualdade econômica que impera em países como os Estados Unidos, Brasil, Argentina, China ou Índia, que, justamente, acumula uma riqueza inimaginável em um pequeno cume, riqueza que que não é empregada de maneira apropriada pelo Estado a fim de livrar pessoas da pobreza, carência e desespero, é moralmente abjeta. Por isso, o pensamento de uma economia social de mercado é superior ao capitalismo desenfreado de marca americana, que se designa frequentemente com o rótulo "neoliberalismo". Um sistema econômico que é empregado estatalmente de tal modo que, assim, milhões de seres humanos são forçados sistematicamente à pobreza e não podem escapar dela por meio da iniciativa própria, mostra misérias morais que têm de ser superadas.

Isso não é alcançado com batalhas políticas, se elas não apresentam suas cartas morais como argumentos universalistas e, assim, as fundamentam. Uma taxação justa dos super-ricos é, por exemplo, certamente demandada, mas isso não significa que é preciso lutar contra eles.

O Brasil é um exemplo particularmente impressionante, já que ele, sobretudo graças à medida de um financiamento para famílias ("bolsa família"), prosperou por mais de uma década, graças a Luiz Inácio Lula da Silva, que liderou o país de 2002 a 2010. Por causa de algumas medidas econômicas desastradas e em parte envolvidas em corrupção de sua sucessora, Dilma Vana Rousseff, chegou-se no Brasil, desde 2013, a uma gigantesca intriga política, por meio da qual Jair Messias Bolsonaro, que pensa e age de maneira extremamente antidemocrática, chegou ao poder, com o auxílio de seu ministro da Justiça Sergio Moro, que colocou seu principal concorrente, Lula, na prisão. Em vez de propor um pacote de medidas social-estatais que incorporasse as boas experiências do tempo de Lula, Bolsonaro defende uma política econômica agressiva, que explora os recursos da floresta tropical brasileira sem escrúpulos e sem consideração pela população indígena da Região Amazônica, a fim de fazer negócios rápidos e sujos, com os quais apenas uma pequena parte da população, já rica, se enriquecerá ainda mais. Entretanto, a população paupérrima das favelas é mantida sob controle por meio de métodos militares brutais, e a magra classe média é forçada a pagar as contas.

Esse e outros exemplos semelhantes de um capitalismo sem nenhuma consideração e sem nenhum apoio em intelecções morais, são, claramente, abjetos. Disso não segue, todavia, de modo algum, que o capitalismo é, em si, abjeto, enquanto não se definir o que significam exatamente os conceitos "capitalismo" e "neoliberalismo", e porque a produção de mais-valia, capital e propriedade sob condições econômicas seria, como tal, moralmente abjeta ou, como Karl Marx e Friedrich Engels argumentam, leva automaticamente à autodestruição do sistema econômico, com consequências catastróficas.

Quem ataca a elite e, ao mesmo tempo, defende um universalismo, contradiz-se, pois, então, não se defende nenhum universalismo de fato, mas, na melhor das hipóteses, um pseudouniversalismo estatístico das massas de pessoas priorizadas por políticos de esquerda como West. As políticas identitárias de esquerda e de direita são, nesse sentido, desonestas e falsas na mesma medida; elas se valem historicamente dos mesmos modelos de argumentação da despedida pós-moderna da verdade, dos fatos e do conhecimento. Isso vale mesmo apesar de leitores de meu livro (e eu mesmo) simpatizarem com políticos como Sanders e West, com razão, muito mais do que com Donald Trump. Isso não deveria desempenhar nenhum papel na minha argumentação, já que não se trata de mobilizar sentimentos de simpatia pelo afro-americano Cornel West e pelo judeu Bernie Sanders contra os homens brancos velhos protestantes. Homens brancos, velhos e protestantes, como Donald Trump ou também – como exemplo positivo – o presidente do Conselho da Igreja Evangélica na Alemanha, Heinrich Bedford-Strohm merecem, a princípio, a mesma consideração moral que outros grupos populacionais.

3.10 Todos são o outro – Da política da identidade para a política da diferença e além dela

Nossa capacidade de intelecção moral está fundada em nossa humanidade. Essa humanidade tem, pelo menos, dois aspectos enredados um com o outro, mas não idênticos. De um lado, o ser humano é um animal: o nosso organismo tem uma determinada estrutura que pode ser investigada com os métodos da biologia evolutiva e da medicina humana. Nisso, nosso organismo consiste em células que são organizadas em interconexões cujos processos são coordenados no organismo como um todo. Como exatamente os muitos sistemas que constituem o nosso organismo (o sistema de circulação, o sistema nervoso central, a digestão etc.) se interligam é algo que só entendemos nas linhas gerais. Nem a biologia nem a medicina se encontram próximas de uma onisciência sobre o organismo humano. O que certamente sabemos, contudo, graças às grandes revoluções da biologia molecular desde o meio do último século, é que nós, como organismos, estamos, de fato, submetidos aos mesmos princípios que outras espécies de animais. Designo esse lado de nossa animalidade como nossa **forma de sobrevivência**[118].

A forma de sobrevivência humana é universal, ela une todos os animais humanos. Por isso, é válido pelo menos um *universalismo biológico*, segundo o qual somos todos iguais perante a natureza. Isso tem efeitos que não devem ser subestimados no âmbito cultural e espiritual. Assim, por causa de nossa natureza biológica, todos os seres humanos assim chamados de "neurotípicos" – isso quer dizer sobretudo os recém-nascidos – podem aprender qualquer língua como língua materna. Uma criança que acabou de nascer na China pode se tornar, sem dificuldades, um poeta árabe ou alemão sensacional. Traços fenotípicos superficiais como cor da pele, tipo de pele, cor dos olhos ou tamanho do corpo não têm, como tal, efeitos na cablagem dinâmica do sistema nervoso central (do "cérebro", como se diz). O cérebro é muito moldável, fala-se aqui de **plasticidade**, que é um fundamento para que os animais humanos possam se acomodar a qualquer meio cultural e espiritual.

---

[118] GABRIEL, M. *Fiktionen* [Ficções], § 13.

O universalismo biológico tem efeitos morais diretos, pois ele falsifica, de antemão, estereótipos racistas. Não há nenhuma predisposição genética alemã para a musicalidade, profundidade ou precisão, tampouco quanto há uma predisposição genética árabe para o Islã ou uma predisposição suábia para a pureza. Crianças suábias não se tornam automaticamente cristãos que economizam, crianças bávaras não estão predestinadas pelo nascimento ao consumo de linguiça branca e *Weissbier*.

Todavia, é falso concluir disso que o ser humano seria apenas um animal no sentido de uma determinada espécie cujas condições de produção e reprodução são investigáveis molécula-biologicamente. Seres humanos se distinguem de bactérias, vertebrados e de outros mamíferos de tantos modos, que se pode introduzir todo tipo de critério para mostrar que nós, por princípio, e não apenas de modo gradativo, somos distintos de outros animais. Apenas seres humanos têm filmes de cinema, companhias aéreas, acesso à internet, mercado financeiro, literatura, mídias sociais, automóveis, criação industrial de animais e, em particular, uma intelecção do fato de que eles são animais de uma determinada espécie.

Todavia, há algo específico do ser humano que constitui o outro lado de nossa humanidade, que réu designo, com uma expressão tradicional da filosofia, como *espírito*[119]. **Espírito** é, em geral, a

---

[119] GABRIEL, M. *Ich ist nicht Gehirn* [Eu não sou meu cérebro]. • GABRIEL, M. *Fiktionen* [Ficções]. • GABRIEL, M. *Neo-Existenzialismus* [Neoexistencialismo]. Possivelmente, compartilhamos o espírito com outros seres vivos, mas isso é uma outra história, pois, de todo modo, não compartilhamos todas as especificidades com todos os seres vivos, de modo que pode ser que a espiritualidade [*Geistigkeit*] esteja amplamente disseminada no reino dos animais e talvez além dela, o que depende de se há Deus e a alma imortal. Se esse for o caso, o espírito não está nem vinculado ao corpo. Mas isso não precisa ser decidido aqui, pois se tratam das relações terrenas de nossa responsabilidade e inserção moral. Todavia, indica-se aqui, ao menos, que pelo fato de sermos animais de uma determinada espécie não se segue que sejamos *apenas* animais. Nenhum resultado das ciências naturais prova que não haja Deus e uma alma imortal. Como quer que o universo observável científico-naturalmente seja constituído, isso não tem nenhum efeito sobre a pergunta

capacidade de conduzir a vida à luz de uma representação de quem nós somos e de quem queremos ser. Nós, seres humanos, situamos a nós mesmos em algum lugar do universo, da história, do reino animal, da cultura, da ordem social etc. e fazemos o que fazemos sempre também tendo em vista o modo com que assim nos situamos.

Leões supostamente não pensam sobre se eles deveriam se tornar vegetarianos ou sobre se eles poderiam migrar para uma região onde há gazelas especialmente saborosas. Leões também não fazem astrofísica e, até onde sabemos, não sabem, nem mesmo de modo parcial, que eles se encontram em um universo gigantesco. Eles nunca ouviram falar de teoria quântica ou de tragédia grega antiga. Em suma: leões não têm uma leonologia; seres humanos, porém, têm uma antropologia.

Quem contesta seriamente que nós, seres humanos, por meio de nosso conhecimento e das conquistas ligadas a ele, distinguimo-nos categoricamente de todos os seres vivos em nosso planeta conhecidos até então por nós, contesta, assim, fatos evidentes. O ser humano simplesmente não é um animal entre outros, mas um animal que, por meio de sua capacidade de conhecimento, ultrapassa o reino animal como um todo: nenhum outro animal faz ciência e levanta reivindicações de saber linguisticamente codificadas e baseadas

---

metafísica sobre se há dimensões da realidade que vão além daquilo que pode ser observado científico-naturalmente. Além disso, a pergunta deve simplesmente ser respondida com "sim", já que, p. ex., fatos matemáticos, estéticos e justamente morais não são científico-naturalmente observáveis. Há, de fato, relações entre processos científico-naturalmente observáveis e outros campos de sentido da realidade, mas não se trata, nessas relações, de identidade: números, p. ex., não são idênticos com grupos de objetos materiais. O número 4 não é, p. ex., o conjunto de todos os grupos de objetos materiais dos quais há 4, mas é uma estrutura abstrata. Para a matemática, isso foi provado pelo matemático e filósofo Gottlob Frege em seu escrito genial *Os fundamentos da aritmética*. Para fatos morais deveria bastar, na verdade, a indicação de Platão, que em muitos de seus diálogos, p. ex., na *Políteia*, no *Eutífron*, *no Fédon* e na *Apologia*, expôs convincentemente que há fatos morais que estabelecem, independentemente de nossas opiniões, qual valor moral nossas ações têm. Há justiça além do processo jurídico, gostemos disso ou não.

umas sobre as outras historicamente. Leões não se tornam veganos porque eles compreendem que isso é melhor para o clima e, assim, para os seres vivos como um todo.

Disso não se segue, naturalmente, que nos seja permitido tratar cruelmente ou de maneira degradante outros animais, embora alguns organismos (p. ex., bactérias ou gafanhotos que surgem como pragas) nos obriguem exatamente a isso[120]. Aqui, não se trata do alcance da ética animal, mas do fato de que nós, seres humanos, diferentemente de outros animais, somos, como um todo, seres espirituais. Todos os seres humanos exercem a seu próprio modo a capacidade de se situar na realidade. Determinamos a nós mesmos à nossa própria maneira, o que também está interligado com os contextos socioeconômicos de que fazemos parte. Uma virologista percebe a realidade de uma outra maneira do que um pianista de concerto ou do que um ditador norte-coreano.

Há, então, um grande número de autoconcepções sociais. Elas estão todas elas estreitamente ligadas com a nossa **identidade existencial**, com a nossa representação individual correspondente do sentido da vida. Quem, por exemplo, é realmente religioso (independentemente de qual religião mundial), acredita que se trata, nesta vida terrena, de alcançar, para a existência posterior, uma forma superior de redenção. Religiões realmente vividas não consistem em que se siga ritos, ou seja, em que se vá à missa, traga sacrifícios aos deuses ou ajude necessitados, mas exige muito mais de nós, a saber, fazer tudo o humanamente possível para alcançar o objetivo de redenção.

---

[120] Essa indicação não é usada para justificar comportamento imoral em relação a outros seres animais. E ética animal é, antes, fundamentada pelo fato de que nós, como seres humanos, temos capacidades especiais de intelecção moral. Aqui vale um princípio formulado por Hans Jonas: *temos responsabilidade moral em relação a todos aqueles sobre os quais temos poder*. Já que temos, por meio da ciência e da tecnologia, poder sobre outros seres vivos, também temos responsabilidade em relação a eles.

Identidades existenciais nos conectam com o sagrado. Aí, infelizmente, o puro progresso econômico e tecnológico é, para alguns, sagrado, e, para outros, o consumo de bens de luxo. Não há ser humano para o qual nada seja sagrado e que não tenha representações explícitas ou implícitas de sua redenção. Para Donald Trump, sua riqueza, seus hotéis, seus clubes de golfe e sua família são sagrados, e ele poderia certamente indicar o que ele vê como o sentido de sua vida, se se tivesse acesso a uma verdadeira conversa privada com ele.

A habilidade universal de conduzir sua vida à luz de uma representação de si mesmo, de quem queremos ser como seres humanos e indivíduos, é uma **constante antropológica**. Ela caracteriza o ser humano como ser vivo espiritual e nos conecta com todos os outros seres humanos em uma comunidade moral. Dessa constante, da própria humanidade, resultam direitos e obrigações morais: o reino dos fins. O filósofo britânico Bernard Williams expressou isso brilhantemente em seu ensaio *O conceito da moral*:

> Se houvesse um título ou um papel com o qual certos critérios estão necessariamente ligados e que viriam necessariamente o auxílio do ser humano, sem que ele pudesse se distanciar deles, então haveria critérios que todo ser humano teria de reconhecer como determinantes de sua vida, a não ser que ele quisesse renunciar à consciência daquilo que é. Há um título inalienável (de "papel" não se pode falar aqui) para todo ser humano, a saber: o próprio título de "ser humano"[121].

É porque a humanidade universal, que está fundamentada tanto biologicamente quanto no âmbito do espírito, é o fundamento de nossa faculdade de juízo moral, que é tão perigoso que, hoje, estereótipos superficiais e sociologicamente demonstráveis como falsos levem a que sejam criadas e disseminadas identidades sociais que nos distraem

---

121 WILLIAMS, B. *Der Begriff der Moral – Eine Einführung in die Ethik* [O conceito de moral – Uma introdução à ética]. Stuttgart, 1978, p. 62.

do fato de que há universais humanos, do que faz parte, além de nossa natureza biológica, nossa carência espiritual, impossível de descartar, pelo sentido da vida. O sentido da vida não é, justamente, apenas a sobrevivência nua, mas apenas se abre a nós ao criarmos circunstâncias nas quais podemos fazer mais do que meramente sobreviver.

Essa é uma das muitas razões para o fato de que seres humanos fujam de situações nas quais se trata apenas da sobrevivência nua; eles preferem correr riscos (inimagináveis para muitos de nós) para, com suas famílias, deixar milhares de quilômetros para trás e, a seguir, tentarem, em botes infláveis, irem para ilhas gregas ou para a Itália, por mais que eles saibam que eles serão, a seguir, confrontados com a violência sistemática das autoridades fronteiriças europeias.

Nossas identidades sociais e existenciais múltiplas são a expressão distorcida de uma identidade universal: da humanidade. Isso resulta de uma reflexão filosófica:

> *Cada um determina diferentemente o sentido da vida, ao adotar estados de saber distintos, perspectivas, experiências, sensações e relações distintas e uma posição distinta no feixe dinâmico da sociedade. Cada um é, por isso, diferente de todos os outros. Mas exatamente essa circunstância é algo que liga a todos nós – uma constante antropológica –, pois todos nós nos determinamos sempre de modos diferentes, mas, ao fazê-lo, fazemos uso de exatamente a mesma capacidade, a saber, a capacidade de autodeterminação – ou seja, o espírito.*

Não poderíamos ser diferentes do outro se não tivéssemos muito em comum com ele. O centro de nossa humanidade (*Menschlichkeit*) universal, o ser-humano (*Menschsein*), vai muito além dos universais biológicos. Seres humanos se alegram e se entristecem em vista de situações semelhantes, sentem compaixão por outros, apaixonam-se, gostam de ouvir música (seja lá qual for), afastam-se de bom grado da mera sobrevivência, praticam esportes, fazem uso de entorpecentes de algum tipo e têm convicções mais ou menos fundamentadas sobre o lugar do ser humano no cosmo, lugar que não existiria sem a arte, a religião e a ciência. Seres humanos são muito mais semelhantes do que parece da ótica enganadora da política identitária.

Por isso, o primeiro passo para o progresso moral para além da política identitária é a **política da diferença**. Essa política consiste em não apenas tolerar, por razões de emprego, a indispensável multiplicidade de identidades existenciais, mas também fundamentalmente em entender que todos são diferentes. A política da diferença nos coloca todos em uma relação com a humanidade universal e explode o espaço de nossa autoidentificação, por meio da qual nos demarcamos em relação a outros.

Não há nenhuma vida absolutamente normal e absolutamente exemplar, nenhum critério objetificável da boa vida. Ninguém deve literalmente ser como Buda, Jesus, Steve Jobs, Madre Teresa, Mao Zedong ou Gandhi (ou seja, quem se escolher como herói). Se todos realmente fizessem o que Jesus fez já teríamos sido extintos há muito tempo, pois o próprio Jesus recusou a vida familiar, já que Ele acreditava que o fim dos tempos tinha chegado e que tínhamos de nos preparar para o céu. O mesmo vale para outros santos e fundadores de religiões, dos quais também fazem parte os fundadores de "religiões" mundiais que veem o sentido da vida em cadeias materiais de criação de valor – no que Steve Jobs e Mao Zedong estariam plenamente de acordo.

A política da diferença não acredita que algumas minorias que sofreram injustiças no passado sejam por isso, agora, de algum modo, moralmente privilegiadas, mas considera cada reivindicação moral em um contexto. Ela tenta desconstruir posições de desigualdade e fazer com que mecanismos de compensação universal de cosmopolítica progridam. Certamente, é um sinal de injustiça social que, desde sempre, haja uma gigantesca diferença salarial relacionada especificamente ao gênero na Alemanha. É, evidentemente, uma mácula moral de nosso sistema de distribuição, que mulheres recebam em média, pela mesma atividade, menos do que homens. Mas isso não se resolve ao agora, simplesmente atribuindo a mulheres, por um tempo, trabalhos melhores e um salário mais elevado do que o de homens. Com cotas, pode se alcançar uma importante equiparação – um primeiro e importante passo, que usa os métodos da política identitária. O próximo passo, a política da diferença, consiste em que levemos em conta os fatos conhecidos por nós sobre os currículos de mulheres, a fim de criar um sistema de distribuição justo como um todo.

Tornemos essa consideração, que parece abstrata, concreta: muitas mulheres – naturalmente não todas – se tornam mães em suas vidas. Enquanto desejarmos a continuação da humanidade, isso também não deveria ser evitado. A fabricação de filhos em clínicas futuristas, nas quais crianças sejam criadas em alambiques, não é, naturalmente, uma estratégia de solução moralmente defensável da diferença salarial relacionada especificamente ao gênero. Permanece, então, o fato de que muitas mulheres se tornam mães. Isso significa que temos de levar em consideração, de modo socioeconomicamente adequado, os aspectos psicológicos e biológicos da maternidade. Ainda mais concretamente: na concorrência de uma mulher – seja ela mãe ou não – por um trabalho, temos de financiá-la, pelo menos, por alguns anos de sua vida, nos quais ela, sem limitações em opções de carreira e aposentadoria, pode viver seu papel de mãe como ela considera ser dotado de sentido para ela e para sua família. Enquanto não se assegurar serviço estatal seguro e perfeito de acolhimento e assistência a crianças (das 8 às 18h), que seja financeiramente viável, deveríamos mesmo pagar um salário maior para mulheres do que para homens, pois elas simplesmente são prejudicadas, em função da gravidez e do serviço de acompanhamento e assistência de crianças, sistematicamente em suas expectativas de aposentadoria.

O mesmo vale, naturalmente, para pais quando eles entram em licença parental, reduzem seu tempo de trabalho ou são pais solteiros. Para pais vale, porém, parcialmente, outras regras, pois eles não engravidam e têm outras formas de vínculo (não menos valorosas, mas, justamente, diferentes) com o filho, que são explicáveis em parte biológica, em parte socioeconomicamente. Podemos levar isso em conta positivamente para mães que, por isso, precisam de direitos facilmente modificáveis, pois há, simplesmente, um lado biológico da gravidez.

Em suma: caso se leve em conta os fatos relevantes da maternidade e do ainda insuficiente serviço estatal de acompanhamento e assistência a crianças em nosso país, temos de, atualmente, até mesmo pagar um salário maior a mulheres do que a homens. Isso, porém, não deve desempenhar nenhum papel no processo de seleção para trabalhos, de modo que concorrências por vagas têm de se tornar autônomas e neutras em relação ao gênero, a fim de que empregadores não possam integrar cinicamente um cálculo na nova estrutura salarial.

Um outro caso da política da diferença se tornou evidente na crise da Covid-19: as profissões que dão sustentação ao sistema (equipe médica, administração pública, fornecimento de suprimentos, infraestrutura digital e analógica etc.) são frequentemente menos remuneradas do que as profissões de que não apenas ninguém precisa, mas que, em parte, mesmo nos ameaçam. Disso faz parte, por exemplo, a profissão de pilotos de fórmula-1, ou de produtores de armas biológicas.

Não se trata de que todos devam receber o mesmo ou que devamos pagar uma renda básica incondicional – por mais que eu pessoalmente considere uma boa ideia, mas isso é uma outra história. A igualdade não consiste no fato de que todos devem receber exatamente o mesmo por trabalhos semelhantes, mas em que levemos em conta a diferença (*Anderssein*) e, com base nela, realizemos a distribuição e redistribuição em vista de considerações universais que levam em consideração todos os seres humanos.

O primeiro e mais urgente objetivo da política da diferença é, todavia, a superação do racismo, da xenofobia, da misoginia e de coisas semelhantes. Isso porque as desigual e moralmente inaceitáveis a que aludi são expressões de formas de pensamento perigosas e demonstravelmente equivocadas. Não apenas vírus biológicos, mas também vírus morais, que consistem introduzir modelos de pensamento falsos em nossos processos de pensamento.

Para compreender e combater adequadamente isso são necessários outros especialistas do que cientistas naturais, cientistas econômicos, técnicos e políticos profissionais: na esteira do novo Esclarecimento urgentemente necessário, precisamos de um novo direcionamento e posicionamento da ciência do espírito (*Geisteswissenschaft*) com a finalidade da pesquisa das formas complexas e historicamente variáveis do ser-diferente (*Anderssein*) do ser humano. Esse ser-diferente tem de ser retratado em um espaço público, a fim de que se traga constantemente à nossa consciência que a normalidade social nunca pode consistir no fato de que alguma unidade de povo fictícia, que coincide, possivelmente, com raças, genes e gênero, alcance a dominação política. O progresso moral em tempos obscuros significa, assim, também um direito de todos os seres humanos à formação ética e à participação em debates públicos, que estejam filosoficamente e do ponto de vista das ciências do espírito (*geisteswissenschaftlich*) à altura do tempo, como ainda veremos (cf. p. 356ss.).

3.11 Política da indiferença – A caminho da cegueira a cores

Quando nos perguntamos quais medidas podem ser adotadas por uma sociedade para a realização de objetivos éticos, ou seja, para o progresso moral, é indispensável formular uma representação mais clara possível do objetivo. Sem ela não se pode erguer, na ética, nenhuma reivindicação falível de saber.

A representação de objetivo para a superação do racismo é designada frequentemente como "cegueira a cores" (*Farbenblindheit*). Ela seria alcançada quando seres humanos não identificassem o tipo de pelo de outros seres humanos como uma característica especial, a fim de dividir seres humanos em grupos. Que isso seja possível se pode reconhecer no caso fictício dos orelhenses (*Ohranier*). Os orelhenses dividem os seres humanos de acordo com o comprimento do lóbulo, e desenvolvem práticas de política identitária que servem para a distribuição de recursos entre orelhenses. Para nós, que não somos orelhenses, isso parece consideravelmente absurdo. A representação do objetivo do progresso moral no âmbito do racismo consiste, de maneira análoga, na superação da impressão de que haveria uma diferença moralmente relevante entre seres humanos que poderia ser medida por meio da raça – sem perder de vista que, na realidade, não há raças. Há, apenas, racismo, mas nenhuma raça, assim como há caça às bruxas, mas nenhuma bruxa[122]. Raças são, infelizmente, até mesmo registradas em documentos americanos institucionais: é possível, por exemplo, em muitas concorrências por trabalho nos Estados Unidos, indicar a sua raça, de modo que eu mesmo percebi, pela primeira vez em minha vida, que eu sou classificado como "caucasiano", o que, segundo a divisão oficial americana, é uma outra raça do que "hispânico". Desse modo, espa-

---

122 Cf. GABRIEL, M. *Warum es die Welt nicht gibt* [Por que o mundo não existe].
• GABRIEL, M. *Fiktionen* [Ficções].

nhóis brancos pertencem, então, a uma outra raça do que noruegueses igualmente brancos. Isso tudo é insustentável cientificamente e absurdo. De nada serve que o significado da palavra "raça" no inglês atual não significa exatamente o mesmo que *Rasse* na Alemanha. Isso porque isso não muda nada no fato de que não há *race* nem *Rasse*.

O sistema de classificação americano já é uma contribuição gigantesca para o racismo, pois ele usa representações de raça para a discriminação, seja positiva ou negativa. É como se nos perguntassem, em documentos oficiais, se somos uma bruxa, mesmo que isso servisse de algum modo para compensar as crueldades passadas contra bruxas por meio da discriminação positiva. Os fatos não morais constatam que não há raça. Os fatos morais sobre o que devemos fazer ou deixar de fazer não podem contradizê-los. Consequentemente, não pode haver um fato moral em relação a um tratamento justo de raças, já que não há raças que mereçam respeito moral – nem branca, nem negra, ou qualquer que seja a cor.

Aqui, surge frequentemente a pergunta sobre como podemos alcançar a cegueira a cores. Isso porque, afinal, seres humanos com um certo tipo de pele foram e são sistematicamente e, parcialmente, extremamente discriminados negativamente e prejudicados. Eu mesmo realizei vários seminários em diferentes universidades americanas e tive, neles, menos do que 1% de participantes de origem afro-americana – e isso em universidades progressistas como Berkeley, a Universidade de Nova York, e a especial bem-pensada socialmente New School for Social Research in New York City. A pergunta enuncia, então: Como podemos corrigir essa situação problemática, sem propor programas especiais que, por meio da discriminação e do fomento positivos, assegurem que seres humanos de tipo de pele diferente estejam inseridos justamente na distribuição de recursos simbólicos e materiais?

Aqui, se introduziu até agora o argumento de que há inteiras culturas de memória e contribuições culinárias, musicais e de muitos outros tipos de seres humanos que, no passado, estiveram ligados uns com os outros por meio de classificações raciais, e que merecem ser reconhecidos em sua particularidade (*Eigenart*). Em alguns diálogos, colegas nos Estados Unidos classificados como afro-americanos defenderam, contra mim, que a discriminação positiva seria o caminho certo, já que eles viam o perigo de que, caso contrário, a sua resistência oprimida no passado, sem as quais o progresso moral possivelmente não teria de modo algum acontecido nesse âmbito, seria simplesmente esquecida.

Essa importante objeção pode ser confrontada. Isso porque é tarefa da *escrita da história* (*Geschichtschreibung*) levar em consideração e honrar adequadamente, para além da política, os oprimidos no passado, seus produtos culturais e sua resistência. Essa cultura da memória é decisiva para a cementação do progresso moral.

Isso é mostrado pelo caso do holocausto alemão. Não podemos esquecê-lo, pois ele é, certamente, o pior exemplo do mal radical. Por isso, é decisiva, para o progresso moral, a ênfase na contribuição dos oprimidos e assassinados para as conquistas civilizatórias positivas de humanidade. Sem a vida espiritual judaica não teria havido, de modo algum, Esclarecimento; pense-se apenas em pensadores como Moses Mendelssohn ou o genial filósofo Salomon Maimon, que promoveu decisivamente o idealismo alemão, sem falar de Baruch de Spinoza, um dos filósofos mais importantes de todos os tempos, sem os escritos do qual o Esclarecimento teria sido impensável. Também muçulmanos contribuíram, como se sabe, muito para a alta cultura alemã (incluindo o Esclarecimento). Tudo isso está documentado literariamente nas peças de teatro de Gotthold Ephraim Lessing, por exemplo, em *O judeu* e *Nathan o Sábio*. Grandes pensadores muçulmanos como Ibn Ruschd ou Ibn Sina, para mencionar apenas os mais conhecidos, fizeram filosofia e ciência exatamente como Aristóteles, cujos escritos eles, de modo digno de gratidão, transmitiram. Assim, eles promoveram a razão, a lógica e a ética e as enriqueceram com argumentos e raciocínios próprios, para abordar pelo menos a história da filosofia e ciência islâmicas. A ideia de que o Islã seria uma religião hostil ao Esclarecimento ou mesmo à ciência é inteiramente insustentável. É igualmente importante o reconhecimento integral das tradições de pensamento pré-coloniais, que foram brutalmente erradicadas pelo colonialismo europeu, pois as classificou como "primitivas".

A cultura de memória e escrita da história podem, certamente, serem empregadas de modo errado, a fim de produzir estereótipos complexos por meio de uma habilidosa seleção. Como dito, já havia muçulmanos na América do Norte antes que o protestantismo fosse criado, de modo que é absurdo que se dissemine a impressão de que os Estados Unidos seriam, em algum sentido relevante, um projeto protestante. Essa é uma ênfase grosseiramente unilateral da história que precisa ser corrigida, e assim tornar claro que a alteridade cultural sempre existiu no local e, assim, desestabilizar a ficção enganosa de um Estado originário por meio de evidências históricas e de uma cultura de memória correspondente.

Mas essa reivindicação importante e justa não pode levar a que percamos de vista o objetivo da cegueira a cores. Seres humanos extremamente atingidos por discriminações sistemáticas negativas, que foram contados entre uma raça não existente, não têm, por isso, o direito moral de que o racismo seja mantido, a fim de compensar os danos passados por meio de discriminação positiva e tornar visíveis os danos atuais que se devem aos costumes de pensamento e ação – especialmente ideias neonazistas – que se originaram no passado. O melhor caminho consiste em descreditar e, em última instância, desfazer o delírio interpretativo, o modelo de pensamento do racismo como um todo, por meio da pesquisa e de seu emprego político. Não deveria haver, por exemplo, nem uma política identitária negra, nem uma política identitária branca, pois ambas são falsas em igual medida e causaram danos em diferentes contextos. O mesmo vale para outras configurações de racismo; por exemplo, o racismo ativo no hinduísmo, que se volta contra os completamente brancos e negros, pois eles têm, no sistema de castas, uma posição inferior, ou mesmo nenhuma posição[123]. Já o pensamento de que o racismo se dirigiria automaticamente contra seres humanos de pele escura passa ao largo do centro da questão e seduz a adotar medidas que não são apropriadas para realmente superá-lo. Racismo, xenofobia, mas, por exemplo, também misoginia, são modelos de pensamento dos quais se seguem ações moralmente abjetas, sim, más.

Quando olhamos mais uma vez para o racismo negro-branco, temos de constatar que a Alemanha não está numa posição melhor do que nos Estados Unidos, apenas diferente. O espaço público do autoencenamento da sociedade é decisivamente branco e marcado por clichês, que, no horário nobre, são apresentados ao público

---

[123] A política identitária tem de primeiramente ser anulada pela política da diferença. Esse é um primeiro progresso que, ademais, está ligado a um dos objetivos da filosofia da diferença do último século, que está particularmente ligada a nomes como Emanuel Lévinas, Jacques Derrida e Luce Irigaray. Paradoxalmente, a política identitária de nossos dias é uma reação regressiva ao avanço dessas teóricas e teóricos da diferença, que – isso vale ao menos especialmente para Derrida – se engajaram por uma forma daquilo que eu designo como política da indiferença. Derrida faz parte, ademais, junto com Santo Agostinho, Albert Camus e Alan Badiou, o filósofo francês certamente mais influente atualmente, supostamente dos filósofos norte-africanos mais importantes que tiveram uma recepção na Europa e nos Estados Unidos. Em particular em sua obra tardia, *Política da amizade*, Derrida desenvolveu uma ética universal sobre a base de uma teoria da hospitalidade, uma ética que ainda não foi, de modo algum, corretamente aproveitada. Cf. o importante estudo de Philip Freytags: *Die Rahmung des Hintergrunds – Eine Untersuchung über die Voraussetzungen com Sprachtheorien am Leitfaden der Debatten Derrida-Searle und Derrida-Habermas* [O enquadramento do plano de fundo – Uma investigação sobre as pressuposições de teorias da linguagem pelo fio condutor dos debates Derrida-Searle e Derrida-Habermas. Frankfurt a. M., 2019.

como normalidade histórica. Âncoras de notícias, a absoluta maior parte de celebridades alemãs e os convidados de *talkshows* que desempenham um papel importante para opinião pública na Alemanha são praticamente sempre brancos. Desse modo, transmite-se e cementa-se imagens de papéis e normas, mesmo se nenhuma intenção má estiver em jogo.

Tudo depende que a representação simbólica de relações sociais seja reconhecida em sua efetividade. O retrato que fazemos consciente e inconscientemente da sociedade, ou seja, das muitas ações individuais e sua conexão social, cunha conjuntamente a sociedade. Na ordem simbólica, manifestam-se modelos de pensamento que temos de analisar e esclarecer criticamente. Análises críticas da sociedade, sobretudo também em nossas próprias proximidades, são indispensáveis para o progresso moral.

4
Progresso moral no século XXI

O progresso moral consiste, em geral, no fato de que nós reconhecemos e descobrimos fatos morais que estavam em parte ocultos. Não existem fatos morais inteiramente ocultos e impossíveis de se conhecer por princípio. Como, na ética, trata-se de nós mesmos como seres humanos e do que *nós* devemos fazer ou deixar de fazer, é sempre possível trazer à luz o bem e o mal.

O fundamento da descoberta de fatos morais são obviedades morais. Elas resultam, em parte, de nossa forma de vida humana e social, e, em parte de experiências históricas do passado. Por causa da complexidade de nossos sistemas de ação, somos sempre falíveis na aplicação de nosso conhecimento de valores em novas situações: podemos emitir juízos morais falsos. Por isso, não há nenhuma garantia de que nos encontremos sempre no caminho do progresso moral para um futuro melhor.

A realidade sempre ultrapassa aquilo que sabemos agora sobre ela. Ela nunca pode ser inteiramente conhecida. Por isso, alguns fatos não morais permanecem para sempre ocultos para nós, o que é uma importante fonte de erros para a reflexão moral. Isso porque, se conhecêssemos todos os fatos não morais e pudéssemos empregar nosso compasso moral assimilado (*eingeübt*) de obviedades morais, só seria possível agir de modo moralmente abjeto com intenções malévolas.

A possibilidade do progresso moral está estreitamente entrelaçada com o realismo moral. Isso porque o progresso pode ser compreendido como uma forma de descoberta que inclui a produção de novos pensamentos morais. O problema dessa concepção é que ela convida a um **relativismo histórico**: o que consideramos moralmente exigido hoje não o era, desse modo, em algum momento, de modo que nós não podemos fazer objeções morais a seres humanos que agiram e pensam de modo diferente no passado. Se, por exemplo, os antigos gregos assediavam sistematicamente mulheres e crianças, sem que a maior parte das pessoas visse um mal aí, o relativista histórico veria, aí, simplesmente um tipo de alteridade cultural, mas não um erro.

Mas essa concepção é inconciliável com uma ontologia de valores que parte do princípio de que, em essência, há um assédio sexual, e que ele – no mais tardar após uma consideração exata de todas as circunstâncias – é, em todo e qualquer caso, como uma forma de violência e opressão de seres humanos, moralmente abjeto. Isso não era diferente no passado, mas foi sistematicamente ocultado por meio de sistemas de poder que não possibilitavam aos subjugados por eles transformarem profundamente essas relações por meio da resistência, ou mesmo apenas denunciarem publicamente o maltrato.

Já que, na descoberta de fatos morais, trata-se sempre, também, de nós mesmos como seres humanos espirituais, o progresso moral não corre no *medium* da constituição de modelos científico-naturais ou científico-sociais, mas no âmbito de nosso autoconhecimento.

> *O progresso moral não pode ser alcançado por meio*
> *de algoritmos, simulações de computador ou algum*
> *experimento, pois esses métodos distorcem parcialmente o*
> *espírito humano*[124].

---

124 Cf. mais profundamente GABRIEL, M. *Ich ist nicht Gehirn* [Eu não sou meu cérebro].
• GABRIEL, M. *Der Sinn des Denkens* [O sentido do pensar]. • GABRIEL, M. *Fiktionen*.

É um erro de nosso tempo, uma fraqueza sistemática da ideologia dos séculos XX e XXI, acreditar que poderíamos nos compreender inteiramente pelo *medium* da constituição de modelos científico-naturais e científico-sociais. Esse erro leva a que percamos nosso compasso moral e não saibamos mais o que devemos fazer e deixar de fazer, pois perdemos de vista a fonte de saber relevante – nossa intelecção moral e autoconhecimento, que se desdobrou no *medium* da história do espírito.

A ideologia de nosso tempo, crente na ciência, que pensa que todo o saber teria, em última instância, a forma de um saber científico-natural por modelos, saber que se deixaria representar em relações quantitativas, faz uma tremenda contribuição para o obscurecimento de nosso horizonte. Isso porque, nessa perspectiva, não se pode entender como pode, de algum modo, haver fatos morais objetivos e, ao mesmo tempo, dependentes do espírito, que não podemos conhecer por meio da constituição científico-natural de modelos e de estudos empíricos.

Também vivemos em tempos obscuros, nos quais o projeto do Esclarecimento e do Estado democrático de direito é ameaçado, porque se proliferam mídias sociais, inteligência artificial e outras formas da distorção digital do espírito humano que minam, em parte ativamente, a verdade, os fatos, o saber e a ética.

> *Nossa sociedade do saber extremamente moderna do século XXI produziu, com base no progresso científico--natural-tecnológico, sistemas que bloqueiam nosso progresso moral, por levarem, por meio de* fake news, *vigilância digital, propaganda e guerra cibernética, a que percamos a confiança na verdade, no saber, na realidade e em nossa consciência moral. Esse é o paradoxo de nosso tempo. Por isso, é urgentemente demandado por um retrato humano adequado de nós mesmos como seres espirituais livres no centro de nossa reflexão moral, a fim de podermos corrigir essa situação deplorável.*

Muitos fatos morais foram sempre evidentes – trata-se, desde sempre, de obviedades morais que praticamente nunca foram colocadas em questão e que, geralmente, não são nem notadas. Todavia, sempre houve seres humanos e grupos de seres humanos particulares que se beneficiaram de tratar essas obviedades como falsas, ou simplesmente ignorá-las. Obviedades morais – por exemplo, o fato de que a escravidão é abjeta, e a vileza do racismo – podem ser sistematicamente ocultadas ao se desumanizar seres humanos e, dessa maneira, apresentar a violência e a crueldade como justificadas. Justamente isso é uma função central da propaganda política, manipulação, ideologia e outras formas daquilo que se designa, na teoria das ideologias, como "falsa consciência"[125].

Em nossa situação histórico-mundial atual, essa função é assumida particularmente pelas redes sociais e por ferramentas de busca, cujos algoritmos visam a que não tiremos os olhos da tela. Elas nos tornam sistematicamente dependentes, viciados por informações e notícias de todos os tipos, de modo que só têm um papel secundário se essas informações e notícias são verdadeiras. Tudo se trata de consumirmos e, ao mesmo tempo, produzirmos dados, a fim de, assim, aprimorar os algoritmos dos monopolistas da tecnologia: quanto mais dados deixarmos à disposição de redes sociais por meio de nosso uso, mais fácil é para elas nos tornarem viciados. Clique por clique, *like* por *like*, produzimos uma droga digital invisível.

A internet se desenvolveu, durante sua disseminação em massa nos últimos trinta anos, em uma centrifugadora de ideologia: ela dissemina todo tipo de distorções e meias-verdades ideológicas, que nos mantêm continuamente na esteira como consumidores. O perigo desse processo consiste em que obviedades morais, como o va-

---

[125] A título de introdução a esse tema amplo, cf. REHMANN, J. *Einführung in die Ideologietheorie* [Introdução à teoria das ideologias]. Hamburgo, 2008. Sobre a constituição atual de teorias, cf. GABRIEL, M. *Fiktionen* [Ficções], § 12-17.

lor do respeito em relação a outros seres humanos que nós (ainda) não conhecemos, é anulado online. Isso é provado pelas seções de comentários em toda mídia social, assim como em portais de notícias tradicionais em que eles foram disponibilizados. A prontidão para xingar outras pessoas sem empreender nenhuma tentativa de compreendê-los é claramente maior do que em formatos clássicos de carta de leitores, o que se baseia simplesmente no fato de que, online, não há nenhuma distância temporal e nenhum filtro entre o impulso de exteriorizar a sua opinião e a possibilidade de torná-la amplamente pública.

A internet, junto com a globalização econômica, que, ao mesmo tempo, se acelerou com a disseminação da internet, contribuiu massivamente para o obscurecimento de nosso espírito. A nossa capacidade de nos orientarmos por um retrato moralmente estável de nós mesmos, por um retrato ético do ser humano, foi passo a passo, até um determinado grau, perdida para nós. Não é por acaso que a esperança de que o progresso moral se disseminaria mundialmente depois do fim da Guerra Fria, e por meio do comércio de mercadorias, foi desapontada. Isso porque não se pode disseminar o progresso humano – e isso significa sempre também: moral – com cadeias de exploração para a produção de bens de consumo banais para nações de bem-estar social.

Além disso, acresce-se o fato de que, desde a década de 1990, um grande número de guerras injustas ocorreu sob o manto de uma suposta democratização, do que fazem parte especialmente ambas as guerras do Golfo assim como outras intervenções direcionadas da potência mundial dos Estados Unidos, que colocou o Oriente Próximo, assim como a África do Norte, em tumulto. Essas ações que não podem ser justificadas pelos fatos, pelas quais todos os presidentes dos Estados Unidos dos últimos trinta anos têm de responder – incluindo Barack Obama –, foram acompanhadas de mentiras, meias-verdades e inverdade. Tudo isso deveria fazer com que ataques moralmente abjetos contra a soberania de outros países – em particular, assassinatos por meio de drones e ataques digitais – parecessem justificados.

O obscurecimento do horizonte moral da humanidade, por isso, não cai, de modo algum, apenas na conta de *hackers* russos ou da propaganda chinesa, por mais que ambos, certamente, desempenhem igualmente, um papel crescentemente importante. Ele é, primeiramente, visado a décadas por monopólios digitais americanos e por centrais de pesquisa cujo modelo de negócios está estreitamente ligado com a pesquisa do cérebro, a economia comportamental e a informática, a fim de tornar o maior número possível de usuários viciado, com o que se pode obter lucro[126].

Naturalmente, as plataformas chinesas se tornaram, nesse meio-tempo, igualmente habilidosas, e têm, além disso, o apoio de um regime ditatorial. Em tudo isso, não podemos esquecer que russos e chineses não são apenas *hackers*, mas também, frequentemente, vítimas de campanhas levadas a cabo pelo Estado e de tomadas de poder em parte brutais. Também nesse caso, não existem, então, grupos fechados de seres humanos e culturas contrapostos uns aos outros – caso contrário, regrediríamos rapidamente ao pensamento de que há, afinal, um tipo de batalha cultural entre sistemas de valores.

As ameaças, infelizmente muito reais, de novos tipos de guerras cibernéticas e ditaduras digitais da vigilância não significa que, no século XXI, não possa haver nenhum progresso moral. Nos últimos

---

[126] Cf. ZUBOFF, S. *Das Zeitalter des Überwachungskapitalismus* [A era do capitalismo de vigilância]. • HOFSTETTER, Y. *Der unsichtbare Krieg – Wie die Digitalisierung Sicherheit und Stabilität in der Welt bedroht* [A guerra invisível – Como a digitalização ameaça a segurança e a estabilidade no mundo]. Munique, 2019. • HOFSTETTER, Y. *Das Ende der Demokratie – Wie die künstliche Intelligenz die Politik übernimmt und und entmündigt* [O fim da democracia – Como a inteligência artificial assume a política e nos interdita]. Munique, 2016. • HOFSTETTER, Y. *Sie wissen alles – Wie intelligente Maschinen in unser Leben eindringen und warum wir für unsere Freiheit kämpfen müssen* [Elas sabem tudo – Como máquinas inteligentes se infiltram em nossas vidas e por que temos de lutar por nossa liberdade]. Munique, 2014.

trinta anos, a ética ambiental e a ética da inteligência artificial se desenvolveram e continuaram a se desenvolver da mesma maneira que a pesquisa científico-natural-médica das condições de sobrevivência do ser humano e de outras espécies. Conhecemos nossa esfera de influência cada vez melhor e somos, assim, esclarecidos sobre a responsabilidade que temos por nós mesmos, outros seres humanos e outros seres vivos, assim como pela natureza não animal. A história não se desenvolve automaticamente, então, nem na direção de um progresso universal, nem na direção oposta. Como todos de nós somos agentes, depende de todos nós como será o futuro.

Porém, para podermos organizar a história de modo responsável, temos de trabalhar sistematicamente para que o objetivo supremo das instituições (das quais fazem parte o Estado e suas instituições de ensino) seja que alcancemos conjuntamente o progresso moral.

> *O novo Esclarecimento exige, por isso, pôr a ideia do progresso moral no topo de nossa estrutura de objetivos da sociedade como um todo, e organizar os sistemas parciais da ciência, economia, política e sociedade civil a essa luz.*

Naturalmente, isso também diz respeito à arte, à cultura e à religião, que há milhares de anos foram fatores decisivos na superação de formas falsas de pensamento e no projeto de relações sociais melhores[127].

---

127 Não se quer dizer, com isso, que arte, cultura e religião tenham automaticamente um efeito emancipatório. Há arte boa e ruim, religião boa e ruim. Arte, cultura e religião só são moralmente valorosas quando se orientam pelo bem. Na medida em que estão atreladas a práticas humanas, elas expressam sempre como seres humanos veem a si mesmos em um dado tempo. Cf. mais extensivamente GABRIEL, M. *Warum es die Welt nicht gibt* [Por que o mundo não existe], cap. V-VII.

4.1 Escravidão e Sarrazin

Um exemplo dramático do emprego histórico-mundial do progresso moral e a extensiva eliminação da escravidão, que foi sempre moralmente abjeta. Sempre foi errado sequestrar seres humanos de sua pátria contra a sua vontade, vendê-los e submetê-los aos interesses de pequenos grupos de detentores de escravos, que, em caso de necessidade, os puniam corporalmente, ou mesmo deixavam morrer, se não satisfizessem suas vontades.

Que haja obviedades morais e progresso moral não significa que nos tornamos *automaticamente* melhores, mas apenas que *podemos* melhorar. Quem nós somos e queremos ser está, parcialmente, em nossas mãos. Hans Jonas expressa esse ponto muito bem, quando escreve:

> O ser humano é o criador de sua vida como uma vida humana; ele sujeita as circunstâncias à sua vontade e necessidades, e, com exceção da morte, nunca está desamparado[128].

Nem o progresso nem o retrocesso acontecem automaticamente, mas dependem de se dispomos de uma forma de sociedade orientada para a cooperação, coexistência e estabilidade pacífica. Toda forma de sociedade resulta das ações de muitos indivíduos e não nos é imposta, de algum modo, de cima (p. ex., por elites políticas e econômicas). Também processos sociais – como a digitalização – não ocorrem automaticamente, mas são resultado e expressão de muitas ações e decisões individuais, do que faz parte tudo aquilo que cada um de nós faz e realiza diariamente.

Chegou-se à Modernidade depois de longos períodos de escravidão brutal, que ocorreram em particular por meio da colonização feita pela Europa de regiões fora dela, ao progresso moral, ao se eli-

---

128 JONAS, H. *Das Prinzip Verantwortung* [O princípio responsabilidade], p. 18.

minar oficialmente a escravidão. Esse progresso moral não consistiu em que, até então, não tivesse ocorrido a ninguém que a escravidão é moralmente abjeta – bastaria perguntar aos escravos. Também o outro lado, daquele dos detentores de escravos, houve impulsos para a compreensão do fato de que a própria ação era abjeta, motivo pelo qual o sistema de escravidão como um todo só pôde ser sustentado pelo fato de que escravos foram desumanizados por pseudoteorias – do que faz parte especialmente as teorias racistas.

Ao mesmo tempo, desenvolveram-se particularmente no século XVIII, em parte também mais cedo, esforços para o reconhecimento da humanidade (evidente) de escravos. Esse impulso para o começo de um progresso moral do lado dos detentores de escravos estava interligado ao surgimento de novas comunidades religiosas protestantes nos Estados Unidos, mas também à Revolução Francesa e à resistência diária de escravos, que se descarregava regularmente em insurgências, geralmente reprimidas com brutalidade[129].

Do lado opressor do poder assimétrico – portanto, do lado daqueles que se beneficiavam da posse de escravos direta ou indiretamente – surgiu o racismo moderno, que pensa que seres humanos são separáveis em raças que, por causa de características biologicamente mensuráveis e, no essencial, fenotipicamente visíveis, seguissem-se certas propriedades de caráter e modos de comportamento. Sabemos nesse meio-tempo, depois de séculos de pseudociência racista, que não há nenhuma raça humana (cf. p. 229ss.). Mas, também em tempos de racismo brutal, muitos tinham consciência dessa circunstância. Sempre houve pessoas que reconheceram que seres humanos não podem realmente ser divididos em raças e serem avaliados, de acordo com essa divisão, moralmente ou economicamente. Ignoramos essas vozes quando pensamos que a escravidão e o racismo – que, infelizmente, ainda existem, apenas não em formas

---
129 Cf. extensivamente ZEUSKE, M. *Sklaverei* [Escravidão].

jurídica e estatalmente legitimadas como antes nos Estados Unidos ou na África do Sul – teriam sido moralmente aceitáveis no passado, porque não se poderia saber na época que eram errados.

A fim de oprimir brutalmente seres humanos ou mesmo aniquilá-los sistematicamente, é preciso sempre desumanizá-los ou, ao menos, desvalorizá-los fortemente com pseudoargumentos que se apoiam em suposições demonstravelmente falsas e dados científicos distorcidos. Isso vale para detentores de escravos, assim como para nazistas e para os atuais neonazistas, mas também para teses que se pode demonstrar cientificamente facilmente serem falsas sobre inteligência, cultura, hereditariedade e religião que Thilo Sarrazin espalhou, de modo que ele se encontra na tradição das teses eugênicas do pesquisador da natureza britânico, Sir Francis Galton (um primo de Charles Darwin). A sua pesquisa da inteligência levou, entre outras coisas, a que milhares de mulheres (só na Califórnia, cerca de 20 mil) fossem esterilizadas, pois elas, supostamente, não eram inteligentes o suficiente para gerar filhos inteligentes[130]. No mesmo espírito que Galton, Sarrazin afirma, para tomar e refutar apenas um exemplo, que tudo falaria

> A favor do fato de que a educação significantemente abaixo da média dos muçulmanos na Europa é culturalmente condicionada e, por fim, enraizada na religião e no meio ambiente cultural marcado por ela. O fato desse atraso é, infelizmente, incontornável[131].

Esse enunciado pode facilmente ser refutado, como a maior parte dos enunciados polêmicos de Sarrazin. Isso porque a educação

---

[130] CAVE, S. On the Dark History of Intelligence [Sobre a história obscura da inteligência]. *Aeon* (2017) [Disponível em aeon.co/essays/on-the-dark-history-of-intelligence-as-domination].

[131] SARRAZIN, T. *Feindliche Übernahme – Wie der Islam der Fortschritt behindert und die Gesellschaft bedroht* [Conquista hostil – Como o Islã impede o progresso e ameaça a sociedade]. Munique, 2018, p. 277.

dos muçulmanos na Europa levou, no século XII, quando parte da Europa (sobretudo do atual sul da Espanha) sob domínio muçulmano, a grandes conquistas intelectuais, como a matemática moderna. Usamos números *arábicos*, não romanos, e a principal palavra do progresso tecnológico atual é *algoritmo*, que remete a um matemático que ensinava e pesquisava em Bagdá e que vinha do atual Irã.

O Islã (ou o que exatamente deva ser), em todo o caso, não é hostil à educação. Mesmo em estados democraticamente retrógrados como a atual Arábia Saudita ou os Emirados Árabes, há realizações de pesquisa e financeiras impressionantes, assim como megaconstruções arquitetônicas e, assim, realizações avançadas de inteligência. Isso não combina com a falsa tese de Sarrazin de que o "nível das universidades no mundo islâmico"[132] seria inferior em matemática e ciências naturais, já que, sem universidades no mundo islâmico – das quais fazem parte atualmente, entre outras, a NYU Abu Dhabi, assim como a Sorbonne Abu Dhabi e as universidades turcas, que conduzem pesquisa de ponta em parte extraordinária em todos os âmbitos – não haveria de modo algum a matemática e as ciências naturais modernas, o que deveria valer como uma conquista histórica das mais elevadas.

O progresso moral também é possível em tempos obscuros porque nenhum tempo, não importa o quão pavoroso, é tão obscuro que os fatos morais possam ser inteiramente obscurecidos. De fato, houve sistemas injustos, paradigmaticamente o Reich alemão sob o domínio nazista, que tentaram, com toda a violência e planejamento intencional, destruir a intelecção de fatos morais, a fim de desumanizar inteiramente grupos de seres humanos (sobretudo judeus) e, então, aniquilá-los.

Certamente, as coisas não foram melhores com o racismo japonês, que, no hemisfério oriental, levaram ao tiro de partida da

---

[132] Ibid., p. 143.

Segunda Guerra Mundial e se voltaram aí primeiramente sobretudo contra chineses e coreanos.

4.2 Retratos dos seres humanos supostamente diferentes não justificam nada, e de modo algum a escravidão

Infelizmente, essas conquistas do progresso moral são relativizadas atualmente. Alguns recorrem ao arsenal do relativismo cultural, a fim de descreditar o pensamento de valores universais. Em relação há isso há, infelizmente, na Alemanha, uma triste tradição, à qual pertencem especialmente o pensamento de Nietzsche, Schmitt e Heidegger, cujos enganos éticos em parte gigantescos continuam a ser elaborados acriticamente, por mais que eles tenham sido há muito superados por argumentos melhores e novas pesquisas na ética e na filosofia política.

Um exemplo mais recente dos equívocos morais do relativismo cultural foi fornecido pelo pesquisador de Nietzsche de Friburgo, Andreas Urs Sommer, em seu livro *Valores – Por que precisamos deles, por mais que eles não existam*[133]. Ele propõe, aí, um argumento que mal deve ser mencionado indiretamente para a justificação da escravidão no passado, no que ele segue seu exemplo, Nietzsche. Depois de ter argumentado (de modo, de fato, malsucedido) a favor de que não há valores, ele se volta contra a dignidade humana. Ele pensa que a "humanidade" "pela maior parte de sua história" não teria "disposto nem do conceito nem do objeto da 'dignidade humana'":

> A sua suposta universalidade e incondicionalidade não são universalidade e incondicionalidade histórica, nenhuma condição factícia, mas um dever. Nem mesmo o mais rigoroso universalista dos direitos humanos afirmará que os direitos humanos teriam,

---

133 SOMMER, A.U. *Warum man sie braucht, obwohl es sie nicht gibt* [Valores – Por que precisamos deles, por mais que eles não existam]. Stuttgart, 2016.

como os três princípios fundamentais da termodinâmica, sempre sido válidos, mas só teriam sido descobertos no curso da história[134].

Cada uma dessas proposições contém muitos equívocos ao mesmo tempo. Vale a pena indicar esses equívocos para ilustrar como a crítica filosófica funciona. Isso porque, na filosofia e, assim, na ética, não há apenas opiniões contra opiniões. A Filosofia é uma disciplina científica, na qual se trata da busca racional da verdade. Se um raciocínio se mostra, sob uma observação mais próxima, cheio de buracos, ou seja, incoerente ou mesmo contraditório, é possível deixá-lo de lado, até que o filósofo a que ele diz respeito e que o formulou o reformule, a fim de dar conta das objeções. Desse modo, a filosofia avança. Como disciplina científica ela, como qualquer outra disciplina, é caracterizada por progressos e retrocessos. Também as ciências naturais não registram, afinal, apenas sucessos cumulativos, mas se movimentam em círculos complexos de progresso e de retrocesso por meio de sua história, o que é pesquisado pela disciplina da História das Ciências.

Mas, de volta para os equívocos paradigmáticos dos enunciados de Sommer sobre os direitos humanos. Comecemos pela afirmação de que a universalidade e incondicionalidade dos direitos humanos seria apenas um *dever*. Provavelmente, ele quer dizer que direitos humanos não poderiam, por assim dizer, desde sempre, antes que eles tenham ocorrido a alguém, ser medidos com algum instrumento ou simplesmente vistos com os próprios olhos. Antes, seres humanos *devem* ser vistos, tal como os direitos humanos os descrevem. A famosa frase

> A dignidade humana é inviolável. Respeitá-la e protegê-la é a obrigação de todo poder estatal (Constituição Alemã, art. 1.1).

---

[134] Ibid.

não é, segundo Sommer, um enunciado que relata e descreve que seres humanos têm, de um modo atemporal, uma dignidade inviolável, mas uma demanda para tratar seres humanos de um determinado modo, a saber, do modo que é concretizado nas normas do direito humano que vêm logo a seguir na constituição.

Talvez fosse possível fazer algo com essa consideração, mas Sommer comete um erro grosseiro quando infere que a "suposta universalidade e incondicionalidade dos direitos humanos não é uma universalidade e incondicionalidade histórica, condição factícia, mas um dever". Ele ignora o ponto de que um dever pode ser universal e incondicional, que sua validade ultrapassa todas culturas e tempos, motivo pelo qual podemos objetar aos antigos detentores de escravos que eles teriam se comportado de modo moralmente abjeto, mesmo se eles, a seus próprios olhos, talvez acreditassem até mesmo fazer algo bom. Do fato de que algo é uma demanda, um dever, não se segue, afinal, que esse dever não vale universalmente.

A constituição não trata de uma *suposta* universalidade e incondicionalidade, como Sommer escreve, mas de uma universalidade e incondicionalidade inteiramente real, que é real (*wirklich*) e efetiva (*wirksam*) ao menos no sentido de que ela deve ser protegida e respeitada por todos os poderes estatais.

Isso não significa que se conhece fatos morais com os métodos da termodinâmica ou de algum outro modo científico-natural. Fatos morais são encontrados historicamente, ou seja, conhecidos por seres humanos que se encontram em situações de ação. Do fato de que eles não podem ser pesquisados científico-naturalmente certamente não se segue que eles não existem. Nem todo progresso no conhecimento consiste na descoberta de fatos físicos. Certamente, há também progresso matemático – ou, justamente, moral.

Em tempos obscuros, torna-se evidente o que devemos fazer, mas então é, frequentemente, tarde demais, motivo pelo qual o progresso moral é, então, duramente conquistado e adquirido. A escravidão não pode ser justificada pelo fato de que ela foi defendida no passado por alguns, como por Aristóteles ou Nietzsche. Por isso, Sommer toma o típico desvio relativista, afirmando que não se poderia refutar o retrato do ser humano de Aristóteles; ele refletiu moralmente, justamente, apenas de modo diferente, mas não pior do que o nosso.

> No fundamento dos direitos humanos está um outro retrato do ser humano do que aquele que era predominante na maior parte da história humana, sem que esse outro retrato tenha de ser necessariamente um retrato insuficiente ou defeituoso por princípio: para Aristóteles, por exemplo, era evidente que haveria o "escravo por natureza", que pertenceria a outro e que participa da razão, do *logos*, apenas quando o faz por meio de outro. Se há livres e escravos por natureza, não se pode pensar em em atribuir a eles em igual medida algo como direitos humanos, ao menos não segundo as principais rubricas, fixadas na *Carta dos Direitos Fundamentais*, da dignidade do ser humano, da liberdade, da igualdade e da solidariedade. Ora, pode parecer fácil dizer que o retrato aristotélico do ser humano seria, justamente, anterior ao Esclarecimento e antiquado; todavia, parece visivelmente difícil justificar em que medida esse retrato do ser humano seria verdadeiro ou falso, assim como afirmaríamos, hoje, de partes da física aristotélica[135].

Isso é absurdo, pois é extremamente fácil fundamentar em que medida o suposto retrato do ser humano de Aristóteles é uma inverdade e falso. Basta indica que não há, nem houve, nem haverá escravos por natureza. Alguns seres humanos foram e são escravizados, e não sabemos quando a escravidão desaparecerá por fim de uma vez

---

135 Ibid.

por todas[136]. É um grande disparate pensar que aqueles que são escravizados já eram antes, por assim dizer, escravos por natureza[137]. Aristóteles se engana aqui. E também não era óbvio para Aristóteles que haja escravos por natureza, motivo pelo qual ele argumentou tanto mais veementemente a favor dessa ideia e tentou justificar a escravidão dominante. Na medida em que seu retrato do ser humano implica que há escravos por natureza – o que, em uma consideração exegética mais precisa, é questionável –, isso seria, ao menos neste aspecto, simplesmente falso.

Devo a intelecção do erro fundamental da argumentação relativista cultural para a justificação posterior da escravidão a uma conversa com o cientista da literatura e pesquisador dos sonhos Ulrich C. Baer, que ensina na Universidade de Nova York:

> *Aqueles que foram e são escravizados certamente, se perguntados, não são da opinião de que eles são escravos por natureza. Antes, muitos deles concordariam que a escravidão é moralmente inadmissível, sim, até mesmo má, pois ela ataca violentamente o núcleo de sua humanidade.*

---

136 A condição histórica é, todavia, mais complicada nos detalhes, já que o conceito de escravidão abrange diversas formas de dependência assimétrica. Há diversas formas históricas de escravidão que se transformam historicamente e surgem em diferentes contextos configuradas de modo diferente, o que não melhora a questão da escravidão, mas tem de ser levado em conta para um estudo e reconstrução completos das fraquezas morais dessas dependências. Esse tema é pesquisado, desde 2019, no *cluster* de excelência de BONN. *Beyond Freedom and Slavery: Asymmetrische Abhängigkeiten in vormodernen Gesellschaften* [Para além da liberdade e da escravidão: relações de dependência assimétricas em sociedades pré-modernas]. Desse contexto de pesquisa, cf. o excelente livro de ZEUSKE, M. *Sklaverei* [Escravidão].

137 O que Aristóteles parece pensar, como a seguinte e famosa passagem sugere: "Escravo por natureza é, assim, aquele que pode pertencer a outro – e, por isso, também pertence realmente a um outro – e que só participa da razão a fim de entender seus mandamentos, sem os possuir (ARISTÓTELES. *Politik* [Política]. Reinbek, 1994, p. 53).

Houve sempre, também na Antiguidade, insurreições de escravos, porque, justamente, nem todos pensavam que a escravidão seria natural e, assim, uma circunstância justificada. Essa era apenas a ideologia de detentores de escravos moralmente abjetos, a quem Aristóteles (que era, ele mesmo, detentor de escravos) se vinculou em alguns de seus escritos. A escravidão funcionava, aí, especialmente desde a introdução de um mercado de escravos global no século XVI, por meio da sistemática "degradação do *status*, ou seja, do racismo"[138], cuja tarefa consistia em "forçar a deixar de lado o que era, em verdade, evidente"[139], como fala Michael Zeuske, um dos principais pesquisadores da escravidão.

Que se tenha chegado à superação da escravidão nos Estados Unidos, por exemplo, onde se pode estudar especialmente bem esse fenômeno, pois a escravidão americana está historicamente próxima de nós, e, por isso, é mais bem documentada (p. ex., por fotografias, jornais...) do que formas pré-modernas de escravidão, certamente não se deve ao fato de que, em algum momento, os detentores de escravos chegaram de repente à intelecção de que eles teriam um falso retrato do ser humano.

Sem insurreições de escravos, ou sem o sofrimento que seres humanos causam a outros seres humanos em sistemas de escravidão e que não pode ser ignorado indefinidamente, não se chegaria ao progresso moral histórico, ou seja, ao conhecimento de que a escravidão já era, desde sempre – no passado como no presente – moralmente inadmissível.

Mesmo se Aristóteles ou algum outro escritor antigo ainda quisesse se esforçar tanto em justificar a escravidão, disso não se segue que, naquela época, havia um outro retrato do ser humano, e que os direitos humanos não se aplicavam no passado. Quando se lê o *Mein*

---

138 ZEUSKE, M. *Sklaverei* [Escravidão], p. 7.
139 Ibid., p. 25.

Kampf ou o diário de Goebbels, vê-se que, ainda no Reich alemão de 1933 a 1945, um outro retrato do ser humano estava no comando, sem que o genocídio realizado sistematicamente nos campos de concentração nazistas tenha sido, por um certo tempo, moralmente justificado, apenas porque os nazistas tinham, justamente, outro retrato do ser humano, que não se pode refutar tão facilmente. Esse retrato seria, a saber, de acordo com o relativismo, válido por esse intervalo de tempo e, assim, teria sido correto – um absurdo evidente.

A ideologia dos detentores de escravos se baseia no fato de que eles têm de desumanizar (*dehumanisieren*), tirar a humanidade (*entmenschlichen*) de seres humanos, considerando a eles, como Aristóteles fazia, como "posse viva"[140]. Na Modernidade, o racismo assumiu essa função, de modo que os detentores de escravos classificaram seus escravos como negros e quiseram encontrar, na suposta raça negra, uma forma menos valorosa de humanidade. Nazistas desumanizaram igualmente aos judeus, e na Índia, os brâmanes desumanizaram os párias – o que, infelizmente, ainda não foi inteiramente superado. Mas os detentores de escravos certamente se atribuíram entre si direitos humanos; eles eram, então, *universalistas perversos*, e tinham, por isso, de classificar alguns seres humanos como não humanos – uma contradição moralmente abjeta.

4.3 Progresso e retrocesso moral em tempos da Covid-19

A crise da Covid-19 tem muitas camadas. Ela foi desencadeada por meio de uma pandemia viral, ou seja, pela disseminação de um novo tipo de vírus que ainda não foi pesquisado bem o suficiente para se poder avaliar exatamente a situação de risco em que a humanidade se encontra. Por isso, foram tomadas medidas em

---
140 ARISTÓTELES. *Politik* [Política], 1253b, p. 50.

parte drásticas para a limitação da vida pública, a fim de proteger vidas humanas.

Diante do vírus, todos os seres humanos são iguais, na medida em que, da perspectiva do vírus, somos um amontoado de células nas quais ele pode se multiplicar. O vírus é transmitido de ser humano para ser humano e não os discrimina.

Por isso, nas primeiras semanas da pandemia, houve formas sem precedentes de solidariedade que podiam ser percebidas. Tornou-se imediatamente claro que é apenas uma desculpa dizer que uma política com reivindicações morais, mas economicamente custosa e arriscada, não é possível. A política moral não é um luxo, mas sim a única que faz justiça aos seres humanos e os coloca no centro de tudo.

Para a proteção de vidas humanas, a sociedade hética que se movimenta constantemente à beira dos Burnouts foi freada e transformada em um gigante *home office*. Todavia, o *lockdown* foi, a princípio, amplamente aceito, de modo que se consumou diante de nossos olhos um caso claro de progresso moral, no qual a maior parte dos seres humanos estava pronta para proteger grupos de seres humanos em risco ao dar suporte a limitações de contato e permanecerem em casa, a fim de interromper as cadeias de transmissão.

O quão duradouro será esse progresso moral é uma questão em aberto. Porque isso também depende de como organizamos um futuro mais sustentável, que não nos lance de volta nos equívocos fatais da coação de consumo e do capitalismo de Burnout vinculado a ela[141]. Se nos aferramos à ideia – também empiricamente falsa – do ser humano direcionado exclusivamente à maximização de lucros, não podemos sequer compreender o progresso moral, pois, então,

---

[141] O conceito de capitalismo tem, evidentemente, muitos significados, e não é sempre claro sobre o que debatem seus defensores e críticos. Para um esclarecimento filosófico à altura da filosofia social contemporânea, cf. FRASER, N.; JAEGGI, R. *Kapitalismus – Ein Gespräch über kritische Theorie* [Capitalismo – Uma conversa sobre teoria crítica]. Berlim, 2020.

supomos que o nosso principal objetivo é o lucro, o que faz com que o agir moral pareça ingênuo ou até mesmo impossível.

Uma coisa, de todo modo, é clara: Que o vírus, invisível ao olho nu, tornou visível, por meio da sua presença assombrosa, as estruturas da sociedade – e também, a esse respeito, qual relevância, por exemplo, têm transportes públicos e UTIs, como famílias funcionam, como o Estado e seus representantes atuam etc. Cada um de nós vivenciou naqueles dias, de uma forma ou de outra, que o contato humano não pode ser substituído por nenhuma outra coisa. Uma crise é sempre, também, um laboratório de pensamento. Em vista da gigantesca ameaça do Coronavírus, que se põe acima de tudo que vivenciamos com choque nas últimas décadas nas sociedades de bem-estar social, os contornos de nossa sociedade, quem nós somos e quem queremos ser, tornam-se manifestos de um modo que não se pode ignorar.

Uma importante razão para reagir à disseminação do vírus com um *lockdown* foi e é a sobrecarga perigosa de nosso sistema de saúde e, assim, também de médicos e enfermeiros. Vemos, ao menos a partir de agora, que o financiamento insuficiente e a orientação exagerada do sistema de saúde ao lucro são moralmente abjetos, pois podem levar a que tenhamos de usar critérios de triagem em tempos de paz (cf. p. 221s.)[142].

Entre outras coisas, por isso foi justificado que o governo e os países tenham introduzido uma condição de *lockdown*, a fim de evitar situações de triagem que já tinham se instalado em outros lugares (sobretudo no norte da Itália). Além disso, teria sido inconciliável com a base de valores de nossa sociedade aceitar as mortes de centenas de milhares de pessoas a fim de manter a economia

---

142 Sobre a lógica de mercado moralmente abjeta do sistema de saúde, cf. MAIO, G. *Geschäftsmodell Gesundheit – Wie der Markt die Heilkunst abschafft* [Saúde em modelo de negócios – Como o mercado desmonta a medicina]. 3. ed. Berlim, 2018.

funcionando; a priorização de vidas humanas foi, na perspectiva de decisão do governo, não apenas moralmente justificada, mas até mesmo incondicionalmente demandada.

Assim, todavia, se adotou um outro tipo de triagem. Isso porque já há vários danos colaterais do *lockdown*, que são, igualmente, relativos à saúde, já que, por exemplo, operações e exames que não são urgentes, assim como algumas medidas de prevenção, foram postergados. O risco de triagem nos sistemas sobrecarregados de saúde passava diante dos olhos dos responsáveis pelas decisões mais do que outros riscos para os seres humanos e para grupos de seres humanos, riscos que foram aceitos em suas consequências, a fim de interromper cadeias de infecção. Queria-se evitar a todo custo que leitos de UTI e aparelhos respiratórios não estivessem à disposição para todos que precisassem urgentemente deles.

A primeira fase do *lockdown* foi conduzida pelo progresso moral. Infelizmente, ela foi acompanhada com o retrocesso moral de uma regressão aos territórios nacional-estatais, junto com uma superestimação nacionalista. O Estado assim introduzido de exceção foi instalado diferentemente em cada país, a fim de concretizar objetivos políticos que não tinham muito alcance antes do Coronavírus. Isso vale não apenas para a Hungria, a Polônia ou os Estados Unidos, onde o estado de exceção foi usado, por puro cinismo, para o desmonte do poder.

Mas também a Alemanha não é um espaço livre de ideologia, no qual os governos simplesmente fazem o que é correto e lhes foi recomendado pelos especialistas. Essa impressão é, antes, parte da arquitetura ideológica da Alemanha, por meio da qual podem ser tomadas decisões políticas que, na esfera pública, recebem suporte pelo recurso a opiniões de especialistas. O Estado tem direito de manter processos de decisão e debates internos em parte secretos, o que não apenas é legal, mas também legítimo. Infelizmente, muitas pessoas acreditam, por isso, que há um tipo de conspiração das elites contra o povo. Isso não é verdade. A manutenção parcial de sigilo de processos de negociação politicamente complexos não significa que os governantes ajam, assim, contra o interesse do povo. Em uma democracia eles são, antes, eles mesmos, parte do povo, representantes eleitos do povo, que não estão acima da lei.

Em relação à ponderação sobre como se deve reagir a um evento de infecção, naturalmente, também um cálculo político está em jogo, o que não é uma objeção. Políticos podem e devem, aí, não apenas se ater a especialistas da medicina; eles não são conduzidos por outros, mas decidem sobre qual estado de coisas (*Tatsachenlage*) é importante a fim de alcançar objetivos de nível superior da sociedade. Políticos são, eles mesmos, especialistas, que, naturalmente, têm em vista as suas próprias estratégias para o benefício de seu partido e para sua carreira. Isso é legítimo, e corresponde às regras do jogo da democracia parlamentar. É preciso, sobretudo, em meio a todo o dissenso, ater-se a que o debate público na Alemanha em tempos de Coronavírus seja diverso, multiperspectivista e conduzido, de fato, pela intelecção moral.

Seria, ademais, um erro acreditar que o nosso governo se deixou ser conduzido por virologistas. O papel de especialistas consiste, no espaço político, no melhor dos casos, em aconselhar governos, que têm de trazer em consonância sistemas complexos e, para tanto, têm de considerar diferentes perspectivas.

A dimensão política e também sempre tática da crise da Covid-19 tem de ser investigada da mesma maneira que o progresso moral e a decisão do governo, digna de aprovação, que se apoia no conhecimento moral e científico-natural. Caso contrário, nos deixamos cegar pelo progresso moral e pelo nosso novo sentimento de solidariedade e não vemos que, ao mesmo tempo, ocorre um processo gigantesco de retrocesso (p. ex., o fechamento de fronteiras no interior da Europa e competição nacionalista de sistemas de saúde), sem falar dos pensamentos conspiratórios que se proliferam às margens da política.

Quando se corta o acesso a uma região na qual há um número muito elevado de doentes da Covid-19, isso é sensato, a fim de salvar seres humanos, supondo-se que aqueles que foram bloqueados recebam os recursos médicos necessárias e possam, em caso de emergência, por exemplo por meio de helicópteros de resgate, ser transportados para outros lugares. Mas tal consideração não tem nada a ver com fronteiras de estados nacionais. Não é como se uma vida "alemã" fosse mais digna de ser preservada do que uma "italiana". Como se vê em todos os países, o número de infectados é muito diferente regionalmente. Dever-se-ia, com base nisso, introduzir novamente o controle de fronteiras no interior da Alemanha, por exemplo entre a Baviera e Baden-Württemberg, e manter duradouramente os controles entre Brandeburgo e Mecklenburg-Vorpommern? E por que não entre Baden e Würtemberg? Isso poderia ser partido novamente quantas vezes se quisesse, e mostra como é absurdo e por que o fechamento de fronteiras não tem nada a ver com virologistas ou outros especialistas médicos.

O progresso moral é **progresso *sui generis***. Isso significa que ele não se baseia em nenhuma outra forma de progresso, e particularmente não se baseia no progresso puramente científico-natural, tecnológico ou econômico. Exatamente isso foi mostrado de modo impressionante pela crise da Covid-19. A redução do progresso moral e da ética à constituição de modelos científico-natural-tecnológicos em sistemas de pesquisa conduzidos por competições econômicas intencionais contribuiu indireta, mas massivamente, para a crise da Covid-19. O Novo Coronavírus esbarrou em um solo social fértil, no qual ele podia prosperar. Sem os caminhos de circulação da globalização puramente econômica, sem aqueles que viajam a negócios, turismo em massa e cruzeiros, a pandemia viral nunca teria se disseminado nessa velocidade e forma.

Se a crise da Covid-19 só for superada pelo fato que se libera competições de sistemas, organizadas nacionalmente, pela descoberta da vacina, e pela interrupção de cadeias de infecção por meio de medidas em parte moralmente questionáveis, escorregaremos, depois da crise, imediatamente na próxima crise, que será talvez ainda pior. Isso porque a competição nacionalista e a concorrência de mercado brutal levam, presumivelmente, a vacinas maltestadas e, já agora, à pesquisa científica sob uma pressão prejudicial de tempo.

A boa notícia é: em toda crise que é perceptível para todos há a chance de um aprimoramento das relações sociais. Um exemplo visível seria a onda de solidariedade que motivou muitas pessoas a salvar vidas humanas por meio da distância social autoimposta. A interrupção temporária das cadeias de produção globais de um capitalismo turbo inteiramente superaquecido, que já destrói, há muitas décadas, e com alta velocidade, a qualidade de vida dos seres humanos, leva a um momento de reflexão. Podemos, agora, sentir na própria pele que exageramos com a compulsão de consumo e com a hética do bem-estar.

Até pouco tempo, a nossa vida consistia essencialmente em trabalhar para poder adquirir bens de consumo que ameaçam indiretamente a nossa sobrevivência (disso fazem parte, de acordo com a renda, brinquedos de plástico, smartphones, carros etc.). Em momentos de tempo livre e relaxamento não nos ocorre nada melhor do que praticar turismo em massa, a fim de cabriolar em praças italianas lotadas no verão, para nos empurrarmos com centenas de pessoas para vermos a *Monalisa*, para fotografá-la sem sequer tomar conhecimento verdadeiro da obra etc.

A isso se acresce o fato de que gastamos nosso tempo livre com o uso de mídias digitais e de entretenimento social, o que se intensificou durante o *lockdown* em função da Covid-19. Isso fornece, por isso, não apenas chances de progresso, mas também já desencadeou regressões morais, como, por exemplo, uma infiltração ainda maior em nosso dia a dia das mídias sociais e empresas multinacionais digitais.

As mídias sociais que, de qualquer maneira, se tornaram poderosas demais por meio da constituição de monopólios, enriquecem-se agora ainda mais: nunca antes deixamos voluntariamente à disposição tantos dados, sem sermos remunerados por isso; estamos a poucos passos de instalar apps de localização em sistemas operacionais americanos, o que – queiramos ou não – pode levar facilmente ao *data mining* (mineração de dados) e a outras medidas de uma *Cyberditadura soft*. Expressamos nossas preocupações, angústias, esperanças e opiniões políticas nas mídias sociais, por meio do que a crise da Covid-19 se tornou uma mina de ouro para a exploração digital, o que em breve poderemos constatar. E enquanto negócios pequenos, livrarias, cafés, restaurantes, teatros, universidades e casa de ópera estão fechadas, Netflix, Amazon, Zoom, Skype etc. geram lucros gigantescos, pois nós, na Alemanha, entregamos por semanas a esses gigantes dos Estados Unidos o domínio exclusivo de nossa economia, o que leva à fuga de dinheiro de impostos urgentemente necessário.

Que os seres humanos tenham se recolhido a quatro paredes no *lockdown* pode ser avaliado parcialmente como sinal de progresso moral: reconhecemos que é moralmente exigido interromper cadeias de infecção a fim de proteger a outros e a nós mesmos. Aceitamos uma quarentena da sociedade como uma ação protetora de vidas humanas. Desse modo, agimos com base na intelecção de um fato moral, que eu designo **imperativo virológico (IV)**[143]:

---

[143] GABRIEL, M. Die meisten liberalen Demokratien haben einen Ausgangssperre verhängt – doch ist sie, ethisch betrachtet, wirklich gerechtfertigt? [A maior parte das democracias liberais impôs uma quarentena – mas ela é, eticamente considerada, realmente justificada?] *Neue Zürcher Zeitung*, 26/03/2020. • GA-

Aja em uma pandemia comprovada como se os prognósticos dos melhores modelos virológicos fossem o único fator decisivo em relação a suas ações de tomada de contato social.

O imperativo virológico exige de nós reduzirmos extremamente a complexidade da realidade, a fim de evitar um perigo para a saúde de muitos seres humanos que não pode ser conhecido exatamente. Baseia-se nele uma das maiores medidas higiênicas recentes. Com base no reconhecimento político amplo e mundial desse imperativo, o Estado interferiu, de uma forma até pouco tempo inimaginável, em nossas vidas, e nos obrigou de maneira mais ou menos dócil a nos recolhermos a nossa esfera privada. Na medida em que o isolamento adotado por escolha própria e o emprego do imperativo virologista por meio de governos se baseia na intelecção moral, essa onda de solidariedade pode ser vista como indício de um profundo progresso moral em tempos obscuros.

Formulado drasticamente, nos tornamos, por meio do *lockdown*, em poucos dias, certamente também um proletariado digital. Trabalhos, como dito, sem remuneração para monopolistas digitais americanos. Em coronalemão (*Corona-Deutsch*), esse estado deplorável é chamado, com um dos eufemismos atualmente comuns, de *home office*. Além disso, o *home office* – um eufemismo para esse estado deplorável – consiste, para muitas das famílias afetadas – e sobretudo para pais solteiros – no fato de que não há mais esfera privada nem tempo livre. Trabalha-se 24h por dia, embora os principais beneficiários dessa forma de economia, como dito, sejam empresas americanas que vivem da venda de licenças e de fluxos de dados.

O progresso moral sempre pressupõe, também, uma intelecção dos fatos não morais. Processos de doenças, estatísticas, o equipa-

---

BRIEL, M. Der Hygienismus kann in eine Gesundheitsdiktatur umschlagen [O higienismo pode se inverter em uma ditadura da saúde]. *Die Welt*, 21/04/2020.

mento do sistema de saúde etc. representam fatos não morais que temos de levar em consideração para a avaliação moral de nossas opções de ação. A solidariedade mencionada tem uma motivação social que fez com que o progresso moral se expressasse.

Todavia, a situação não é apenas um mar de rosas. Já que o progresso moral consiste no conhecimento e descoberta de fatos morais em parte ocultados, pode-se, inversamente, supor que o **retrocesso moral** consistiria em que fatos parcialmente relevados sejam ocultados e não sejam mais reconhecidos. O progresso moral vinculado com o imperativo virológico oculta, por causa de sua unidimensionalidade, outros fatos em parte igualmente importantes e até mesmos morais, tanto morais quanto não morais.

A lógica de disseminação de um vírus em simulações de computador não é um retrato da realidade. Um prognóstico baseado em modelos e em computadores é um enunciado sobre qual futuro é provável. O futuro, todavia, ainda não está aí, motivo pelo qual modelos virologistas não contêm nenhum conhecimento de fatos incontestável – nenhum conhecimento sobre o que é o caso. Todavia, parece para muitos como se pudéssemos prever o futuro por meio de prognósticos que se baseiam em estatística e no cálculo de probabilidades. Mas que isso não seja possível pode ser visto no fato de que entramos em uma crise gigantesca que ninguém tinha previsto. O **prognostismo** é uma ideologia que acredita que o futuro resultaria automaticamente, caso se apreenda os fatores sociais quantitativamente e os insira como dados em modelos que foram desenvolvidos nas ciências naturais e sociais.

Mas isso é um equívoco, pois o futuro depende essencialmente de como nós, como indivíduos capazes de intelecção moral, como seres vivos espirituais, o organizamos. Prognósticos são empregados em casos ideais, a fim de desenvolver cenários possíveis e constatar quais devemos evitar e a quais devemos realizar. Não deveríamos, porém, acreditar que eles possam realmente prever nosso agir, ou mesmo torná-lo supérfluo. Além disso, a natureza, por causa de sua complexidade que nunca pode ser inteiramente abarcada, faz com que todo prognóstico do futuro humano seja uma rasura no cálculo.

> *Temos de aprender a reconhecer que a sociedade da ciência (Wissengesellschaft) não é uma sociedade da onisciência (Allwissensgesellschaft), pois não há, sob as complexas condições de nossa sobrevivência como animais no Planeta Terra e sob as condições pelo menos tão complexas da vida historicamente variável do ser humano como ser vivo espiritual, nenhuma certeza e segurança completa. Vida e risco – nenhum diagnóstico e prognóstico pode mudar algo nisso.*

Modelos só adquirem realidade na sua aplicação de conjuntos de dados. Quanto maiores e melhores os conjuntos de dados (que, p. ex., passaram a existir por causa dos testes da Covid-19), melhores são as condições de aplicação dos modelos. Mas, mesmo se possuíssemos os conjuntos de dados perfeitos tivéssemos testado toda a população, ter-se-ia, assim, aplicado apenas um único modelo – o virológico. Mas a realidade de que fazemos parte como seres humanos saudáveis e doentes nunca se deixa apreender apenas por meio de um único modelo. Outros modelos – dos quais também fazem parte modelos científico-sociais da situação atual – concorrem com o modelo virológico e emitem, igualmente, prognósticos. Modelos da teoria política, por exemplo, que descrevem o estado de exceção, preveem que leis de exceção e condições semelhantes a guerra, que são em parte aceitas voluntariamente, em parte impostas pelo Estado, transformam automaticamente nossa compreensão do Estado e, assim, também o Estado.

A partir de uma compreensão neoliberal do Estado, segundo a qual o Estado tem de manter regras de jogo as mais fracas possíveis, a fim de, no essencial, manter a economia em um nível alto, de modo que possamos organizar nossas vidas individualmente, surgiu gradativamente diante de nossos olhos a concepção de Estado moderno representada especialmente por Thomas Hobbes. O cientista político que leciona em Cambridge, David Runciman, apontou, em um artigo para o *The Guardian*, para esse paralelo: o Estado prova, em situações nas quais se trata da saúde de todos os seus cidadãos, ou seja, de questões de vida e morte que abrangem todo o país, sua força e, assim também o seu rigor[144]. Governos podem, de fato, decidir sobre a vida e a morte – essa é a famosa doutrina do monopólio da violência por parte do Estado. Segundo Hobbes, a violência do Estado só é legítima porque ela garante que existam regras sociais em geral confiáveis e que se possam fazer sanções para além de pequenos grupos, como famílias ou parentes.

Disso se segue um perigo em potencial para nossa representação atual, liberal e democrática do Estado: o Estado é, em casos extremos, sobre os quais ele decide por meio de seus órgãos, justificado em intervir em nossa liberdade, a fim de assegurar sua função. Todo estado de emergência social – e disso faz parte a pandemia – pode ser usado pelo lado estatal a fim de ampliar o monopólio de violência do Estado e, a longo prazo, garantir o controle sobre a formação de opinião dos cidadãos. Em democracias, isso pode ser mal-utilizado para assegurar e ampliar o poder de partidos do governo, o que ocorreu de forma particularmente brutal na Hungria, onde Orbán se valeu da oportunidade para se assegurar a longo prazo opções de dominação. Ele governa, de acordo com a lei de emergência, sem controle do parlamento.

---

[144] Disponível em www.theguardian.com/commentisfree/2020/mar/27/coronavi ruspolitics-lockdown-hobbes – Acesso em 01/04/2020.

Depende, então, da intelecção moral dos agentes políticos e dos cidadãos, se e como a democracia liberal continuará a existir. A nossa democracia se manteve bastante bem em tempos de Coronavírus, o que levou a um aumento da confiança dos cidadãos em seus representantes eleitos.

O imperativo virologista inteiramente justificado que protege a todos nós e deve proteger nosso sistema de saúde do pior não deve, porém, levar a que desprezemos outros modelos. Quando desprezamos a análise crítica do agir estatal, pela qual por exemplo a imprensa, as universidades ou *Think-Tanks* são responsáveis, ocultamos fatos não morais e morais que devem igualmente ser considerados, se queremos vencer a crise da Covid-19. Se agora, sob o manto do imperativo virológico, se disseminar passo a passo um regime de vigilância sutil, mas totalitário – como ocorre na China –, então o Coronavírus terá posto em xeque a democracia liberal e seu sistema de valores baseado no Esclarecimento. Isso desembocaria num retrocesso moral fatal.

A partir dos modelos científico-políticos de estados de exceção não se segue, porém, que vivemos, de fato, a autodissolução da democracia. Como todo modelo, ele desenvolve consequências sob condições hipotéticas: se só as regras do estado de exceção valessem por um tempo mais longo, regras que teóricos políticos como Thomas Hobbes, Carl Schmitt, Jacques Derrida e Giorgio Agamben investigaram, isso levaria, passo a passo, à autodissolução dos fundamentos do Estado democrático de direito[145]. Analogamente, vale: se o vírus se disseminar como as simulações de computador descrevem, vivenciaremos um certo número de casos. Mas a realidade não é um romance distópico, no qual o estado de exceção submete todos os seres humanos a uma troca de regime – como pensam teóricos

---

145 Cf. a reconstrução da arte da filosofia do direito e do Estado em MENKE, C. *Kritik der Rechte* [Crítica do direito]. Berlim, 2015.

da conspiração –, nem nos comportamos como indivíduos e agentes históricos, do modo que simulações de computador descrevem – como pensam alguns virologistas.

Se consultamos apenas um tipo de modelo, a saber, aqueles que são apropriados para a descoberta e pesquisa de fatos mensuráveis científico-naturalmente, mas ignoramos outros modelos, isso aumenta a probabilidade de que os fatos que não podem ser medidos fisicamente se desenvolvam em uma direção ruim para nós. Desse modo, um retrocesso moral seria programado, retrocesso que ocorreria sob o manto de um progresso moral unilateral demais, já que motivado de modo puramente científico-natural.

Nem progresso moral nem retrocesso moral ocorrem automaticamente. Há, para tanto, uma razão decisiva: decisões de peso moral são feitas por seres vivos espirituais, paradigmaticamente, por seres humanos. Como seres vivos espirituais, não fazemos automaticamente o certo ou o errado, o bem ou o mal. Mesmo quando tentamos o máximo possível fazer o moralmente certo e, nesse sentido, levar uma boa vida, podemos nos enganar sobre fatos morais e não morais e, por fim, emitir juízos morais falsos. A história é escrita por seres humanos, ela é a expressão de nossas decisões livres e complexas, assim como de sistemas múltiplos, costumes e componentes biológicos da vida humana.

Exatamente por isso é moralmente exigido considerar uma situação moral extremamente complexa, como a da pandemia da Covid-19, de muitas perspectivas, pois a realidade na qual nossas decisões contam nunca ocorre de modo monocausal: ela não corresponde ao desenrolar de um único programa que se deixa reproduzir por meio de simulações de computador adequadas. Não podemos nunca prever nem mesmo parcialmente a realidade, mas apenas certos sistemas que isolamos do resto da realidade a fim de estudá-los como se eles não fossem parte de contextos maiores.

> *A autoavaliação de nossa faculdade de conhecimento e da troca transdisciplinar de reivindicações de conhecimento e conhecimentos de todas as disciplinas pensáveis é um componente integral do novo Esclarecimento, que trabalha para elaborar valores universais para o século XXI. Para tanto, temos de superar a obstinada unilateralidade que consiste na crença equivocada de que apenas o progresso científico-natural-tecnológico já seria o suficiente para o progresso humano ou moral.*

A representação que eu caracterizo como **o abreviamento cientificista** causa, contra sua vontade, males morais, porque deixa de lado fatos não morais que não podem ser mensurados fisicamente e dominados pela engenharia, assim como os fatos morais *sui generis*, que não se deixam estabelecer sem a ética.

4.4 Limites do economismo

Um tipo muito disseminado do abreviamento cientificista é a supervalorização da força explicativa das ciências econômicas. Isso é especialmente fatal, na medida em que muitas esferas dessas ciências se baseiam em uma confusão grosseira de valores morais e valores econômicos, ou subordinam os valores morais aos econômicos. O **neoliberalismo** é uma escola de pensamento da ciência econômica que defende, essencialmente, que se alcança automaticamente o progresso humano ao entregar o maior número possível de decisões ao mercado e à sua lógica da concorrência financeiramente mensurável[146].

---
146 Para uma introdução à escola de pensamento do neoliberalismo, cf. BIEBRICHER, T. *Neoliberalimus zur Einführung* [Neoliberalismo a título de introdução]. 3. ed. Hamburgo, 2018.

A pandemia da Covid-19 revelou muitas das contradições da lógica de mercado que predominou nos últimos 30 anos e que está estreitamente ligada ao pensamento neoliberal e seu envolvimento na globalização compreendida de modo puramente econômico. À luz de seus próprios critérios, a lógica de mercado neoliberal fracassou, primeiramente na crise financeira de 2008 e, então, em uma escala muito maior, na crise da Covid-19 de 2020: investe-se agora, presumivelmente, por exemplo, mais dinheiro organizado estatalmente na salvação da economia do que teria custado remover o sistema de saúde da lógica do lucro. E, caso se leve em conta os danos ao meio ambiente que caem na conta da globalização puramente econômica conduzida de modo neoliberal, há, até mesmo, um saldo negativo, ou seja, perdemos, por meio da destruição do ecossistema e de seus substitutos tecnológicos que se tornam assim necessários, mais valor do que em geral produzimos[147].

É sabido, pelo menos desde os anos 70 do último século, que o desperdício horrendo de recursos naturais, mas também de recursos produzidos por seres humanos, não é sustentável e, a longo prazo, leva, com toda probabilidade, à autoextinção da humanidade, mas, no mínimo, leva a catástrofes que serão muito mais pavorosas do que a pandemia da Covid-19. Esse fato de nosso futuro ameaçado pelo pensamento falso foi alavancado com base em indicadores de crescimento amplamente sem consideração a fatores de sustentabilidade e de bem-estar humano geral.

Esse modo de conduzir a economia não deve, visto exatamente, ser equalizado com o capitalismo, mas resulta de uma determinada interpretação de ser humano, Estado e economia, que se baseia, nos detalhes, em parte em suposições questionáveis e, em parte, até mesmo em suposição falseadas. Disso faz parte especialmente a su-

---

147 Cf. os cálculos de GÖPEL. *Unsere Welt neu denken* [Pensar nosso mundo de um modo novo].

posição de que todo indivíduo estaria orientado, em trocas, automaticamente pela ganância e egoísmo, de modo que qualquer relação recíproca de tons morais entre agentes nos mercados deveria ser explicada pelo confronto de egoístas, um modelo, que, sob o título de *homo oeconomicus* (homem econômico), desempenha, até hoje, um importante papel nos planos de ensino das ciências econômicas, por mais que já se tenha enxergado a muito tempo sua unilateralidade. Disso faz parte também a falsa suposição de que o ser humano seria um consumidor compulsório movido por cobiça.

O capitalismo neoliberal sem amarras é um motor que ronca alto, mas sempre gagueja novamente. Motor que, de modo correspondente, tem de ser levado a funcionar novamente por meio do Estado forte. Por isso, uma tarefa essencial da sociedade pós-Coronavírus, considerada filosoficamente, consiste em escapar por fim da lógica de capitalismo *vs.* comunismo, que marca a Modernidade há quase dois séculos. A economia de mercado não é, em si, inimiga da boa vida, ela não leva automaticamente à exploração de seres humanos e à desigualdade social. Isso porque há mecanismos correntes de controle, dos quais fazem parte não apenas o Estado, com a sua soberania territorialmente demarcada em relação a recursos, mas também o resto da sociedade e, assim, cada um de nós. Não há necessidade de que negócios de troca sejam conduzidos pelo frio egoísmo, e que os participantes tentem tirar vantagem uns dos outros. Que seja frequentemente assim é um estado deplorável que se pode corrigir; sim, precisa-se corrigir, se quisermos lidar com os grandes desafios de nosso século.

Uma forma moral da economia, um mercado humano é possível.

Nem Adam Smith nem Karl Marx servem como ferramentas de análise das relações sociais atuais e de suas mensurabilidades e controlabilidades socioeconômicas. Os mercados e os sistemas que eles descrevem se aproximam de nossa realidade socioeconômica apenas de modo muito distanciado. Eles não conheciam nem a mudança climática causada pelos seres humanos, nem a globalização, nem o Estado democrático de direito. Os sistemas que eles analisam não são mais nossos sistemas, motivo pelo qual qualquer tentativa de extrair deles algo para nosso tempo só pode ser bem-sucedida de modo bem restrito. Não deveríamos substituir a todo o custo a influência do Estado na distribuição de recursos por meio da lógica de mercado – o que corresponde à doutrina neoliberal do solapamento do Estado –, nem deveríamos, inversamente, nos esforçar para estatizar o máximo possível ou mesmo por uma economia planificada, na qual a criatividade de mercados não possa se desenvolver. Ambos os extremos excessivos não estão em condições de superar os desafios tecnológicos e ecológicos de nossos dias, e ambos trabalham com retratos do ser humano e do mundo há muito tempo obsoletos, que, infelizmente, ainda têm influência até hoje na constituição de modelos nas ciências econômicas.

A palavra do grego antigo *oikonomia* significa: lei da casa. Ela se refere originariamente à divisão de papéis em casas das antigas cidades-estado (sobretudo Atenas), nas quais mulheres não desempenhavam nenhum papel político e nas quais também havia, naturalmente, escravos. E, não esqueçamos o quanto demorou para a introdução de um direito de voto universal e irrestrito das mulheres ser efetivado: na Alemanha, em 1918, na Suíça, só em 1971.

A economia se orienta há milhares de anos por normas e representações de valores que estão objetivamente superadas, do que faz parte o ainda amado *homo oeconomicus* como modelo (equivocado) da racionalidade humana. Ignora-se, aí, que as ciências econômicas nunca são neutras em valores, mas se constroem sobre teorias de valor geralmente subjetivistas, que, vistas com mais cuidado, são ética e antropologicamente insustentáveis. Não há nenhuma consideração inteiramente livre de valores do campo de valores, isso vale tanto para valores econômicos como para valores morais: O economista é remunerado por sua pesquisa, o eticista julga, ele mesmo, de modo moral, quando ele pesquisa valores morais. Valores são, segundo sua essência, dependentes do espírito, eles existem em situações concretas de ação e de pensamento nos quais se trata de nós mesmos e de nossas disposições. A economista política Maja Göpel expressa isso certeiramente:

> [...] Toda conversão de um fenômeno do mundo em um número é exatamente isso: uma decisão de valores. E toda decisão de valores influencia para onde direcionamos nossa atenção e quais considerações tomamos nas decisões e julgamentos da política e de sua justiça – a política sempre toma, afinal, parte no surgimento dos preços[148].

Segundo o modelo equivocado do *homo oeconomicus*, seres humanos buscam primariamente por valores de utilidade mensuráveis economicamente – uma busca à qual eles subordinam tudo na batalha pela sobrevivência[149]. Com base nisso, se desenvolveram teorias matematicamente precisas, cuja tarefa é investigar as preferências de

---

148 Cf. ibid. p. 152.

149 A pesquisa de Smith mostrou que ele mesmo não é, em nenhum sentido relevante, o precursor do *homo oeconomicus*, já que seu retrato do ser humano parte, antes, do fato de que a sociedade surge da moral, que consiste no fato de que nós mesmos sempre nos julgamos à luz dos outros e dependemos da ajuda recíproca. Smith não defende a concepção equivocada de que seres humanos seriam, por natureza, primariamente egoístas. Cf. em detalhes MANSTETTEN, R. *Das Menschenbild der Ökonomie – Der homo oeconomicus und die Anthropologie von Adam Smith* [O retrato do ser humano da economia – O *homo oeconomicus* e a antropologia de Adam Smith]. 3. ed. Friburgo/Munique, 2004.

agentes, a fim de, desse modo, desenvolver instrumentos prognósticos de previsão e controle de mercados.

Mas esse modelo do comportamento humano falha empiricamente devido ao fato de que seres humanos tomam, mesmo em situações de concorrência econômica, decisões que são conduzidas por considerações que se orientam pela reciprocidade e justiça. A literatura de economia comportamental nessa área é abrangente, e há um grande número de formulações teóricas econômicas que apontam de modo científico-econômico os limites das representações neoliberais do mercado sem amarras e do desmonte radical do Estado e, em lugar disso, argumentam a favor de formas de justiça distributiva que visam à sustentabilidade e à igualdade social[150]. Isso porque já se observou décadas atrás, na teoria dos jogos, que seres humanos, mesmo em situações de competição, julgam moralmente, ou seja, são orientados pela justiça e não apenas pelo lucro – o que parecia, primeiramente, irracional para os cientistas econômicos[151].

Infelizmente, essas intelecções ainda não se assentaram inteiramente, e esferas demais de nossa vida são, tanto quanto antes, em primeiro lugar, economificadas, ou seja, conduzidas por suposições científico-econômicas que se equivocam sobre o ser humano em sua vida real. Hannah Arendt mostrou, em seu livro muito recomendável, *Vita activa*, que, por meio da economificação moderna de nossa sociedade como um todo, a troca pública de argumentos ético-filosóficos e, assim, a própria ideia de esfera pública, é ameaçada.

Um forte exemplo de que a economia neoliberal se orienta por um modelo ingênuo de família tem sua origem em Margaret Thatcher, que, como primeira-ministra, junto com o presidente dos Es-

---

[150] Cf. como uma voz proeminente entre outras, SEM, A. *Die Idee der Gerechtigkeit* [A ideia de justiça]. Munique, 2010.

[151] Cf. a exposição introdutória em GÖPEL. *Unsere Welt neu denken* [Pensar nosso mundo de um modo novo], p. 55-73.

tados Unidos, Ronald Reagan, contribuiu para, por meio da intervenção política, economificar o maior número possível de esferas da sociedade, motivo pelo qual ela é vista como uma figura proeminente do desencadeamento neoliberal desde o fim da década de 1970. Em uma famosa entrevista de 1987, ela comunica:

> [...] não há algo como a sociedade. Há homens e mulheres individuais, e há família. E nenhum governo pode fazer algo senão por meio de indivíduos (*people*), e indivíduos têm de, primeiramente, cuidar de si mesmos. É nossa obrigação cuidarmos de nós mesmos, e também de nossos vizinhos[152].

Em outra passagem, ela torna ainda mais claro por que se apoia na família, usando expressamente um modelo estereotípico de família como base da economificação de todas as relações:

> Toda mulher que entende o problema de ser responsável pela casa entenderá melhor os problemas que consistem em ser responsável pelo país[153].

Isso não é um descuido, mas sim expressão de uma suposição sócio-ontológica. A **ontologia social** se ocupa com a questão sobre em que condições um grupo de ser humanos age de modo coordenado. Ela pesquisa, assim, os fundamentos da socialização. O neoliberalismo se baseia no **atomismo sócio-ontológico**: a suposição de que, na realidade, não há cooperação que vá além do acúmulo

---

[152] "There is no such thing as society. There are individual men and women, and there are families. And no government can do anything except through people, and people must look to themselves first. It's our duty to look after ourselves and then, also to look after our neighbor" (KEAY, D. "Aids, Education and the Year 2000 – An Interview with Margaret Thatcher" [AIDS, educação e o ano de 2000 – Uma entrevista com Margaret Thatcher]. *Woman's Own*, 31/10/1987, p. 8ss.; aqui, p. 10).

[153] BLUNDELL, J.; THATCHER, M. *A Portrait of the Iron Lady* [Um retrato da dama de ferro]. Nova York, 2008, p. 193: "Any woman who understands the problems of running a home will be nearer to understanding the problems of running a country".

de preferências individuais que se encontram na competição por recursos escassos. Esse erro filosófico fundamental está, infelizmente, no fundamento de muitas ideias de fato excessivas da filosofia social e do Estado, e causa um grande mal socioeconômico, o que foi apontado pelo filósofo de Oxford da sociedade digital, Luciano Floridi, com uma análise certeira[154].

Em considerações econômicas sempre entram juízos de valor não econômicos, motivo pelo qual os modelos das ciências econômicas são povoados por absurdidades de dar arrepios como o *homo oeconomicus*. A economia comportamental não se sai melhor porque ela frequentemente parte da ideia de que seres humanos são sempre, em última instância, vítimas de vieses, de inferências falaciosas e rápidas explicáveis evolutivamente, de modo que a economia comportamental nos considera como irracionais e, desse modo, como manipuláveis[155].

Mas o que a economia comportamental classifica como irracional é nossa racionalidade que se constituiu evolutivamente, pois somos seres vivos sociais, e que é a origem de nossa moralidade superior.

> *Nossa racionalidade não é um cálculo econômico que é orientado pelo lucro e mais-valia – tal autoconcepção da razão humana ignora a ética e a lógica e é, por isso, em suas consequências, o que não surpreende, antiética e ilógica, ou seja, incoerente.*

---

[154] FLORIDI, L. *Die 4. Revolution – Wie die Infosphäre unser Leben verändert* [A quarta revolução – Como a infoesfera transforma nossa vida]. Berlim, 2015.
[155] Cf. o *best-seller* mundial do ganhador do Prêmio Nobel, Daniel Kahneman: *Schnelles Denken, langsames Denken* [Rápido e devagar: duas formas de pensar]. Munique, 2016.

A fundamentação de nossas representações atuais de valores não foi extraída de modo algum apenas das ciências naturais, e muito menos das ciências econômicas. Nem Smith nem Marx tinham uma representação da libertação sexual e da emancipação das mulheres, visando à igualdade de direitos em relação ao seu papel. Elas sofreram durante milênios.

Para progressos no âmbito da emancipação, foi indispensável a psicologia profunda, sobretudo a psicanálise, assim como a literatura e arte modernas, que, particularmente desde o século XVIII, nos familiarizou com o amplo espectro do desejo sexual. A emancipação da mulher em uma pessoa com direitos iguais na vida civil não teria sido possível sem autoexames científico-espirituais, filosóficos e culturais da vida humana e do corpo sensível.

É, portanto, um juízo equivocado bizarro de nosso tempo, acreditar que valores morais se deixariam, de algum modo, derivar de valores econômicos, uma crença equivocada que, frequentemente – e injustamente – é remetida a Adam Smith[156]. A intelecção moral não se deixa derivar de uma situação de concorrência entre agentes que se encontram em uma competição por recursos. Na melhor das hipóteses, pode-se, por meio de experimentos econômico-comportamentais, como os que são feitos na Universidade de Bonn, por exemplo, pelo grupo de pesquisa de meu renomado colega, Armin Falk, constatar que seres humanos, mesmo em situações de competição, se orientam segundo princípios morais. Seres humanos se

---

[156] Adam Smith não propôs apenas uma teoria econômica orientada pelo egoísmo, como se encontram em sua obra *Der Wohlstand der Nationen* [O bem-estar das nações]. 11. ed. Munique, 2005. Como filósofo moral, ele também redigiu, em particular, uma obra-prima ética, a *Theorie der ethischen Gefühle* [Teoria dos sentimentos éticos]. Hamburgo, 2010, na qual ele investiga a capacidade de nos colocarmos no lugar de outros e desenvolvermos compaixão por eles. A interligação entre ambas as obras é objeto de controvérsia na pesquisa sobre Smith. Como introdução a essa temática, recomenda-se ASSLÄNDER, M.S. *Adam Smith zur Einführung* [Adam Smith a título de introdução]. Hamburgo, 2007.

comportam de modo experimentalmente verificável muitas vezes mais moral do que se esperaria, quando se pensa que o ser humano seria, por natureza, egoísta (o que é demonstravelmente falso).

A conclusão que eu gostaria de tirar dessa consideração bem certificada experimentalmente, enuncia que a Ética é a disciplina fundamental que desenvolve as diretrizes que estabelecem em que condições modelos de concorrência econômica devem, de algum modo, ser usados. Isso pressupõe uma pesquisa grandemente organizada de modo transdisciplinar, se queremos fundamentar uma forma sustentável de economia na qual se encontre, no centro, o ser humano, e, de fato, como ele realmente é.

Modelos prognósticos econômicos, assim como quaisquer outros modelos, não são nunca melhores do que as suposições de que eles derivam. Na medida em que há equívocos filosóficos, éticos e científico-espirituais que se encontram no fundamento da constituição econômica de modelos, isso significa que a nossa economia é marcada por um retrato de unilateral a falso do ser humano, o que traz consigo erros fatais que se manifestam especialmente em crises.

> *Se nos atermos ao retrato do ser humano como consumidor compulsivo, não é possível mudar o axioma crescimento produz bem-estar material, e os seres humanos não querem mais nada. As consequências para o ser humano e para o meio ambiente são conhecidas.*

Uma forma moralmente aceitável da economia só pode ser bem-sucedida se a disciplina, independente da economia, da ética filosófica, considerar conhecimentos científico-humanos de todas as áreas científicas, mas também de experiências de vida, arte, religião e sabedoria do dia a dia. Isso porque, na ética, trata-se do ser humano como um todo, que é decomposto e considerado, por outras disciplinas, em sistemas parciais correspondentes a elas.

Todavia, é um erro fundamental que, infelizmente, ainda está enraizado na ideologia do século XXI, acreditar que o ser humano seria idêntico com um desses sistemas parciais (biológico, psicológico, econômico etc.) e, assim, decifrável segundo a ótica de uma disciplina principal, que dá o parâmetro de medida para todas as outras disciplinas. Isso é designado na filosofia, desde Gilbert Ryle, como **erro categorial**[157].

Um erro categorial consiste no fato de que se classifica um fenômeno de modo unilateral e, assim, falso: seres humanos se comportam de uma maneira empiricamente e científico-socialmente observável. Nisso, eles também externam representações de valores aos quais eles, como a empiria mostra facilmente, não se atêm inteiramente. Seres humanos aparecem, nessa perspectiva, como parcialmente irracionais. Mas isso não significa que suas representações de valores são falsas ou inefetivas. O erro categorial de que falo aqui conclui, a partir da observação do comportamento humano, que não há valores realmente universais, mas apenas representações de valores mais ou menos investigáveis estatisticamente, que coincidem com as preferências dos agentes. Designo esse erro categorial como *economismo*. Ele é especialmente perigoso, pois marca fortemente a nossa realidade socioeconômica cotidiana. Ele reduz valores morais a valores econômicos e tenta reduzir os últimos, por sua vez, por meio da economia comportamental, a modelos de comportamento biológicos do animal humano.

O **economismo** supõe que a economia comportamental é a ciência paradigmática do comportamento para grupos humanos que estão em competição uns com os outros segundo os princípios de mercado. Como se mostrou que a competição segue em parte, no

---

157 RYLE, G. *Der Begriff des Geistes* [O conceito de mente]. Stuttgart, 2015.

reino animal, tanto entre animais não humanos como também entre humanos, princípios morais, supõe-se, ainda, que se pode, por meio da modelação econômica, constatar o que seres humanos devem saber. Esse é exatamente o equívoco.

O economismo deve sua aparência de plausabilidade à circunstância de que ele contamina seu modelo com juízos morais e tenta os vender depois, em retrospecto, como resultados da observação experimental. Na mais recente economia comportamental se aponta para o fato de que seres humanos (e outros seres vivos) se orientam pela justiça e reciprocidade, que há então, portanto, também um *homo cooperativus*. De todo modo, tornou-se claro que o ser humano, em sua realidade social, não se esforça apenas pelo lucro individual a todo o custo. Mas esse pensamento só pode ser expresso quando se dispõe do conceito do pensar e do comportamento morais. Esse conceito não é derivado da observação empírica de seres humanos, mas precede a toda formulação de teorias econômico-comportamentais, não importa o quão refinadas.

Desse modo, juízos de valor morais e verdadeiros precedem as ciências sociais e, assim, também a sociologia e a ciência política[158]. Simplesmente não é verdade (felizmente), que economistas, sociólogos e cientistas políticos julguem de um ponto de vista moralmente neutro e constatem então, em algum momento, de modo fortuito, que está na natureza biológica do ser humano cooperar altruisticamente e julguem, nisso, do mesmo modo que o economista que realiza o experimento.

Intelecções morais não podem, justamente, ser adquiridas apenas pelo levantamento de fatos morais. Não se segue, por exemplo, de qualquer modelo econômico, que uma desigualdade social gigantesca

---

[158] A relação entre sociologia, astúcia social e ética do dia a dia é destrinchada pelo sociólogo cultural Clemens Albrecht por meio de exemplos cotidianos em *Sozioprudenz – Sozial Klug handeln* [Sócioprudência – Agir de modo socialmente astuto]. Frankfurt/Nova York, 2020.

tenha consequências moralmente abjetas, já que aquilo que é moralmente abjeto ou não, não pode ser mensurado economicamente. Por isso, não é evidente, apenas da perspectiva dos cientistas econômicos, que uma gigantesca desigualdade social leva a deficiências morais que, em última instância, por sua vez, arruínam a economia[159], pois como deveria ser benéfico para a continuidade de uma democracia liberal como os Estados Unidos que seja necessário dispor de uma grande riqueza para poder sequer pensar em uma candidatura a presidente? Os Estados Unidos demonstram há muito tempo práticas de plutocracia, ou seja, de um sistema de governo cujo aqueles que lideram do topo são pré-selecionados por meio da riqueza. A distância entre milhões de pessoas pobres nos Estados Unidos, que não conseguem nem mesmo pagar por um seguro de saúde, e esses ricos no comando é tão grande, que o sistema de distribuição de recursos no interior dos Estados Unidos adquiriu dimensões claramente abjetas.

Esse fato moral não pode ser reconhecido apenas com critérios econômicos. Quem possui quanta riqueza, e diferentemente de quem, é uma questão de quantidade. Que essa situação mensurável e em parte explicável economicamente tenha dimensões morais permanece oculta aos economistas e também não desperta interesse neles, que se restringem a estabelecer parâmetros percentuais econômicos, de queda ou aumento da economia. Mas esses percentuais, que decidem, por exemplo, sobre a declaração de uma recessão e sobre valores de bolsas, têm consequências que se fazem moral e psicossocialmente perceptíveis na realidade humana; isso ficou especialmente claro com a crise financeira de 2008.

A forma moderna de sociedade simplesmente não dá mais conta, desde a crise da Covid-19 de 2020, de desprezar aspectos morais – dos

---

159 Uma exceção proeminente e benéfica é PIKETTY, T. *Kapital und Ideologie* [Capital e ideologia]. Munique, 2020, que tenta mostrar que uma desigualdade social grande demais é economicamente prejudicial e moralmente abjeta.

quais também faz parte a ecologia –, pois a promessa econômica de que o crescimento econômico incandescido pelo progresso econômico já levaria, de algum modo, automaticamente (conduzida pela "mão invisível" dos mercados), a melhorar nossas condições de vida, fracassou de vários modos e comprovadamente[160]. Isso porque esse pensamento levou à crise ecológica, que é extremamente mais perigosa que todas as crises que nos são conhecidas até agora.

Sem dúvida, é verdade que o progresso moderno acelerado científico-naturalmente e sua implementação econômica melhoraram as condições de sobrevivência de muitos seres humanos. Mas ele tem incontáveis vítimas em suas mãos, pois, naturalmente, sem esses processos, nunca se teria chegado à corrida armamentista e às batalhas materiais e humanas do último século. Também não esqueçamos que Mao Zedong, com seu "grande salto adiante", levou à morte milhões na China por fome, a fim de industrializar seu país e encontrar a conexão com o Ocidente.

O objetivo dessa indicação crítica de fatos conhecidos não é a recomendação da eliminação da economia de mercado, mas, antes, indicar o fato de que é necessária uma nova ordem da economia social de mercado. A filosofia econômica neoliberal e seu emprego no campo experimental da globalização puramente econômica fracassaram, pois as cadeias de produção globais de hoje exploram de modo inaceitável tanto seres humanos como também seu meio ambiente, e porque nossa infraestrutura relevante para sistemas (como a mobilidade e o sistema de saúde) foi privatizada demais. Se nos lembramos dos tempos antes da Covid-19, então, não podemos esquecer que havia,

---

[160] Bem visto, Adam Smith, que introduziu a fala sobre *invisible hand* na economia nacional, não afirmou, de modo algum, assim, que mecanismos de mercado que são conduzidos pelo egoísmo promovem automaticamente o bem-estar universal. A mão invisível resulta, em sua teoria, do trabalho conjunto de moral, economia e política. Cf. sobre a *mão invisível* em Smith, a título de introdução, ASSLÄNDER. *Smith zur Einführung* [Smith a título de introdução], p. 124-140.

na Alemanha, problemas crescentes de infraestrutura (palavras-chave: *Deutsche Bahn*, tempos de espera inaceitáveis em consultas médicas). A filosofia econômica neoliberal também fracassou em questões econômicas, pois ela desliza, com uma alta velocidade psicossocialmente danosa, de um *crash* para outro, para, então, se recuperar por meio do emprego de somas astronômicas de dinheiro de impostos que ela queimou antes. Isso não pode corresponder seriamente à ideia de uma economia boa, responsável e sustentável.

Em suma: é possível por, no lugar do modelo de cálculo neoliberal, uma nova organização da economia social de mercado orientada pela sustentabilidade, cujo objetivo seja a promoção de uma vida boa e sustentável, sem que isso leve à corrosão do bem-estar[161]. Temos apenas de reconhecer que o bem-estar não consiste em trabalharmos desmedidamente buscando por bens de consumo e, assim, arrisquemos um *Burnout*, com o qual lidamos por meio de um turismo em massa que empesteia o mundo. Esse ciclo, que muitos seres humanos vivenciam há anos como "roda de *hamster*", não é bem-estar, mas sim uma vida moral e psiquicamente ruim. O bem-estar não é o acúmulo sem sentido nem medida de dinheiro e bens – eles produzem, antes, *stress*, que contribui, de fato, há décadas para a sobrecarga de nosso sistema de saúde e já causa, só por causa disso, igualmente danos econômicos. O capitalismo de alta velocidade causa, juntamente com a destruição do meio ambiente que o acompanha, mais danos econômicos do que produz valor. Isso deveria ser razão o bastante para repensar.

---

[161] Para uma visão panorâmica filosófica sobre o estado da pesquisa em relação à felicidade das ciências sociais (incluindo as econômicas), que há muito tempo faz parte das disciplinas consolidadas nas universidades de ponta anglófonas, cf. ALEXANDROVA, A. *A Philosophy for the Science of Well-Being* [Uma filosofia para a ciência do bem-estar]. Oxford, 2017. Cf. tb. NIDA-RÜMELN, J. *Die Optimierungsfalle – Philosophie einer humanen Ökonomie* [Os casos de otimização – Filosofia de uma economia humana]. Munique, 2011.

4.5 O universalismo biológico e a pandemia viral

Como a crise financeira de 2008, também a crise da Covid-19 revela, como dito, um grande número de fraquezas sistemáticas do capitalismo global sem amarras, cuja lógica de mercado e processos de negociação ocorrem fora do campo de alcance direto dos estados democráticos de direito, de modo que muitas grandes multinacionais praticam, desde a Revolução Digital, modelos de negócio que ameaçam direta e indiretamente a continuidade do Estado democrático de direito e, na Alemanha, a economia social de mercado.

Como dito, a palavra "crise" surgiu da expressão do grego antigo *krisis*, que significa, entre outras coisas, "decisão". Crises levam a decisões e revelam, assim, estruturas nas quais elas são tomadas. Desse modo, elas levam a que se tornem visíveis novos tipos de opção de ação que antes nos pareciam impossível ou mesmo não pairavam diante de nossos olhos. Hans Jonas expressa isso certeiramente, quando nota: "Só sabemos *o que* está em jogo quando sabemos *que* ele está em jogo"[162].

A crise da Covid-19 nos torna mais claro do que antes quem nós somos, e abre campos de ação para novos tipos de decisões sobre quem queremos ser. O presente de uma crise é sempre prenhe com um novo futuro.

A crise da Covid-19 nos confronta, então, com a reivindicação de um **universalismo biológico**. Como seres humanos, somos, como um todo, membros de uma espécie da qual o vírus faz uso sem consideração pelas pessoas, a fim de se multiplicar em nossas células. Não podemos resolver os problemas morais que vieram à ordem do dia por meio do Coronavírus sem abrir um novo capítulo do progresso moral.

---

162 JONAS, H. *Das Prinzip Verantwortung* [O princípio responsabilidade], p. 63.

> *A desculpa de que seria impossível para a política democrática tomar e empregar decisões moralmente exigentes, mas ponderadas economicamente, pode contar como refutada por meio da realidade histórica já desde o fim de março de 2020.*

Repentinamente se tornou possível neutralizar a ordem econômica global do neoliberalismo. Emmanuel Macron, que se dedicou até então a consolidar mais estruturas neoliberais na França, passou, em seu discurso na televisão em março de 2020, inconfundivelmente o protocolo de que não se pode entregar tudo aos mercados – especialmente o sistema de saúde. E até mesmo Boris Johnson, certamente impressionado pelo seu próprio adoecimento severo da Covid-19, renegou expressamente o dito de Thatcher de que não haveria sociedade, e comunicou, em uma mensagem de vídeo no fim de março de 2020, em contradição direta e consciente a Thatcher:

> Nós conseguiremos, nós conseguiremos juntos. Penso que algo que a crise da Covid-19 já mostrou é que há, de fato, algo como uma sociedade[163].

Os mercados não podem reproduzir a reivindicação moral de que devemos nos proteger a todo custo contra o novo tipo de vírus, pois no caso do mercado trata-se de *concorrência*, não de *cooperação*. A diferença decisiva entre *concorrência econômica* e *cooperação moral* consiste em que a cooperação moral se dirige a todos e demanda superar toda e qualquer fronteira – seja nacional ou mental – como uma fronteira imaginária entre culturas, gerações e raças. Quem,

---

[163] "We are going to do it, we are going to do it together. One thing I think the coronavirus crisis has already proved is that there really is such a thing as society" [Disponível em www.theguardian.com/politics/2020/mar/29/20000-nhsstaff-return-to-service-johnson-says-from-coronavirus-isolation – Acesso em 22/04/2020].

nessa situação, joga grupos de seres humanos uns contra os outros e, por exemplo, defende a concorrência econômica, comete, diante da humanidade digitalmente conectada, um crime moral. Disso fizeram parte as mentiras políticas de Donald Trump, que jogavam a culpa pelo vírus aos chineses e, assim, gostaria de "nacionalizar" o vírus, assim como os contos de fadas de Xi Jinping de que o vírus teria sua origem nos Estados Unidos e levado para a China. Disso faz parte, porém, também a opinião circulando na Alemanha de que nossos amigos italianos e espanhóis teriam sido afetados com uma mortalidade maior pelo vírus, porque povos latinos seriam mais caóticos e menos organizados do que os alemães. Seria, igualmente, uma superestimação nacionalista acreditar que nós, alemães, teríamos até mesmo o melhor sistema de saúde do mundo, o que leva a um otimismo sem fundamento e nos leva a ter uma falsa segurança. Tudo isso são exemplos de formas de pensamento abjetos e, assim, de estados deploráveis que foram relevados pela crise da Covid-19.

A boa notícia é: em toda crise há chance de um aprimoramento das relações sociais. Neste caso, vê-se, por ocasião das formas de pensamento moralmente abjetas mencionadas, como seria perigoso, agora, praticar uma atitude duradouramente nacionalista. Sem um apoio mundial e recíproco de seres humanos com especialistas médicos, aparelhos de respiração, alimentos, medidas de proteção econômicas etc., estaríamos expostos ao novo tipo de vírus e cavaríamos, mesmo na Alemanha, covas em massa.

Por isso, o filósofo Slavoj Žižek tem razão, quando ele aponta para o fato de que a pandemia da Covid-19 seria o fim de uma era que levou, desde a queda do muro de Berlim, a uma globalização econômica sem amarras.

A nossa era mundial é designada, desde a proposta de Paul J. Crutzen e Eugene Stoermer, como **antropoceno**, como uma era que é marcada primariamente pela força de organização e pela presença do ser humano[164]. Nós, seres humanos, somos, de fato, multiplamente conectados uns com os outros, e não se pode voltar atrás nessa conexão global ao introduzir controle de fronteiras. A Alemanha não pode se tornar repentinamente um sistema autóctone pré-moderno que se sustenta, como uma Cidade-Estado antiga, com seus próprios recursos. O mesmo vale para outros estados europeus. E, mesmo se os Estados Unidos estivessem, em princípio, em condição de se isolarem completamente, eles também têm vizinhos e dependem, para sua dominância econômica, de seu superpoder militar, assim como de seu *softpower* cultural. A grande tarefa da sociedade pós-Covid-19 consiste em superar a contradição da conexão global da humanidade e a organização nacional-estatal, a fim de que estejamos em condições de elaborar valores para o século XXI e concretizar novas formas de cooperação que não estão enredadas na lógica de mercado ou mesmo na lógica de guerra.

4.6 Por uma pandemia metafísica

Sem progresso moral não haveria progresso humano universal. O progresso humano consiste na era nascente de um novo Esclarecimento e uma cooperação de progresso científico, tecnológico e moral com objetivos eticamente defensáveis. O Coronavírus torna simplesmente ainda mais claro o que há muito tempo é o caso: que precisamos de uma nova ideia de um Esclarecimento global.

> *O século XXI se tornará a era da pandemia do novo Esclarecimento como consequência da globalização.*

---

164 CRUTZEN, P.J.; STOERMER, E. The Anthropocene [O Antropoceno]. *IGBP Global Change Newsletter*, 41, 2000, p. 17s.

Aqui, pode-se utilizar uma expressão de Peter Sloterdijks e reinterpretá-la: não precisamos de um comunismo, mas de um **coimunismo**[165]. Temos todos de nos vacinar reciprocamente contra o veneno espiritual que nos divide em culturas nacionais, raças, grupos de faixa etária e classes e nos instiga à concorrência uns contra os outros.

Protegemos, desde o começo da pandemia da Covid-19, em um ato de solidariedade sem precedentes, nossos doentes e idosos. Para tanto, trancamos nossas crianças, fechamos instituições de ensino e, em geral, produzimos um estado de exceção justificado, mas politicamente perigoso. E investimos trilhões de euros, a fim de, a seguir, estimular a economia.

Mas se continuarmos, depois do vírus, a fazer tudo como antes, corremos o risco de crises ainda piores: vírus cuja disseminação não poderemos impedir da próxima vez; guerras econômicas em escalada crescente entre os Estados Unidos e a China com a União Europeia como posto desamparado entre as frontes; a disseminação do racismo e do nacionalismo que luta, entre outras coisas, contra os imigrantes que fogem para nós, porque fornecemos para seus algozes as armas ou o *know-how* para produzi-las. E o que não podemos de modo algum esquecer: a crise climática – muito mais ameaçadora para a humanidade do que qualquer vírus.

A ordem mundial antes do Coronavírus não era *normal*, mas sim *letal*. Isso traz exigências para o nosso plano em termos mundiais. Não poderíamos agora, na perspectiva de que um novo começou, investir bilhões para transformar a nossa mobilidade? Não poderíamos usar a digitalização de modo duradouro, a fim de realizar reuniões sentido online, em vez de viajar de avião pelo mundo? (E também de jatinho particular.) Entendemos, finalmente, que é uma

---

[165] SLOTERDIJK, P. *Du musst dein Leben ändern – Über Anthropotechnik* [Você tem de mudar sua vida – Sobre a antropotécnica]. Frankfurt a. M., 2009, p. 713.

superstição fatal achar que economia, ciência e tecnologia poderiam resolver sozinhas todos os problemas da Modernidade?

Não o progresso científico-natural-tecnológico, mas o seu uso imoral é o problema. Depende de nós todos transformar nosso comportamento e questionar nossas formas de pensamento. Em uma sociedade democrática vota-se sempre e também com os próprios pés: como nos comportamos enquanto indivíduos tem efeitos para a organização do quadro da distribuição política de recursos, e inversamente. Não somos governados por uma panelinha que nos impõe prioridades moralmente ruins, pois não há nenhuma elite separada de nós "lá em cima", sobre a qual o populismo de esquerda como de direita e seus teóricos da conspiração confabulam. Não, todos nós contribuímos, por meio do nosso comportamento, para o estado atual da sociedade. Em uma democracia parlamentar, governos reagem ao estado de debate das opiniões públicas, eles não podem governar por decreto de modo *top-down*. Política e sociedade civil se encontram em um ciclo de influência recíproca.

Dos perigos do século XXI, resulta um apelo a todos os seres humanos, não apenas a europeus: precisamos de um novo Esclarecimento. Todo ser humano tem de ser educado eticamente, a fim de que possamos reconhecer o gigantesco perigo que reside no fato de seguirmos, moralmente cegos, quase exclusivamente as ciências naturais, a técnica e a lógica de mercado neoliberal. A solidariedade atual em tempos de pandemia será, por fim, apenas um curto sobrevoo moral, se não puxarmos essencialmente o freio. Temos de reconhecer que as cadeias de infecção do capitalismo global, que destrói a nossa natureza e embrutece moralmente os cidadãos de estados nacionais, a fim de que possamos ter como profissão principal sermos turistas e consumidores, matará, a longo prazo, mais seres humanos do que todos os vírus juntos. Por que um conhecimento medicinal-virológico desencadeia solidariedade, mas não, porém, a intelecção filosófica de que a única escapatória da globalização suicida é uma ordem mundial para além do acúmulo de estados nacionais que lutam uns com os outros, acúmulo que é conduzido por uma lógica econômica quantitativa e cínica?

A palavra do grego antigo *pandêmios* significa: "que diz respeito a todos os povos, a todos os seres humanos". Depois da pandemia virológica, precisamos de uma **pan-demia metafísica** – uma reunião de todos os povos sob o teto que a todos nos cobre do céu, do qual nunca escaparemos. Estamos e permanecemos na Terra, querendo ou não, e somos e permanecemos mortais e frágeis. Tornemo-nos, então, finalmente, cidadãos da terra em vez de cidadãos de estados, cosmopolitas em vez de consumidores egoístas. Qualquer outra coisa nos exterminará.

4.7 Moral # altruísmo

A aceitação solidária da população de medidas de segurança drásticas, mas moralmente demandadas, na pandemia da Covid-19, é, como dito, um claro caso de progresso moral em tempos obscuros. Isso porque a ética se ocupa, entre outras coisas, com a reflexão moral que reflete sobre o fato de que podemos deixar de lado nossos próprios interesses pelo bem de outros e sobre quando e sob que condições isso é moralmente exigido. Isso é chamado de agir altruísta – em uma palavra: altruísmo.

Mas não podemos, no calor do momento, esquecer que ética e moral não estão limitadas ao fato de deixarmos de lado nossos interesses pelo bem de outros. Em uma sociedade inteiramente altruísta, ninguém teria mais, afinal, interesses próprios. E por que os interesses de outros deveriam automaticamente valer mais do que os nossos próprios?

Como dito, uma intelecção moral fundamental depõe contra isso: todos são o outro (de um outro). Por meio da aplicação desse pensamento simples, mas frequentemente reprimido, a situações de ação, estamos em condição de descobrir fatos morais, pois faz parte da caixa de ferramentas ética também a capacidade, particularmente marcante em seres humanos, de se colocar pelo pensamento na posição de outro, e se deixar conduzir pela representação de como são as coisas para outro, quando se realiza uma determinada ação. Essa capacidade levou à formulação da famosa regra de ouro, que aparece em diferentes contextos culturais e expressa o pensamento de que à pergunta sobre o que se deve fazer ou deixar de fazer é essencial para que se tenha pelo menos um interesse tático e egoísta em não prejudicar outras pessoas. Conhecemos essa regra da sabedoria cotidiana: "Não faça com os outros o que não quer que façam com você". Segundo esse pensamento, não se deve prejudicar outros, pois, então, podemos ser, nós mesmos, o outro.

De fato, se não estivéssemos em condições de ter intelecções de fatos morais complexos, não poderíamos nos colocar espiritualmente no lugar do outro. Muitos deduzem disso que o agir conduzido moralmente é, essencialmente, altruísmo. Do latim *alter* (= "o outro") o **altruísmo** é visto como o agir em benefício de outros, enquanto o **egoísmo** seria o agir pelo próprio benefício. O agir altruísta em benefício dos outros é expressão de nossa capacidade de abstrair de nossos interesses e deixá-los de lado, a fim de ajudar seres humanos e outros seres vivos – mesmo quando nos colocamos, assim, em perigo. Com base nisso, meu colega de Bonn, Christoph Horn, propôs uma "definição provisória de moral"[166], à qual se pode aderir em larga medida:

---

166 HORN, C. *Einführung in die Moralphilosophie* [Introdução à filosofia moral]. Friburgo/Munique, 2018, p. 24.

> Por moral deve-se entender um sistema de exigências normativas a um(a) agente; exigências que lhe estipulam deixar de lado ou abandonar sua *própria* perspectiva de vantagens, sob certas circunstâncias, em favor da busca de benefícios ou interesses *alheios*. Moral significa a exigência mais ou menos abrangente, que intervém de maneira mais ou menos perceptível na situação de nossos próprios interesses, pela autolimitação temporária, cujos fundamentos estariam no bem-estar de outras pessoas[167].

Essa definição provisória cobre muitos casos do agir moral. Se, por exemplo, um salva-vidas pula em um rio gélido a fim de salvar outra pessoa que não sabe nadar tão bem, ele deixa de lado seus próprios interesses – de não congelar, de não se colocar em perigo – pelo bem de outro.

Todavia, disso não se segue que moral e altruísmo sejam idênticos. Isso porque seria falacioso acreditar que apenas agimos moralmente quando deixamos de lado nossos próprios interesses pelo bem de outros; isso ignora que nossos próprios interesses são tão moralmente relevantes quanto os de outros. Isso porque nós mesmos somos, justamente, os outros! Solidariedade não pode significar que nos sacrificamos sempre pelos outros, se eles, igualmente, não se sacrificam.

Por isso, dito de passagem, a solidariedade europeia na crise da Covid-19 não significa automaticamente que estados mais ricos e menos afetados pelo vírus na Europa devam a outros pagamentos compensatórios. O que devemos, antes, uns aos outros, é o apoio recíproco. Enquanto isso não acontecer, o clamor por solidariedade e altruísmo é apenas aparentemente fundado moralmente e, portanto, uma hipocrisia.

---

167 Ibid., p. 24s.

A intelecção de que todos são o outro de um outro, de modo que se tem também disposições morais em relação a si mesmo – pois meu si (*Selbst*) futuro, comparado com o meu atual, é inteiramente outro –, corresponde à "ideia de razões morais" que Horn expressa da seguinte maneira: "razões moralmente aceitáveis têm de ser neutras em relação ao agente (*akteursneutral*), isto é, importantes na mesma medida para todos afetados pela ação"[168]. Quem realiza considerações morais a fim de encontrar a opção de ação moralmente correta e, assim, fazer o certo, tem de incluir a sua própria posição *com o mesmo direito* nessa consideração. Já que todos são o outro (de um outro), nenhum outro determinado tem uma prerrogativa moral. Disso se segue que a moral não é fundamentável recorrendo apenas ao altruísmo.

> *A verdadeira reflexão moral e, assim, a ética como disciplina, se movimentam além do egoísmo e do altruísmo; ambos não são categorias morais.*

Esse ponto importante resulta do universalismo moral: o que devemos fazer ou deixar de fazer diz respeito sempre – pelo menos – a todos os seres humanos afetados direta e indiretamente, mas de modo conhecível[169]. Temos obrigações morais em relação a nós

---

[168] Ibid., p. 18.

[169] Outros seres vivos e a natureza inanimada devem frequentemente ser igualmente incluídos em nossas considerações, mesmo que por outras razões. Essas razões são discutidas na ética animal ou na ética do meio ambiente. Eu não compartilho a opinião defendida proeminentemente por Peter Singer de que temos disposições morais em relação a outros seres vivos pelas mesmas razões que temos a seres humanos. Não é verdade que a prioridade de seres humanos é um "especismo" abjeto, como ele o chama, que deveria ser comparado com o racismo. Uma diferença fundamental é, a saber, que não há raças, mas há, certamente, espécies. As consequências absurdas da posição radical de Singer já foram criticadas de muitas maneiras, sobretudo porque ele é a favor da eutanásia de recém-nascidos e peque-

mesmos, porque cada um de nós tem de ser considerado em situações de ação. Caso contrário, a moral exigiria que todos nós sempre nos sacrificássemos pelos outros, o que levaria ao resultado absurdo de que não haveria mais ninguém que pudesse se dedicar aos outros, como a filósofa moral americana Susan R. Wolf mostrou em um artigo influente sobre "santos morais"[170].

A identificação de moral e altruísmo é aceita de bom grado, pois ela supostamente tem a vantagem de poder explicar a origem da moral evolutivamente. Isso porque o comportamento altruísta também está disseminado no reino animal para além do humano, e se poderia pensar que haveria vantagens de sobrevivência para uma espécie, se alguns de seus membros se sacrificassem por outros.

Todavia, já vimos (cf. p. 138ss.) que do fato de que alguns animais (seres humanos incluídos) fazem qualquer coisa regularmente não surge nenhuma razão moral para continuar a fazê-lo. Muito do que faz parte da vida cotidiana agradável e confortável de nossa espécie é moralmente abjeto; por exemplo, a brutal criação industrial de animais e o turismo de massa que destrói o meio ambiente. A natureza não é a nossa mestra moral: não somos enxames de gafanhotos ou abelhas cujo modo de comportamento é conduzido por institutos sociais que podem ser inteiramente explicados biologicamente. Na melhor das hipóteses, nosso modelo de estímulo-reação evolutivamente explicável favorece a reflexão moral, mas não pode substituí-lo.

---

nas crianças com deficiências sérias e prioriza moralmente animais saudáveis, por exemplo chimpanzés, em relação a pessoas com deficiências sérias em geral. Isso se segue apenas quando se aceita sua equiparação equivocada de racismo e especismo, com o que, todavia, ele se equivoca, de modo que somos justificados em recusar as consequências que ele extrai. Disso não se segue, de modo algum, que não tenhamos nenhuma obrigação moral em relação a outros seres vivos.

170 WOLF, S. Moral Saints [Santos morais]. *The Journal of Philosophy*, 79/8, 1982, p. 419-439.

> *Razões morais não são fundamentáveis pelo fato de que introduzimos uma explicação evolutiva de seu surgimento.*

É digno de nota que ninguém menos do que Charles Darwin tenha feito esse ponto valer. Darwin distingue, em seu escrito *A origem do ser humano*, consequentemente entre instintos sociais, que podem ser observados e explicados por uma interpretação evolutiva, e comportamento moral. Segundo sua concepção, apenas o ser humano é um ser vivo moralmente capaz, o que ele vê fundamentado no fato de que temos habilidades intelectuais que não se desenvolveram nessa forma em outros seres vivos.

> Chamamos de moral uma criatura que está em condições de comparar suas ações ou motivos passados e futuros e aprová-los ou rejeitá-los. Não temos nenhuma prova em favor da suposição de que algum outro animal tem essa capacidade. Por isso, não chamamos de moral as ações de um terra-nova que tira uma criança da água, ou de um macaco que se expõe ao perigo pelos seus familiares ou que leva um macaco órfão para o abrigo de crianças. Mas entre seres humanos, unicamente os quais devem ser designados com determinidade como seres morais, se chama de moral um certo tipo de ação quer ela seja realizada com ponderação, depois de uma luta entre motivações conflitantes, ou impulsiva, ou como efeitos de um hábito gradualmente adquirido[171].

Eu não trago isso porque eu esteja de acordo com Darwin. O livro no qual ele desenvolve essa tese contém muitos erros cientí-

---

171 DARWIN, C. *Die Abstammung des Menschen* [A origem do ser humano]. Stuttgart, 1982, p. 140.

fico-naturais e falácias morais, do que também fazem parte gigantes preconceitos racistas que Darwin toma do relato de outros, em vez de verificar, livre de preconceitos, como os supostos "selvagens" pensam e agem. Darwin não considera apenas os "animais inferiores" imorais, ou seja, de fato moralmente organizados, mas incapazes de intelecção moral, mas também os "selvagens" (*savages*). Ele se baseia, para tanto, nos relatos etnológicos de seu tempo, que transbordam, como um todo, de preconceitos abjetos e tentativas de justificação do genocídio dos povos originários, que Darwin também considerava como parentes moralmente desprivilegiados[172]. As descrições supostamente neutras de Darwin do comportamento de seres humano que lhe pareciam culturalmente estranhos expressam superestimações e distorções de si múltiplas e, em parte, fatalmente nacionalistas, que ele mesmo justificou por meio de uma doutrina racista biologicamente fundamentada. Os escritos de Darwin não são, dito amenamente, uma fonte apropriada de intelecção moral.

Não quero, aqui, desacreditar a teoria da evolução. Ela está, atualmente, obviamente, muito mais avançada cientificamente do que no tempo de Darwin, e nos fornece a melhor explicação conhecida para o surgimento das espécies, assim como para o desenvolvimento de formas orgânicas. Mas a teoria de evolução não explica, justamente, nem mesmo parcialmente, o todo da forma de

---

[172] Cf., p. ex., ibid., p. 149: "Muitos selvagens permanecem extremamente indiferentes diante do sofrimento de um estranho, sim, até mesmo se alegram com ele. É inteiramente conhecido que as mulheres e meninas indígenas ajudavam a torturar os inimigos presos. Para alguns selvagens, o sofrimento de animais é a diversão suprema, e a humanidade é uma virtude desconhecida para eles. Apesar disso, também se encontram sentimentos de desejar o bem, especialmente em casos de adoecimento entre membros do mesmo clã, e, às vezes, esses sentimentos se estendem também para além dessas fronteiras. O conto tocante de Mungo Park sobre a afabilidade de uma negra do interior da África em relação a ele é bem conhecido. Muitos exemplos de fidelidade nobre dos selvagens entre si poderiam ser mencionados; nunca, porém, ela também diz respeito a estranhos. Uma experiência universal é justificada pelo princípio do espanhol: 'Nunca, nunca confie em um índio!'"

vida humana. Ela não oferece, na sua forma amadurecida científico-naturalmente e que continua a se desenvolver continuamente, uma explicação, ou mesmo justificação, do agir moral. É um erro categorial pensar que a reflexão moral se deixaria derivar de modo inteiramente biológico.

De fato, a reflexão moral se desenvolve, evidentemente, na natureza, pois somos, como seres vivos, parte da natureza. Na medida em que a natureza é objeto das ciências naturais, elas, naturalmente, têm algo a dizer sobre a pergunta de como a reflexão moral se encaixa na natureza. Todavia, só se pode abordar essa pergunta de maneira dotada de sentido se reconhecemos os fenômenos morais em sua própria realidade, em vez de confundi-los com fenômenos biológicos de coordenação social, com os quais eles não devem ser identificados. Esse é um erro filosófico que não pode ser compensado por nenhuma pesquisa científico-natural.

Não importa quantos traços do moral possamos encontrar em outros seres vivos, seria tolo esquecer que os sistemas morais que teóricos humanos (filósofos como Platão, Aristóteles ou Kant no passado, e Arendt, Nussbaum, Wolf e muitas outras filósofas e filósofos do presente) desenvolveram tem uma forma inteiramente diferente do que seus estágios prévios de cooperação social em outros seres vivos. Nenhum outro ser vivo redige livros sobre ética nos quais se justifica o pensamento de que outros seres vivos merecem respeito moral, pois todos nós podemos nos colocar na posição do outro. Nenhum outro ser vivo conhecido até então dispõe de reflexão sistemática e cientificamente coordenada, no que a ética se inclui. O surgimento da ética filosófica não se deixa explicar e descrever evolutivamente. A pressão seletiva que subjaz à história da filosofia não é de natureza biológica. Se consideramos o que Platão ou Aristóteles, Hannah Arendt ou Martha Nussbaum ou Christopher Horn etc. consideram moralmente fundamentável como sendo, também para nós, moralmente fundamentável, resulta não de um código genético, mas é objeto de pesquisa filosófica.

Que a teoria da evolução explique, de modo bem-sucedido, como formas orgânicas e, assim, espécies surgem e deixam de existir, não ocorre porque a teoria da evolução se impôs evolutivamente, mas, justamente, porque ela contém predominantemente verdades, ou seja, fatos, que são independentes da teoria evolutiva. Por isso, não adianta sugerir que os erros morais de Darwin surgiram, justamente, dos preconceitos de seu tempo, mas que hoje, por causa dos progressos biomoleculares das últimas décadas, poderíamos usar a teoria da evolução para fazer melhores considerações morais, como propõe Richard Dawkins, que, como muitos outros, tenta descrever fenômenos morais na linguagem da biologia molecular (sobretudo da genética). Isso porque, se nos baseamos, aí, em nossas próprias convicções morais não examinadas filosófico-eticamente, e tentamos, então, explicá-las pela evolução, cometemos o mesmo erro que Darwin, de modo que se pode objetar a nós, justificadamente, sermos vítimas dos preconceitos de nosso tempo.

Com isso não se quer dizer que fatos biológicos não têm nenhum efeito sobre nossos juízos morais. Pelo contrário.

> *Uma das principais tese deste livro é a de que temos de tomar conhecimento de fatos não morais a fim de levar em conta, na reflexão moral, a complexidade de nossas opções de ação. Por isso, o sistema de juízos moralmente corretos, ou seja, a ética ideal, nunca está concluída, pois sempre haverá novas descobertas e desafios.*

Em geral, o progresso científico-natural-tecnológico pode beneficiar o progresso moral; não o faz, porém, necessariamente. A biologia evolutiva contribuiu, nos séculos XIX e XX, para a disseminação de um racismo biológico. Ela está no fundamento da eugenia e de muitos de seus desdobramentos, no que se inclui a esterilização de mulheres por causa de um QI inferior iniciada pelo primo de Darwin, Sir Francis Galton, e a eugenia nazista, que levou ao assassinato de seres humanos que foram classificados como "vidas sem valor". Muitos usaram (e usam ainda hoje) os conhecimentos da teoria evolutiva a fim de desumanizar seres humanos e inseri-los sem dificuldades no reino animal.

O ser humano é um animal, isso quase ninguém contestou alguma vez, e já era há muito conhecido pela teoria evolutiva. A ética antiga, por exemplo, em Platão e Aristóteles, trata da pergunta sobre que tipo de animal o ser humano é, e não sobre se ele é, de algum modo, um animal. O ser humano não é, porém, idêntico a nenhum outro animal, mas, especificamente, o "animal que não quer ser um"[173], como o expressei em outro lugar.

> *Ultrapassamos nossas condições de sobrevivência animal há milhares de anos por meio de realizações espirituais e culturais que nos tornaram seres vivos históricos.*

A comparação com outros animais não pode levar a nos enganarmos sobre o fato de que a forma de vida humana, espiritual e livre vai, por princípio, além de todas as realizações intelectuais em todas as outras espécies animais conhecidas por nós. Nenhum outro animal faz ciência, escreve romances e óperas, debate sobre a digitalização ser desejável ou não e pesquisa outros animais com métodos biológicos – para mencionar apenas algumas das incontáveis características distintivas do ser humano.

---

173 GABRIEL, M. *Der Sinn des Denkens* [O sentido do pensar], p. 17.

> *Não há uma única característica que distingue o ser humano de outros animais, mas sim muitas.*

Seja lá quando for que seres humanos desumanizem outros seres humanos ou grupos de seres humanos, isso tem, mais cedo ou mais tarde, efeito nas relações morais e, assim, também nas relações sociais. Se a intelecção moral dos dominantes é deficiente, eles podem facilmente – como os senhores coloniais britânicos fizeram nos Estados Unidos, Índia e África, mas também, certamente, como fizeram os senhores coloniais, de modo algum moralmente melhores, alemães, portugueses, espanhóis e holandeses – se basear em interpretações desumanizantes de fatos científicos, a fim de legitimar sistemas morais abjetos com falsas razões (*Scheingründen*).

4.8 O ser humano – Quem somos e quem queremos ser

O ser humano é o ponto de partida da ética. A disciplina da autoinvestigação do ser humano se chama **antropologia** (do grego antigo *anthrôpos* = "ser humano"). A ética é fundamentada na antropologia.

Isso não significa que a ética é **antropocêntrica**, ou seja, direcionada apenas ao ser humano. Isso seria um erro, pois temos obrigações morais em relação a outros seres vivos, assim como ao meio ambiente inanimado, sim, até mesmo em relação àqueles que ainda não existem (como, p. ex., gerações futuras). A ética é, porém, **antropogênica**: ela surge da autoinvestigação do ser humano e supera, como subdisciplina racional e científica da filosofia, formas prévias da reflexão moral que teriam se desenvolvido em outros seres vivos e em algumas hordas originárias dos primeiros seres humanos, que tinham de cuidar, principalmente, de seus descendentes e de seus familiares próximos. Esse último cuidado é, de fato, ainda uma parte central da ética, mas uma tal ética do mais próximo não corresponde mais, há décadas, ao estado de arte da pesquisa em ética, que já se ocupa há muito tempo com os riscos da técnica e da ciência, com o meio ambiente e com as nossas obrigações em relação a outros animais. Uma ética do mais próximo, tal como a das hordas originárias, não satisfaz nem mesmo a condição de levar em conta as altas religiões, que, já há milhares de anos, consideram que temos obrigações em relação a uma ordem divina superior, de modo que o nível moral da humanidade já estava, há milhares de anos, muito além da falsa redução da moral ao altruísmo evolutivamente explicável.

Até onde sabemos, o ser humano é o único ser vivo que se ocupa sistemática e racionalmente com a pergunta sobre o que ou, melhor dizendo, quem somos e sobre quem queremos ser. Naturalmente, isso não vale para todos os membros da espécie *Homo sapiens*. Alguns de nossa espécie, por diversas razões, nunca chegaram ou chegaram apenas parcialmente a essa condição, pois nem todos os seres humanos desenvolvem (*ausbilden*) a capacidade de refletir sobre si mesmos.

Do fato de que o ser humano é o ponto de partida da ética não se segue que possamos nos comportar de modo moralmente abjeto em relação a outras espécies. Muito pelo contrário: porque podemos compreender que não é certo moralmente torturar animais não humanos e destruir seu habitat, e que é até mesmo moralmente exigido fazer o bem para animais não humanos, somos obrigados a ações morais em relação a outras espécies. Nossa reflexão sistemática e moral, ou seja, a ética, vai além de nossa espécie.

O que, por sua vez, não significa – como pensa Peter Singer – que, por razões morais, sejamos até mesmo obrigados a deixar os interesses de nossa espécie abaixo dos de outras espécies. Isso seria uma política identitária equivocada e biologicamente ancorada, que seguiria o modelo de compensar outros seres vivos que sofreram ou sofrem por nossa causa ao causarmos sofrimento, agora, para nós mesmos.

O ponto de partida de Singer é um retrato do ser humano, sim, toda uma metafísica questionável como um todo, e, de todo modo, não demonstrada por ele. Ele supõe, como muitos outros, que já saberíamos, no essencial, tudo sobre o universo, o ser humano, a vida e nosso planeta, e teríamos reconhecido que o ser humano é apenas um amontoado de células – mesmo que complexo – entre tantos outros. Sob essa ótica não haveria mais, então, nenhuma diferença entre seres humanos recém-nascidos e uma cobra, de modo que se poderia, como Singer, até mesmo aceitar que crianças humanas com deficiências severas, cuja vida consistiria apenas em sofrimento, poderiam ser mortas em benefício do bem-estar de uma cobra saudável, caso se tivesse que escolher entre uma e outra[174]. Singer se engana aqui, pois ele não classifica corretamente os fatos não morais sobre os seres humanos e comete o erro de nos inserir sem cerimônias no reino dos animais, sem considerar que há uma razão para que seres humanos sejam capazes de moralidade superior, mas outros seres vivos não sejam. Nisso se fundamenta a santidade – disputada por Singer – da vida humana, não no fato de que vejamos a sobrevivência puramente biológica do animal humano como sagrada.

De todo modo, simplesmente não é verdade, como, por exemplo, pensa o biólogo evolucionista Richard Dawkins, que a biologia evolutiva teria provado que o sentido de nossa vida individual não consiste em mais nada senão na disseminação de nossos genes por meio da reprodução[175]. As afirmações de Dawkins sobre genes,

---

174 SINGER, P. *Praktische Ethik*, p. 274-279. Singer pensa, aí, que "nossa proteção atual de crianças de peito" seria "expressão de uma postura cristã claramente definida e não, p. ex., de um valor moral universal" (p. 277), embora ele não mencione nenhuma fonte ou alguma outra evidência para essa afirmação abstrusa.
175 DAWKINS, R. *Das egoistische Gen* [O gene egoísta].

Deus e moral se baseiam, assim como as de Darwin, em interpretações filosóficas falaciosas de conhecimentos biológicos; não, porém, nos próprios conhecimentos biológicos.

> *É urgentemente necessário unirmos as forças e conhecimentos das diferentes disciplinas das ciências naturais, tecnológicas, do espírito e sociais e nos concentrarmos na pergunta decisiva sobre quem somos como seres humanos e quem queremos ser.*

Por isso, não exijo, de modo algum, que nós, no sentido de um novo Esclarecimento, isolemos a ética filosófica de outras ciências ou mesmo devamos nos emaranhar em um conflito das faculdades. Antes, o novo Esclarecimento se baseia em uma cooperação radical e transdisciplinar com o objetivo de constatar o que sabemos hoje sobre o ser humano e com que consequências isso está ligado.

Nenhum ser humano isolado e nenhuma disciplina isolada pode conseguir isso. Antes, isso tem de ocorrer em fóruns de reflexão que disponham, para tanto, das estruturas de pesquisa apropriadas. Universidades podem ser isso, na medida em que elas estiverem orientadas a pôr, no topo de sua estrutura de objetivos, promover a sustentabilidade de uma vida boa e bem-sucedida para os seres humanos e para outros seres humanos.

Para tanto, porém, temos de abandonar a ideia de que universidades, como torres de marfim socialmente isoladas, persigam exclusivamente interesses de pesquisa arbitrários, sem nenhuma finalidade social. Isso contradiz tanto o cotidiano de pesquisa de muitas disciplinas como a ideia original, provinda do Esclarecimento, da universidade, ideia que está ligada com o famoso nome de Wilhelm von Humboldt, que se vincula com os idealistas alemães Fichte,

Schelling e Hegel – que, como um todo, atuaram também como reitores de universidades e redigiram escritos sobre o sentido delas.

A liberdade da ciência não significa que as ciências não devem perseguir objetivos socialmente significativos e se interessarem por aquilo que nos leva adiante como seres humanos. Uma fixação moderna de objetivos para universidades é um dos grandes desafios do século XXI, que não podemos superar se não reunirmos os conhecimentos de diferentes disciplinas. Nesse âmbito do situar a si mesmo antropologicamente, não podemos mais cometer nenhum erro. Se, também no futuro, encadearmos um retrato falso da humanidade atrás do outro (como a representação de que o espírito seria idêntico com processos neuronais; o *homo oeconomicus*; a contestação da vontade livre; o pensamento de que a sociedade poderia ser decifrada na linguagem da psicologia evolutiva, ou de que nosso pensar seria um processo de cálculo) e orientarmos nossa economia, nossa política e nossa sociedade civil por esses erros, deslizaremos em catástrofes que ainda não podemos prever, e em relação às quais o Coronavírus terá sido, de fato, apenas um espirro. O nosso tempo de crise é, portanto, a hora da universidade em um sentido exigente e com conteúdo filosófico, sentido que esquecemos desde que começamos a transformar gradativamente as instituições de ensino superior segundo o modelo neoliberal, disseminado sobretudo na Inglaterra e nos Estados Unidos, em institutos técnicos – um processo devastador, que levou ao retrocesso moral.

> *Erros sobre a essência do ser humano tiveram efeitos*
> *gigantescos em nossa faculdade de juízo moral. Se*
> *consideramos o ser humano, equivocadamente, como um*
> *amontoado complexo de células que pode ser inteiramente*
> *explicado, previsto e, assim, também controlado segundo*

a linguagem da teoria evolutiva, perdemos desse modo, automaticamente, o acesso à intelecção moral.

Os princípios que subjazem à auto-organização de formas de vida não explicam o que devemos fazer ou deixar de fazer por razões morais. Certamente, é verdade que o surgimento de espécies em nosso planeta, que podemos explicar, hoje, por meio da biologia evolutiva, beneficiou o desenvolvimento da faculdade de juízo moral no ser humano e em outros seres vivos. Darwin tinha razão quando supôs que as intelecções morais dependem essencialmente do fato de que somos seres vivos sociais que cooperam uns com os outros pelo bem da continuidade de indivíduos de nossa espécie: coordenamos nossas ações para fins que estão além de nosso benefício egocêntrico direto. Isso pode ser verificado em muitos outros seres vivos, como Darwin, que, em suas viagens, observou cuidadosamente o comportamento das mais diversas formas de vida. Junto a seres humanos, outros hominídeos, cães, aves, golfinhos, abelhas etc. se organizam de tal modo, que a sua cooperação segue princípios protomorais. Em muitos seres vivos se verificou, por exemplo, um detector de justiça, ou seja, reações de comportamento que permitem inferir que uma distribuição justa de recursos é mais importante do que a vantagem egoísta.

Seria, todavia, um engano deduzir daí que as nossas intelecções morais poderiam ser reconstruídas como mera continuação de instintos sociais em âmbitos linguísticos e culturais. Muitas das nossas intelecções morais vão muito além do pensamento voltado à família e ao clã. Em particular, a nossa intelecção moral não está vinculada à assim chamada **razão instrumental**, ou seja, a uma consideração tática e estratégica para o aprimoramento de nossa sobrevivência coordenada. A intelecção moral não é um mecanismo de condução de "máquinas de fuga e alimentação" biologicamente explicável, para usar uma expressão de meu colega de Bonn, Wolfram Hogrebe[176].

Não fazem parte de modo algum, dos fatos não morais antropológicos, apenas as propriedades mensuráveis biológico-humanamente ou de algum outro modo fisicamente mensuráveis do ser humano. Isso porque, como ser vivo espiritual, o ser humano tem história. Como nos compreendemos como seres humanos e nos concebemos como parte da realidade é objeto de investigações científico-espirituais. Arte, religião, a pluralidade de nossas línguas e mundos de vida – tudo isso se diferencia de uma maneira complexa e impossível de abarcar inteiramente. A realidade do espírito traz uma contribuição no mínimo tão grande para a autodeterminação do ser humano quanto a pesquisa científico-natural de nossas condições de sobrevivência e de sua otimização tecnológica.

Disso faz parte em particular o fato de que nós, como seres vivos espirituais, justamente, não nos reduzimos à natureza no sentido das ciências naturais atuais. Diante desse pano de fundo, distingo entre o universo e a natureza. O **universo** é aquilo que pode ser pesquisado, hoje, com os métodos das atuais ciências naturais. Ele está, desse modo, limitado ao mensurável. O que não pode ser constatado por meio da mensuração experimental não pode cair no âmbito das atuais ciências naturais. Isso não é, a princípio, uma fraqueza, mas uma força, porque, por meio dessa autolimitação metodológica, o progresso no conhecimento se torna possível.

A **natureza** vai além do universo. Ela é aquilo que tentamos conhecer por meio de mensuração, mas que, por causa de sua complexidade, é sempre mais do que aquilo que pensamos conhecer agora. A natureza, por princípio, não se deixa conhecer e controlar inteiramente pelas ciências naturais. Não sabemos o quanto ela vai além daquilo que sabemos. Por isso, podemos concordar, aqui, novamen-

---

176 Comunicação oral.

te com Hans Jonas, que recomendou permanecermos abertos "para o pensamento" de que "as ciências naturais não enunciam toda a verdade sobre a natureza"[177]. Pode-se supor que esse pensamento estaria por trás dos primeiros enunciados sobre a natureza, que vieram de Heráclito de Éfeso, um dos primeiros filósofos naturais, que se presume ter vivido nos séculos VI e V antes de Cristo no território da atual Turquia. O enunciado diz: "A natureza [...] cuida de se manter oculta" (φύσις κρύπτεσθαι φιλεῖ.)[178].

Seja lá qual filosofia natural tiver razão por fim, o ser humano está, como ser vivo espiritual, para além da natureza. Isso já se segue das reivindicações morais. Isso porque elas não são fatos naturais: por princípios, elas não podem estar além de nosso conhecimento. Além disso, as ciências naturais não são apropriadas para constatar fatos morais, por meio de processos de mensuração e da formulação de teorias matemáticas. Isso não significa, de modo algum, que não haja fatos morais, mas apenas que há muito que não pode ser conhecido e controlado tecnologicamente por meio das ciências naturais.

Aqui, alguns poderiam objetar que somos parte da natureza e seria impossível que houvesse algo que se encontra fora do universo e que, todavia, influi em nosso universo. Mas essa opinião, que é conhecida filosoficamente como **suposição do fechamento causal**, é contestada por físicos renomados, que, inversamente, consideram verdadeiro que realidades abstratas, que não podem ser mensuradas fisicamente (como estruturas matemáticas, mas também valores morais), têm de ser essencialmente consideradas, se quisermos descrever e explicar corretamente as relações mensuráveis do universo. Um dos pioneiros dos computadores quânticos, o físico de Oxford, David Deutsch, mostrou, por exemplo, que nossa faculdade

---

[177] JONAS, H. *Das Prinzip Verantwortung* [O princípio responsabilidade], p. 30.
[178] MANSFELD, J. (ed.). *Die Vorsokratiker – Griechisch/Deutsch* [Os pré-socráticos – Grego/Alemão]. Stuttgart, 1987, p. 252s.

de conhecimento vai muito além do mensurável e nos coloca em contato espiritual com o infinito, que, de acordo com sua essência, não é mensurável por meio de experimentos, mas é apreensível por meio da formulação de estruturas matemáticas abstratas[179]. Com argumentos inteiramente diferentes e em parte físicos, o cosmólogo e matemático sul-africano George Francis Rayner Ellis, com o qual coopero há alguns anos, demonstrou que a nossa vida espiritual tem influência causal sobre o universo, que, justamente, não é um espaço causalmente fechado, no qual partículas elementares simplesmente colidem umas com as outras segundo leis naturais[180].

Isso funciona porque a causalidade – ou seja, relação entre causas e efeitos – não consiste em que sistemas material-energéticos colidam com outros sistemas material-energéticos. Meu desejo de, no verão, adquirir uma bebida gelada a fim de saciar minha sede não é apenas um impulso neuronal, mas depende também do fato de que eu sei onde há bebidas, de que formo a intenção de providenciar uma bebida para mim, do meu gosto, da existência de cadeias de produção para bebidas etc. Essa constelação de fatores é uma contribuição decisiva para uma explicação bem-sucedida de ações: o que o ser humano faz não pode ser explicado inteiramente de modo físico[181].

É indispensável levar em conta a autoinvestigação científico--espiritual do ser humano, a antropologia, se queremos descobrir quem somos e quem queremos ser. Já que, da nossa constituição

---

[179] DEUTSCH, D. *The Beginning of Infinity – Explanations that Transform the World* [O começo da infinitude – Explicações que transformam o mundo]. Londres, 2012. • GABRIEL, M. *Der Sinn des Denkens* [O sentido do pensar], p. 46-50.

[180] ELLIS, G. *How Can Physics Underlie the Mind? – Top-Down Causation in the Human Context* [Como a física pode subjazer à mente? – Causação *top-down* no contexto humano]. Berlim/Heidelberg, 2016. Cf. tb. uma argumentação disposta semelhantemente pela filósofa da ciência, Jennan T. Ismael: *How Physics Makes us Free* [Como a física nos faz livres]. Oxford, 2016.

[181] Cf. a teoria da vontade livre em GABRIEL, M. *Ich ist nicht Gehirn* [Eu não sou meu cérebro], p. 263-327. De modo semelhante argumenta, mais recentemente LIST, C. *Why Free Will Is Real* [Por que a vontade livre é real]. Cambridge, MA, 2019.

historicamente situada, resultam fatos morais que dizem respeito a nossas opções de ação, faz parte do progresso moral que levemos em conta esses fatos. Isso porque cada situação de ação concreta que é moralmente significativa consiste da ordenação complexa de fatos não morais e obviedades morais: se determinamos a relação correta na qual o não moral e o moral se encontram em uma dada situação real, estamos em condição de apreender o moralmente correto da forma mais precisa possível.

4.9 Ética para todos

Filosofia significa: amor à sabedoria. **Sabedoria** (*sophia*) é a capacidade falível de encontrar, em situações de ação complexas, o critério correto. No contexto da filosofia moral, esboçada neste livro, do realismo moral, isso significa que a sabedoria consiste em colocar os fatos não morais na relação correta com as obviedades morais conhecidas até então. Se isso acontece, descobrimos fatos morais até então parcialmente ocultos e alcançamos, assim, o progresso moral.

Relação e critério eram chamados pelos gregos antigos de *logos*, uma palavra que corresponde à nossa expressão "razão" (*Vernunft*). Daí se deriva a **lógica**: a disciplina fundamental da filosofia que se ocupa de modo racional, sistemático e, assim, científico, com a reflexão sobre a reflexão. Filosofia-Ética-Lógica é uma combinação de formas de pensamento de que é preciso fazer uso a fim de alcançar o progresso moral. Isso porque, como visto, ele consiste em descobrirmos e conhecermos fatos morais que estavam ocultos por causa da complexidade de nossa situação de ação ou intencionalmente, por causa de propaganda, manipulação e outras ilusões.

Como os antigos gregos já sabiam, não se pode ter ética sem aquilo que eles chamavam de física. Com isso, deve-se entender a pesquisa sistemática da natureza (*physis*), em vista da posição do ser humano no cosmos, a partir da qual se desenvolveram, por caminhos próprios, as atuais ciências naturais, tecnológicas e da vida.

O amor à sabedoria e, assim, também a sabedoria, pode ser exercitado do mesmo modo que a lógica e a ética como uma reflexão disciplinada e racional sobre aquilo que devemos fazer ou deixar de fazer – e, de fato, independentemente de nossa origem. A ética se ocupa com a **moralidade superior**, ou seja, a princípio, com aquilo que devemos a seres humanos como tais e com aquilo que devemos fazer ou deixar de fazer em vista do fato de que somos todos seres humanos. Nisso, ela leva em consideração outros seres vivos, assim como nosso habitat compartilhado. Temos obrigações morais com outros seres vivos, assim como com nosso planeta (o meio ambiente), gostemos disso ou não. Se violamos essas obrigações morais, isso tem, a longo prazo, consequências negativas, que serão perceptíveis primeiramente para alguns seres humanos e seres vivos e, em algum momento, para todos.

Esse fato se esconde por trás do pensamento mítico e religioso de um **destino moral**: frequentemente temos a impressão de que nossos atos moralmente abjetos são punidos não apenas por outros seres humanos, mas também pelo universo, ou pela natureza, ou Deus, ou deuses. Essa impressão não engana inteiramente: de fato, não há nenhum mecanismo oculto (divino ou não divino) que, depois de algum cálculo, nos recompense por bons feitos e nos puna pelos ruins. Mas faz parte da essência do agir moralmente abjeto que ele atue destrutivamente.

Pode-se mostrar isso por meio de um raciocínio filosófico. Uma ação transforma o estado da realidade em relação ao objetivo que o agente estabeleceu de modo mais ou menos consciente e mais ou menos intencional. A ação de comprar pão pressupõe que alguém tem a intenção de comprar pão e que um outro tem a intenção de produzi-

-los. Por sua vez, alguns compram os campos nos quais cresce o trigo que é preciso para a massa do pão. Desse modo, existe um sistema complexo de ação sem o qual não poderíamos comprar pão. Esse sistema de ação abrange muitas intenções e planos que estão coordenados uns com os outros. Essas coordenadas surgiram em parte, há milhares de anos, e são transmitidas de geração para geração.

Se, agora, transformamos, por meio de nossas ações, de um modo abjeto a realidade existente, isso significa que causamos danos a nós mesmos ou a outros. Isso porque intervimos no sistema de coordenação das ações humanas, que assim se torna instável, de modo que não podemos tratar alguns elementos como deveríamos fazê-lo.

Um exemplo concreto é a remuneração em parte miserável da equipe que toma parte na produção e venda de, por exemplo, uma xícara de café com leite. Seres humanos em plantações de café são explorados do mesmo modo que fazendeiros de leite malpagos; para não falar das vacas, que não são tratadas de modo justo. Isso leva a que os explorados e muitíssimo malremunerados tenham de preparar alguma explicação para conviverem com o fato de que uma injustiça perceptível é feita com eles. Desse modo, surgem ideologias no sentido de sistemas de engano e de autoengano que permitem aos afetados manterem um Estado moralmente deplorável, contra o qual, frequentemente, eles não podem se defender sem encarar grandes riscos. Desse modo, o sistema de ação se torna instável, o que o filósofo israelense Adi Ophir caracteriza, em seu livro de mesmo nome, como a *Ordem do mal*[182].

A remuneração em parte muito ruim dos trabalhadores no âmbito dos alimentos não leva sozinha, naturalmente, ao colapso do sistema de ação; ela é, comparativamente, um mal menor, o qual é compensado na economia social de mercado por meio de mecanis-

---

182 Cf. OPHIR, A. *The Order of Evils – Towards an Ontology of Morals* [A ordem do mal – Por uma ontologia da moral]. Brooklyn, 2005.

mos compensatórios como sindicatos, solidariedade, convênio de saúde disponível a todos e outras dimensões do Estado social. Mas, na cadeia desse sistema de ações, esbarramos, em algum momento, em formas de exploração que não podem, de modo algum, ser compensadas dessa forma, porque a cadeia não está inteiramente na esfera de influência da economia social de mercado. A indústria agrária, por exemplo, está inserida nas cadeias globais de produção, que não são inteiramente cobertas pelos mecanismos compensatórios do Estado democrático de direito moderno. De algum lugar, afinal, vêm as máquinas agrárias que são usadas para produzir nosso pão de cada dia. Além disso, a indústria agrária já é há muito tempo afetada pela mudança climática. Também na Alemanha há, agora, secas (p. ex., enquanto escrevo estas linhas) que foram produzidas por meio de todas as nossas ações, de que não faz menos parte a circunstância de que a Alemanha tem uma parte historicamente gigantesca e atual das emissões perigosas de CO_2. Mesmo se algo mudar aí graças ao emprego de intelecções ecológicas, a Alemanha continua a fazer parte do principal grupo, quando se trata da destruição do meio ambiente, caso se pense no papel que a indústria de automóveis desempenha por todo o mundo. Pode ser que a sua parte porcentual nos atuais eventos mundiais seja em torno de 2%, e não seja comparável com a parte da China ou dos Estados Unidos; ainda assim, as empresas alemãs produzem na China e nos Estados Unidos, de modo que alguns dos percentuais que são referidos a esses países caem, em última instância, na conta da Alemanha. A nossa conta energética está interligada com a de nações industriais e de bem-estar, pois os sistemas de ação estão conectados uns com os outros, de modo que é enganoso medir as nossas emissões nacionais segundo o território: Se, no Brasil, a floresta tropical é desmatada para o consumo de carne alemã, temos, então, também parte da culpa. Por meio dessa engrenagem, a acumulação global do agir moralmente abjeto às vezes pequeno, às vezes grande, surte gradativamente o autoextermínio da humanidade.

Isso também depende do fato de que muitos de nós, hoje, não reconhecem que somos, como agentes, parte da natureza, que não é nem nossa amiga nem nossa inimiga, mas o espaço de ação do qual dependemos, no qual concretizamos nossas ações e que, por meio delas, também podemos transformar. Justamente porque somos capazes de moralidade superior, podemos destruir o planeta e nossas próprias condições de sobrevivência, o que foi indicado de modo particularmente severo por Kant. Em sua *Crítica da faculdade do juízo*, ele constata que "a natureza" de modo algum faz do ser humano

> O seu preferido e o beneficia perante todos os animais com ações benéficas, de modo que ela, antes, o poupa tampouco de seus efeitos perniciosos, da peste, fome, perigos aquáticos, frio, ataque de outros animais pequenos e grandes etc. quanto a qualquer outro animal; mais ainda, porém, de modo que o absurdo da condição natural nele ainda o coloque em dificuldades devido a pragas autocausadas e outras ainda causadas pela sua própria espécie por meio da opressão do domínio, da barbárie da guerra etc., e de modo que ele mesmo trabalha, tanto quanto lhe é possível, na destruição de sua própria espécie[183].

Quando não colocamos os fatos morais e não morais em uma relação apropriada, nem mesmo as conquistas morais como Estado democrático de direito moderno podem nos ajudar, pois eles, em particular, têm de se beneficiar, nas relações externas, de envolvimentos moralmente abjetos, a fim de continuarem a existir. Assim, a conta moral total fica inadequada, e nos impulsiona ainda mais na direção do autoextermínio. Isso só se deixa mudar por meio de

---

[183] KANT, I. *Kritik der Urteilskraft* [Crítica da faculdade do juízo] – Werkausgabe [Obras completas]. Vol. X. Ed. por Wilhelm Weischedel. Frankfurt a. M., 1992, p. 388.

um repensamento que tem por objetivo orientar sistematicamente as coordenadas de nosso agir de acordo com representações morais de objetivos, que têm de ser elaboradas em uma cooperação global.

A assim chamada ordem mundial neoliberal, pelo que se pode entender, *grosso modo*, as cadeias de produção global de bens de consumo que são requeridos especialmente pela parte abastada da humanidade, se baseia em uma distribuição gigantescamente assimétrica de recursos materiais e simbólicos. Disso também fazem parte cidadanias. Quem nasce como cidadão alemão tem, sem dúvida, melhores perspectivas de uma vida com bem-estar do que alguém que nasce como cidadão de Uganda ou da Líbia. Cada um de nós tem uma responsabilidade parcial por essa assimetria, que temos de, por fim, corrigir. Assim como, em tempos da Covid-19, devemos proteger, por meio de medidas de distanciamento social e higiene rigorosa, a vida de seres humanos por meio da interrupção de cadeias de infecção (e também o fazemos amplamente de modo voluntário), também deveríamos, no futuro, interromper cadeias globais de produção que colocam seres humanos em extrema pobreza, a fim de proteger seres humanos, mas também o meio ambiente e outros seres humanos.

Disso não se segue que não devemos produzir nenhum bem de consumo ou de luxo e transpor nosso modo de vida de volta para os tempos pré-modernos a fim de fazer o moralmente correto, mas, antes, que se demanda de nós, na era de um novo Esclarecimento, empreender todos os esforços necessários a fim de gerar cadeias de produção sustentáveis, cujo objetivo parcial tem de sempre ser o de desmontar assimetrias injustas.

Precisamos de uma ordem econômica moral e sustentável de modo sistemática, cuja criação de mais-valia econômica esteja sistematicamente acoplada ao ideal do progresso moral para todos os seres humanos – uma economia de mercado moral, humana, que não esteja fixada no crescimento infinito.

Não pode ser a tarefa apenas de ONGs e de lutadores de resistência de todos os tipos imporem o moralmente correto por meio da luta. Antes, é tarefa de cada ser humano e, naturalmente, responsabilidade dos governos (assim como responsabilidade de uma oposição parlamentar construtiva) pôr a sustentabilidade e a justiça no cume de nossa estrutura de objetivos. Enquanto persistir o equívoco de que fazer o moralmente correto estaria, de algum modo, ligado automaticamente com a esquerda política, o Partido Verde ou mesmo com a boa ação humana ingênua, caminhamos para o abismo do autoextermínio. O moralmente correto é, essencialmente, apartidário, o que não exclui que, em diferentes tempos, diferentes partidos tenham buscado especialmente fazer o moralmente certo.

Por isso, precisamos de uma cosmopolítica do *centro radical*, como Gregor Dotzauer formulou no *Zeit*, a fim de designar o espírito do novo realismo[184]. Temos de reconhecer o pensamento de que uma política moralmente exigente é possível e necessária como uma base de valores apartidária. Que se tenha chegado gradativamente a isto se pode ver não por último em muitos projetos progressivos que foram empregados na era, agora já consideravelmente longa, das grandes coalizões (mesmo que nem sempre em um acordo feliz): disso fazem parte os casamentos de mesmo sexo, a melhora do sistema de aposentadoria, a virada energética, o acolhimento de refugiados em 2015 e as medidas de solidariedade na primeira onda da Covid-19 em 2020.

---

184 DOTZAUER, G. Radikale Mitte – Der Philosoph Markus Gabriel erklärt, warum es die Welt nicht gibt [Centro radical – O filósofo Markus Gabriel explica por que o mundo não existe]. *Die Zeit*, 34/2013.

Menciono isso não como tomada de posição partidário-política, que não é o caso para mim como filósofo, mas como indicação do fato de que o Estado democrático de direito ainda representa um fórum adequado para resolver sua demanda não apenas de oferecer processos e mecanismos eleitorais, mas de criar espaço para o progresso moral. Todavia, a política do centro radical – que, como já foi dito, não pode estar ligada a um determinado partido ou coalizão, mas tem de valer universalmente – exige ainda muito mais de nós. Em particular, temos de levar em conta consequentemente o **imperativo cosmopolítico**, que demanda de nós compreendermos a todos nós como habitantes do mesmo planeta e como parte de um sistema gigante e complexo que consiste em incontáveis sistemas parciais que estão acoplados uns com os outros. Ninguém – nenhum governo, nenhuma instituição de pesquisa, nenhuma Igreja – ou líder religioso – vê o jogo conjunto desses sistemas como um todo. Por isso, cosmopolitas vivem sempre em uma insegurança que nunca pode ser superada de modo definitivo – e, justamente dela, criam a motivação e a força para a transformação: porque a realidade é, em última instância, irredutivelmente complexa e nunca podemos controlá-la inteiramente, há sempre a possibilidade de mais progresso moral.

A filosofia e, assim, também a ética são, essencialmente, globais, quer dizer, cosmopolitas. Por princípio, não pode haver ética que se ocupe exclusivamente com o que habitantes de um único Estado nacional devem fazer ou deixar de fazer.

Kant e, baseando-se nele, o grande filósofo natural e pensador do romantismo, Friedrich Wilhelm Joseph Schelling, chamam um ataque ao reino dos fins de **o mal radical**. O mal radical destrói a moralidade superior e permite, por isso, direta ou indiretamente, ações o mais moralmente abjetas possível, ou seja, ações más. Quem pensa que seria moralmente responsável apenas pelos seus concidadãos que estão assentados no mesmo Estado nacional, declarou assim todos os outros seres humanos (e seres vivos), direta ou indiretamente, como entregues à própria sorte (*Freiwild*). Por isso o nacionalismo é abjeto – porque ele é um erro gigantesco em relação aos fundamentos da moral.

Essa consideração filosófica um tanto abstrata tem uma aplicação bastante concreta. Dela se pode derivar uma demanda de introdução à Filosofia, sobretudo à Ética e à Lógica, para todos, como disciplina escolar obrigatória, assim como a preparação em idade pré-escolar para esse estudo.

O novo Esclarecimento exige: ética para todos, independentemente de forma de escola, de religião, origem, riqueza, gênero e opinião política.

Deveríamos ensinar às nossas crianças não apenas a contar, ler e escrever, mas também a pensar, o que convida a buscar a sabedoria e não apenas o consumo e o sucesso quantitativamente mensurável. Só assim se aprende a ser feliz.

A Filosofia como disciplina na qual se trata da reflexão sobre a reflexão não faz parte do passado, mas interfere profundamente nas estruturas da Modernidade e em seu desenvolvimento. Sem os progressos da lógica filosófica nos séculos XIX e XX não haveria, por exemplo, informática e digitalização. Que elas, agora, desvinculadas de uma reflexão ética e filosófica, tenham contribuído gigantescamente para uma perigosa crise da democracia (sem Twitter e Facebook, Trump certamente não teria chegado à presidência dos Estados Unidos, e sem WhatsApp provavelmente também teríamos sido poupados de Bolsonaro), mostra como a sociedade do saber pode voltar de repente seus próprios instrumentos como armas contra si mesma. Ceticismo sobre a ciência e mau uso político de conhecimento científico são, por sua vez, melhor denunciados, criticados e superados por métodos filosóficos: por meio da teoria do conhecimento, da filosofia da ciência, da ética, da filosofia política, da filosofia social etc.

O ceticismo em relação à filosofia como ciência é, por isso, pelo menos tão fatal quanto o ceticismo em relação à ciência no que diz respeito a outras disciplinas. Por isso, é um escândalo que, na Alemanha, o pensamento no sistema escolar ainda esteja ancorado na ideia de que filosofia e ética seriam, de alguma maneira, alternativas à religião e, de todo modo, optativas. Como, por favor, filosofia/ética devem contrastar com religião? O cristianismo, como a religião mais disseminada na Alemanha, não existiria em sua forma atual sem a filosofia, e seria pavoroso se o cristianismo fosse inconciliável com a ética. Filosofia e religião estão pareadas uma com a outra. A sua relação uma com a outra é determinada na filosofia da religião, uma subdisciplina muito desenvolvida da filosofia. A filosofia não é nem automaticamente crítica da religião, nem automaticamente amigável à religião. E a ética é tão religiosa quanto lógica, matemática, biologia, física ou aulas de alemão – a saber, não é, de modo algum. Oferecê-las como alternativas à religião e apenas optativamente dá testemunho de um desprezo sistematicamente enraizado em nosso sistema escolar à razão humana.

Ensinamos a nossas crianças o cálculo elementar, a escrita e a leitura, mas não a reflexão racional sobre o fundamento de nosso agir. Desse modo, aceitamos, como sociedade, produzir analfabetos morais. Apenas por obra do acaso crianças e jovens conseguem acesso à intelecção moral *racional*, pois nosso sistema educativo é, a saber, fundamentalmente bom e exigente o bastante para desenvolver as capacidades racionais das novas gerações. A sociedade moderna não colapsa simplesmente porque há obviedades morais. Muito do que é bom e mau é evidente para nós, mesmo se, em tempos obscuros, possa ser parcialmente ocultado por meio de sistemas de engano.

Muitos dos desafios do século XXI – a que pertencem a tecnologia avançada digital (palavra-chave: inteligência artificial), superpopulação, cadeias globais de produção, guerras cibernéticas e mídias sociais – não podem ser abordados sem uma reflexão aprofundada e transdisciplinar. Isso pressupõe a prática no modo de fundamentação teórico da ética filosófica, que amadureceu por milhares de anos e que tem de ser preservado no confronto com novas descobertas de fatos não morais em situações de ação imprevisíveis.

Esse processo do progresso moral não tem um destino (*Ziel*) definitivo. Ele não caminha automaticamente em uma única direção. A complexidade da realidade supera tudo o que podemos imaginar a qualquer instante, e a insegurança que é especialmente perceptível para todos os seres humanos em situações de crise nunca desaparece inteiramente. Por isso, os diferentes subsistemas da sociedade têm de cooperar, a fim de produzir uma forma sustentável de vida conjunta. É impossível que isso funcione no espaço de pensamento de estados nacionais e fronteiras, demandando, muito antes, uma ética universal, que também é preciso elaborar em diálogos transculturais. É preciso – naturalmente – ouvir e ler filósofas e filósofos e teóricas e teóricos da África, América Latina, Ásia etc., e levar em conta muitas tradições, a fim de fazer um retrato adequado do ser humano que não seja distorcido por estereótipos. Aqui, imperam ainda incontáveis deficiências, mesmo no interior da União Europeia, por exemplo, quando pensadores italianos ou espanhóis mal são conhecidos na Alemanha.

Temos de pensar globalmente e desenvolver uma filosofia global além de tradições consolidadas e preconceitos, pois, neste século, tudo depende de assegurar a sobrevivência do ser humano e construir uma sociedade mundial justa. Os problemas que vêm em nossa direção não podem ser superados efetivamente de modo nacional: isso vale para pandemias atuais e por vir, assim como para a mudança climática e para as revoluções causadas pela digitalização.

Em questões éticas, não basta que seres humanos debatam, nos livres-caminhos selvagens da formação política de opinião, sobre o que devemos fazer, pois, na ética, como disciplina, não se trata, por fim, de uma disputa, mas de uma descoberta da verdade. A arena das batalhas políticas não é o melhor lugar para avançar a pesquisa filosófica. Para onde leva quando a ciência é enredada em batalhas políticas foi visto na crise da Covid-19 pelos virologistas, que foram jogados midiática e politicamente uns contra os outros, enquanto eles sempre defenderam que o seu domínio técnico não deveria ser mal-utilizado como recomendação à ação política direta.

Seria um escândalo – exposto por todos os *talkshows* e estatísticas – se a maioria das pessoas na Alemanha – dos quais fazem parte, naturalmente, não apenas os cidadãos alemães – não pudesse ler, escrever e fazer contas porque teríamos negligenciado ensinar nossas crianças a essas práticas. Ninguém aceitaria isso. Que a Filosofia e a Ética não sejam disciplinas obrigatória na Alemanha é algo não menos tolerável.

> *É um escândalo que a maioria das pessoas na Alemanha sejam analfabetos éticos que não têm nenhuma prática sistemática na reflexão filosófica logicamente disciplinada sobre questões morais.*

Chamamos de **burocratismo** a tese de que a democracia seria apenas um ato administrativo com um aparato de governo em parte elegido pelo povo. Ela é falsa, pois o Estado democrático de direito não é apenas um sistema de processos codificados juridicamente para a votação e coordenação de processos institucionais de distribuição de recursos. A democracia não é o mesmo que a burocracia, mas esta serve à democracia ao colocar à disposição processos de realização compartida, a fim de constatar em aplicar a assim chamada vontade do povo por meio de debates públicos. Essa é a tarefa e especialidade de políticos elegidos, que não impõem suas opiniões privadas, mas tentam, em situações complexas de negociação, fazer aquilo que eles consideram democraticamente legítimo com os instrumentos à sua disposição. Nisso, eles usam sua própria intelecção moral, pois políticos não são elites afastadas e alheias ao mundo, mas cidadãs e cidadãos que assumiram uma certa tarefa, muito exigente e cheia de responsabilidades. Eles têm de tomar decisões de amplo alcance em condições de incerteza e pressão de tempo, e têm de fazê-lo também em arenas de batalhas geopolíticas e nacionais. Políticos, assim como a formação de opinião pública e a cultura de debate, têm de ser instruídos, entre outras coisas, pela pesquisa filosófica e ética, o que ocorre se oferecemos aulas de ética para todos, de modo que o indivíduo possa formar um retrato racional do estado de arte da pesquisa.

Filosofia e Ética são, como disciplinas éticas, ligadas a reivindicações de saber e de verdade falíveis; filósofos não podem fornecer, por meio de um processo solitário – em um passeio solitário pela floresta, à semelhança de Nietzsche –, falas proféticas de que a sociedade toma conhecimento erraticamente. Nunca aceitaríamos algo assim das disciplinas da Ment (Matemática, Engenharia, Ciências Naturais e Ciências Técnicas), pois queremos embutir o progresso científico-natural-tecnológico no tecido de nossa coordenação de ações da sociedade como um todo, e para isso não podemos usar nenhum esquadrão de drones.

O Estado democrático de direito surgiu como resultado do Esclarecimento e, assim, entre outras coisas, da Revolução Francesa e suas complexas consequências históricas. Incontáveis seres humanos sacrificaram suas vidas em lutas pela liberdade e de resistência, a fim de que se pudesse chegar a uma forma de organização que, hoje, coloca o princípio da dignidade humana no topo de nossa vida. A nossa ordem política se baseia no progresso moral e emprega esse progresso nas formas burocráticas do Estado democrático de direito. Onde essas formas não correspondem ou não correspondem mais aos fatos morais, temos direito, como cidadãos de estados democráticos de direito, de demandar uma correção de curso – o que, felizmente, tem ocorrido até aqui.

Naturalmente, pode-se debater intensamente o aborto ou a eutanásia a fim de constatar quais razões exatamente falariam a favor ou contra medidas específicas e sua configuração jurídica. Decisões sobre a introdução de novos direitos e deveres no Estado democrático de direito são falíveis; baseiam-se, porém, em razões.

> *O objetivo de um debate democrático é a descoberta da verdade por meio da escuta de razões.*

Isso foi recorrentemente enfatizado, em nossas terras, por teóricos da democracia como, por exemplo, Julian Nida-Rümelin e Rainer Forst. Nisso, temos de constatar a cada vez, quais razões são passíveis de ser verdadeiras e quais considerações complexas levam a quais resultados. Concretamente, aborto, casamento de mesmo sexo e eutanásia são permitidos sob certas condições, porque as razões que falam a favor disso superam as razões que falam contra.

Isso, certamente, também depende do fato de que o Estado democrático de direito tem de argumentar de modo neutro em relação à visão de mundo, e que ele não pode extrair suas decisões sobretudo de uma das quatro religiões que têm representantes entre os alemães. Não quero falar nem a favor do ateísmo nem da remoção das aulas religiosas, mas temos de compreender que temos de intervir massivamente no sistema escolar.

> *Religião e ética não podem estar em conflito. Ter de escolher entre ambas é uma decisão fatal. Já não pode haver, de modo algum, uma escolha entre filosofia e ética. A disciplina tem de se chamar Filosofia – e, nessa disciplina, trata-se de aprender o confronto racional com as questões fundamentais da vida humana. Isso inclui ética, mas também lógica, teoria da argumentação e teoria do conhecimento.*

Com a introdução abrangente da ética para todos, podemos levar adiante a comunidade democrática não apenas como sistema administrativo, mas também e sobretudo como sistema de valores. O objetivo dessa cooperação deve ser desenvolver uma forma sustentável de economia de vida conjunta, que permita à humanidade viver pacificamente em bem-estar por muitas gerações.

Epílogo

Neste livro, tentei mostrar alguns exemplos de como raciocínios ético-filosóficos afetam nossas preocupações diárias e formas de pensamento e como podemos esclarecer criticamente e superar preconceitos. Não se tratava, para mim, de buscar completude, e desenvolver um sistema da ética para o século XXI – esse é um trabalho hercúleo, para o qual ainda darei minha contribuição no futuro, em particular pela elaboração de uma ética para tecnologias da informação socialmente disruptivas (como mídias sociais e a inteligência artificial em geral).

Meu objetivo terá sido por ora alcançado se você tiver reconhecido que o progresso moral em tempos obscuros é possível, que há fatos morais objetivamente existentes que se dirigem a todos nós como seres humanos e que não podem nem precisam ser fundamentados nem pela evolução nem por Deus ou pela razão universal humana. A ética não precisa de nenhuma fundamentação externa; suas reivindicações caem por terra se não se reconhece que a reflexão racional, sistemática, aberta do ponto de vista do resultado e falível é o melhor caminho para obter informações sobre o que devemos fazer ou deixar de fazer por razões éticas. Essa práxis da reflexão se baseia em uma história de milhares de anos e começa, no continente europeu, com os gregos antigos; vale, porém, de modo que atravessa todas as culturas e se desenvolveu igualmente na história de outras partes da humanidade.

O objetivo e o sentido da vida humana é a boa vida. A **boa vida** consiste em nos fazermos agentes responsáveis no reino dos fins e nos compreendermos como seres vivos que são capazes de uma moralidade superior e universal. Esse retrato do ser humano é o fundamento de todo o Esclarecimento, que ocorreu em diferentes levas por todas as partes do mundo em diferentes tempos. Hoje, o Esclarecimento é, em vista dos tempos obscuros em que nos encontramos, urgente como há muito tempo não era. Isso porque, por causa de nossas ações nos últimos dois séculos da Modernidade, que levaram à construção de sistemas fatais de distribuição injusta de recursos, somos ameaçados com a nossa própria autoextinção. Se quisermos impedi-la, é indispensável escrever um novo capítulo de um *Esclarecimento global para além das distorções nacionalistas* (das quais também faz parte o eurocentrismo).

Termino, por isso, com um apelo a todos para tomarem parte do projeto de um novo Esclarecimento. A sociedade não poderá mais, depois da Covid-19, ser como era antes. É mais claro agora do que antes que a humanidade é uma comunidade de destino (*Schicksalsgemeinschaft*) global.

Espírito e moralidade superior são reais. E eles estão entrelaçados com a estrutura de fatos do universo material-energético, com a natureza como um todo, de um modo que nunca pode ser inteiramente explicado. A realidade é complexa demais para isso e, por isso, também não há nenhum "fim da história". A realidade (*Wirklichkeit*), como aquele lugar do qual, por princípio, não se pode escapar, pois não há nenhum outro lugar, não é uma utopia. Ela é, por assim dizer, a *nossa* realidade (*WIR-klichkeit*) – aquilo que nos liga obrigatoriamente com um Nós.

Tudo depende de compreendermos isso e articularmos essa compreensão. Estou confiante no que diz respeito a isso – pois está em nossas mãos fazer o certo. Ouviremos o chamado? Ou logo nos jogaremos novamente uns sobre os outros como predadores gananciosos? Depende de nós. O ser humano é livre.

Glossário

Os conceitos-chave listados aqui constituem o arcabouço da argumentação do livro. A sua definição pode ser encontrada na passagem indicada.

Abreviamento cientificista 316

Altruísmo 337ss.

Antirrealismo moral 53s.

Antropoceno 333

Antropogênico 347

Antropologia 347

Atomismo sócio-ontológico 322

Bem-aventurança 46

Burocratismo 367

Coimunismo 335

Complexidade 257

Consciência fenomênica 142

Constante antropológica 273

Contingência 258

Contraste de Eutífron 186

Destino moral 357

Diferença entre ser e dever 90

Dilema ético 163

Economismo 326

Egoísmo 338

Epistemologia dos valores 178

Espírito 194

Equivocação 96

Erro 127

Erro categorial 326

Estado de exceção 227

Estereótipo 63, 203

Ética 46

Ética para todos 364

Falácia naturalista 90

Falível 49

Falibilidade 128, 182
Fato 44
Filosofia de valores neokantiana 89
Forma de sobrevivência 269
Fórmula da universalização 155, 158
Fórmula do fim em si mesmo 155, 158

Habitus 202
Hedonismo 144
Hermenêutica 79
Higienismo 220
Humanismo 38

Identidade 215ss.
Identidade existencial 272
Identidade metafísica 216
Identidade ontológica 216
Identidade social 217
Imperativo cosmopolítico 363
Imperativo virológico 309

Juízo final 180

Legalidade 47
Legitimidade 47
Lógica 356

Mal 47
Mal radical 363

Máxima 158
Mentira 164
Metaética 53
Moral 46
Moralidade superior 357
Moralmente exigido 48
Moralmente permitido 48

Nacionalismo 248
Natureza 353
Neoliberalismo 316
Neutro 48
Niilismo 95
Niilismo de valores 44
Normatividade 124
Novo realismo moral 37

Objetividade máxima 142
Obviedade moral 167
Ontologia de valores 178
Ontologia social 322

Pan-demia metafísica 337
Paradoxo da democracia 61
Petitio principii 96
Plasticidade 269
Pluralismo de valores 42, 86
Política 202
Política da diferença 275

Política identitária 203
Populismo 259
Princípio da contradição a ser evitada 160
Princípio da tolerância 152
Problema difícil de descrição da ética 172
Prognostismo 311
Progresso moral 285
Progresso *sui generis* 307

Racionalização 252
Razão instrumental 352
Realidade de base 224
Realismo epistêmico 179
Realismo moral 53, 114
Realismo ôntico 179
Recursos simbólicos 201
Reino dos fins 184
Relativismo 65
Relativismo cultural 65s.
Relativismo de valores 43
Relativismo histórico 286
Representações de valores 113
Retrocesso moral 311
Robustez modal 195

Sabedoria 356
Sociedade 257

Subjetividade máxima 142
Suposição do fechamento causal 354

Transação social 258
Triagem 221

Universalismo 38
Universalismo biológico 269
Universalismo de valores 112
Universo 353

Valores 49
Valores econômicos 49

Índice onomástico

Adorf, Mario 233

Agamben, Giorgio 314

Albrecht, Clemens 327

Anscombe, Elisabeth 172

Arendt, Hannah 84, 233, 260, 321, 344

Aristóteles 46, 107, 128, 282, 299ss., 344, 346

Assad, Baschar al- 41

Bach, Johann Sebastian 233

Badiou, Alain 283

Baer, Ulrich C. 300

Baerbock, Annalena 262

Bauer, Thomas 173

Bedford-Strohm, Heinrich 268

Beethoven, Ludwig van 47, 94, 233, 259

Benz, Carl Friedrich 33

Berger, Peter L. 205

Bezos, Jeff 104

Boghossian, Paul 69s., 241

Böhmermann, Jan 56

Bolsonaro, Jair Messias 20, 210, 267

Bourdieu, Pierre 201

Brandom, Robert Boyce 14, 195, 244

Brecht, Bertolt 51

Bubner, Rüdiger 236

Buddha, Siddhartha Gautama 275

Camus, Albert 283

Cavell, Stanley 34

Crutzen, Paul J. 333

Daimler, Gottlieb 33

Darwin, Charles 294, 342ss., 350, 352

Davidson, Donald 108

Dawkins, Richard 345, 349

Derrida, Jacques 260, 283, 314

Descartes, René 130

Deutsch, David 354

Dotzauer, Gregor 362

Dürer, Albrecht 147, 233

Dworkin, Ronald 185

Einstein, Albert 260
Ellis, George Francis Rayner 355
Engels, Friedrich 68, 268
Erdoğan, Recep Tayyip 20, 56

Falk, Armin 324
Farage, Nigel 242
Fichte, Johann Gottlieb 260, 350
Floridi, Luciano 323
Forst, Rainer 369
Frank, Anne 84
Frank, Hans 88
Frege, Gottlob 271

Gadamer, Hans-Georg 246
Galton, Francis 294, 346
Gandhi, Mahatma 78, 275
Gates, Bill 81, 255
Gauland, Alexander 93s.
Gervais, Ricky 221
Giuliani, Rudolph 67
Goebbels, Joseph 260, 302
Goethe, Johann Wolfgang von 74, 98, 146, 233, 259
Göpel, Maja 12, 320

Habeck, Robert 164
Habermas, Jürgen 260
Hawking, Stephen 20

Hegel, Georg Wilhelm Friedrich 152, 229, 260, 351
Heidegger, Martin 84, 87-89, 92s., 259s., 296
Heisenberg, Werner 260
Heráclito de Éfeso 354
Hitler, Adolf 84, 87, 83, 109, 260
Hobbes, Thomas 313
Höcke, Björn 93, 229, 261
Hogrebe, Wolfram 353
Hölderlin, Friedrich 259s.
Horn, Christoph 338, 340, 344
Humboldt, Wilhelm von 350
Hume, David 90
Huntington, Samuel P. 63
Husserl, Edmund 204s.
Huxley, Aldous 22

Ibn Ruschd 281
Ibn Sina 281
Irigaray, Luce 283

Jesus Cristo 77s., 189s., 275
Jobs, Steve 275
Johnson, Boris 210, 332
Jonas, Hans 17, 260, 272, 292, 331, 354

Kaczyński, Jarosław 20
Kafka, Franz 233

Kant, Immanuel 46, 61, 90, 99, 107s., 126, 152, 155, 158-160s., 176s., 184, 244, 260, 344, 360, 363

Kim Jong-un 11, 109

Kühnert, Kevin 261

Künast, Renate 56s., 153

Latour, Bruno 28s.

Leibniz, Gottfried Wilhelm 139

Leiter, Brian 13

Lennard, Natasha 239s.

Lessing, Gotthold Ephraim 281

Levi, Primo 84

Lévinas, Emanuel 283

Lippmann, Walter 219, 222

Lübcke, Walter 33

Luckmann, Thomas 205

Lula da Silva, Luiz Inácio 267

Luthero, Martinho 233

Mackie, John Leslie 53

Macron, Emmanuel 332

Madre Teresa 275

Maimon, Salomon 281

Mao Zedong 109, 275, 329

Marx, Karl 68, 268, 319, 324

Mendelssohn, Moses 281

Merkel, Angela 49, 52, 56, 82, 96, 117, 153, 174-176

Metz, Thaddeus 167, 168

Möllers, Christoph 91

Moro, Sergio 267

Musk, Elon 20

Nagel, Thomas 129

Nida-Rümelin, Julian 108, 330, 369

Nietzsche, Friedrich 54, 88, 93, 95-100, 259s., 296, 299, 368

Nussbaum, Martha 50

Obama, Barack 289

Ophir, Adi 358

Orbán, Viktor 11, 20, 23, 210, 242, 313

Orwell, George 22

Özdemir, Cem 233

Pazderski, Georg 175

Palmer, Boris 261

Papa Francisco 78

Park, Mungo 343

Peterson, Jordan 67

Piketty, Thomas 328

Planck, Max 229

Platão 46, 66s., 107, 185-187, 246, 271, 344, 346

Polemarco 67

Power, Nina 239s.

Putin, Vladimir 23, 43, 242

Ramsés II 28
Rattle, Simon 233
Rawlette, Sharon Hewitt 142-144, 147
Rawls, John 83, 85
Reagan, Ronald 322
Rödder, Andreas 173
Rödl, Sebastian 127
Röhm, Ernst 84
Rorty, Richard 241s., 244
Rosenberg, Alfred 260
Rousseff, Dilma Vana 267
Runciman, David 313
Ryle, Gilbert 326

Sade, Marquis Donatien de 109
Sanders, Bernie 264s., 268
Sarrazin, Thilo 75s., 261
Santo Agostinho 283
Sartre, Jean-Paul 52
Scanlon, Thomas M. 15
Schelling, Friedrich Wilhelm Joseph 229, 260, 351, 363
Schiller, Friedrich 229
Schmitt, Carl 54, 87-89, 92s., 296, 314
Schopenhauer, Arthur 98s., 143
Schröder, Gerhard 261
Sen, Amartya 63

Singer, Peter 139, 340, 348s.
Sloterdijk, Peter 34, 259s., 335
Smith, Adam 319, 320, 324, 329
Söder, Markus 117
Sócrates 66s., 185s., 246
Sommer, Andreas Urs 296-299
Spahn, Jens 117
Spinoza, Baruch de 281
Stoermer, Eugene 333
Stone, Roger 67

Tesfai, Hadnet 233
Thatcher, Margaret 321, 332
Trasímaco 66s.
Thunberg, Greta 118, 254
Trump, Donald 11, 14, 20, 23, 63, 66, 94s., 113, 210s., 228, 242s., 264-266, 268, 273, 333, 364
Tugendhat, Ernst 187

Wagner, Richard 259s.
Weber, Marianne 251
Weber, Max 251ss.
Weidel, Alice 261
West, Cornel 264s., 268
Wilhelm II 164s.
Will, Anne 128
Williams, Bernard 273
Wittgenstein, Ludwig 244s.

Wolf, Susan R. 341, 344

Wright, Crispin 179

Wulff, Christian 73s., 75

Xi Jinping 20, 23, 210, 333

Zeuske, Michael 116, 293, 301

Žižek, Slavoj 165

Zuckerberg, Mark 104

Conecte-se conosco:

f facebook.com/editoravozes

◉ @editoravozes

🐦 @editora_vozes

▶ youtube.com/editoravozes

🟢 +55 24 99267-9864

www.vozes.com.br

Conheça nossas lojas:

www.livrariavozes.com.br

Belo Horizonte – Brasília – Campinas – Cuiabá – Curitiba
Fortaleza – Juiz de Fora – Petrópolis – Recife – São Paulo

  Vozes de Bolso

EDITORA VOZES LTDA.
Rua Frei Luís, 100 – Centro – Cep 25689-900 – Petrópolis, RJ
Tel.: (24) 2233-9000 – E-mail: vendas@vozes.com.br